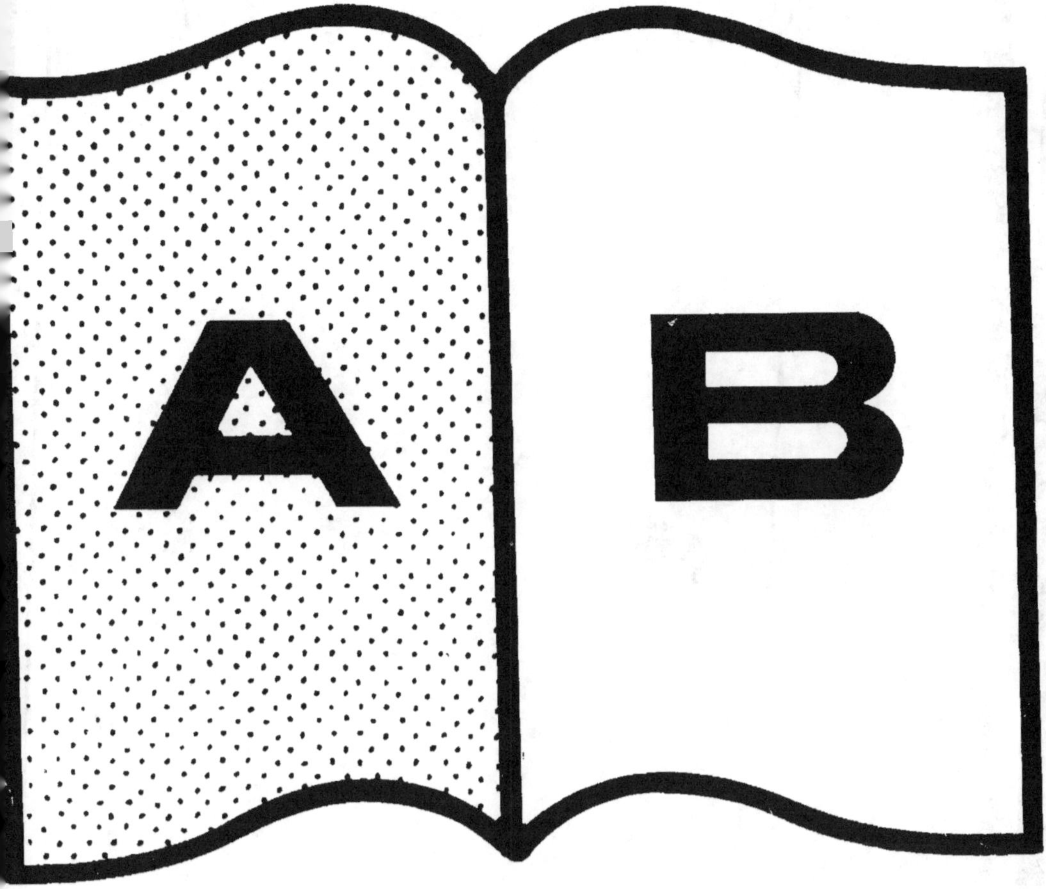

Contraste insuffisant

**NF Z 43**-120-14

V
T 3839

44017

R254A77

# LE CVISINIER FRANÇOIS,

ENSEIGNANT LA MANIERE
de bien apprester & assaisonner toutes
sortes de viandes, grasses & maigres,
legumes, & Patisseries en
perfection, &c.

*Reueu, corrigé, & augmenté d'vn Traitté de
Confitures seiches & liquides, & autres
delicatesses de bouche.*

Ensemble d'vne Table Alphabetique des
Matieres qui sont traittées dans
tout le Liure.

*Par le Sieur* DE LA VARENNE, *Escuyer de
Cuisine de Monsieur le Marquis d'Vxelles.*

CINQVIESME EDITION.

A PARIS,
Chez PIERRE DAVID, au Palais, sur les degrez
de la Saincte Chapelle, au Roy Dauid.

―――――――――
M. DC. LIV.
AVEC PRIVILEGE DV ROY.

A HAVT ET PVISSANT
SEIGNEVR MESSIRE
LOVIS CHAALON
DV BLED,
CONSEILLER DV ROY
en ses Conseils d'Estat & Priué,
Cheualier de ses Ordres, Baron de
Tenar, Marquis d'Vxelles & de
Cormartin, Mestre de Camp d'vn
Regiment d'Infanterie entretenu
pour le seruice de Sa Majesté, l'vn
de ses Lieutenans Generaux en
Bourgogne, Bailly de la Noblesse
en ladite Prouince, Gouuerneur
des Ville & Citadelle de Chaalons
sur Saone, & Lieutenant General
de ses Armées, &c.

ONSEIGNEVR,

*Bien que ma condition ne me*

rende pas capable d'un cœur heroïque, elle me donne pourtant assez de ressentiment pour ne pas oublier mon devoir. I'ay trouué dans vostre Maison par vn employ de dix ans entiers le secret d'apprester delicatement les Viandes. I'ose dire que i'ay fait cette profession auec grande approbation des Princes, des Mareschaux de France, & d'vne infinité de personnes de condition qui ont chery vostre Table dans Paris & dans les Armées, où vous auez forcé la Fortune d'accorder à vostre Vertu des Charges dignes de vostre Courage. Il me semble que le public doit profiter de cette experience, afin qu'il vous doiue toute l'vtilité qu'il en receura.

I'ay donc redigé par escrit ce que i'auois mis si long temps en pratique dans l'honneur de vostre seruice, & en ay fait vn petit Liure, qui porte le tiltre d'Escuyer de vostre Cuisine. Mais comme tout ce qu'il contient n'est qu'vne leçon que le desir de vous complaire m'a fait apprendre, ie me suis imaginé qu'il deuoit estre honoré de vostre Nom, & que sans pecher contre mon deuoir, ie ne luy deuois point chercher vn plus puissant appuy que le vostre. C'est vne marque de la passion que i'ay toûjours apportée, & que i'apporteray toute ma vie à vostre seruice. C'est pourquoy, MONSEIGNEVR, vsez de vostre generosité ordinaire, ne le mesprisez pas, bien qu'il soit indigne de vous. Considerez que c'est vn thresor des saulces, dont le goust vous a contenté quelque fois, & qu'apres tout, c'est vn chef-d'œuvre qui part de la main de celuy qui sera toute sa vie,

MONSEIGNEVR,

Vostre tres-humble, tres-obeïssant,
& tres-obligé seruiteur,
FRANCOIS PIERRE,
dit LA VARENNE.

# AMY LECTEVR.

IL ma semblé à propos de vous donner quelque aduis touchant le dessein & l'vsage de ce Liure, dont ie suis l'Autheur, sans vanité. Mon dessein est de ne choquer ny offenser personne, quoy que ie ne doute pas que quelques mal-veillans ou enuieux en parleront à perte de veuë : mais bien de seruir & secourir ceux qui en auront besoin, dont plusieurs n'ayant pas l'experience ou la memoire presente, ne veulent ou n'osent s'ingerer d'apprendre ce qu'ils ne sçauent pas, partie par gloire, & partie par autre consideration. Les vns croyent se faire tort de prendre conseil en vne chose qu'ils deuroient peut-estre sçauoir. Les autres n'ayans point d'habitude aupres de ceux qui les pourroient enseigner, sont honteux de se presenter sans recognoissance, dont leur gousset quelque fois assez mal garny ne leur donne pas le pouuoir. C'est pourquoy cherissant particulierement ceux de ma profession, i'ay pensé leur deuoir faire part de si peu que i'en sçay, & les deliurer de cette peine.

Pour l'vsage, Ie vous ay dressé quatre seruices, au deuant de chacun desquels vous trouuerez la Table & les Discours en suite; Et les ay diuisez selon les diuerses façons de repas qui se font és iours de chair, de poisson, de Caresme, & particulierement le iour du grand Vendredy. I'ay adjousté beaucoup d'autres choses generales, dont vous verrez les Tables & les Discours. I'y ay meslé vne Table & façon de faire patisseries suiuant les saisons, & autres petites curiositez de mesnage, assez vtiles à toutes personnes. Que si vous y trouuez quelque article dans les Tables qui ne soit dans les Discours, ne me blasmez pas, ie les ay obmis, parce qu'ils sont communs, & les ay mis dans les Tables pour en faire souuenir. Enfin, mon cher Lecteur, pour recompense ie ne vous demande autre chose sinon que mon trauail vous puisse estre profitable & agreable.

*Extraict du Priuilege du Roy.*

PAr grace & Priuilege du Roy, il est permis à PIERRE DAVID Marchand Libraire à Paris, d'imprimer ou faire imprimer le Liure intitulé, *Le Cuisinier François*, composé par le sieur de la Varenne, Escuyer de Cuisine de Monsieur le Marquis d'Vxelles, pendant le temps & espace de dix ans, à compter du iour qu'il sera acheué d'imprimer; Auec defense à tous autres de l'imprimer ou faire imprimer, sous les peines portées par icelles Lettres. Données à Paris le dix-septiéme iour de Iuillet mil six cens cinquante-vn.

Signé, GVITONNEAV.

# LE LIBRAIRE
# AV LECTEVR.

AMy Lectevr, Ce Liure dont la matiere & le tiltre semblent nouueaux dans Paris, ne s'y en estant point encore imprimé de pareil, ne vous sera pourtant pas, ce me semble, infructueux. Il s'en est veu quantité, & qui ont esté bien reçeus, pour les remedes & guarisons des maladies, à peu de frais, & sans auoir recours aux Apothiquaires, comme le Medecin Charitable, & autres: Mais celuy-cy qui ne tend qu'à conseruer & à maintenir la santé en bon estat, & en bonne disposition, enseignant à corrompre les vicieuses qualitez des viandes, par les assaisonnemens contraires & diuersifiez; qui ne tend, dis-je, qu'à donner à l'homme vne nourriture solide, bien apprestée, & conforme à ses appetits, qui sont en beaucoup de personnes la regle de leur vie & de leur en-bonpoint, ne doit pas, à mon aduis, estre moins consideré, puis qu'il est bien plus doux de faire vne despense honneste & raisonnable à proportion de ses facultez en ragousts & autres delicatesses de viandes, pour faire subsister la vie & la santé, que d'employer vne somme immense en drogues, herbages, medecines, & autres remedes importuns pour la recouurer. Cela m'a persuadé, apres beaucoup de sollicitations de mes amis, de le mettre au iour, & de le produire dans cette grande Ville, qui fait fonds de tout, & ne rebute rien, & où ce qui n'est propre aux vns est vtile aux autres. Son Autheur vous a énoncé dans son aduertissement l'vtilité & le profit qu'il pouuoit apporter: & j'oseray bien encherir par dessus, & dire, que non seulement il est vtile, mais aussi qu'il est necessaire, d'autant que non content d'y auoir estallé les plus fines & les plus delicates façons d'apprester les viandes, pastisseries, & autres choses qui se seruent sur les tables des Grands, il vous donne les preceptes des choses plus communes & plus ordinaires, qui se debitent

## AV LECTEVR.

dans la nourriture des mesnages, qui ne font qu'vne despense reglée & moderée, & dans l'appreſt desquelles beaucoup de personnes pechent en trop ou trop peu: il vous enseigne les façons de mille sortes de legumes, & autres victuailles qui se trouuent dans la campagne à foison, où la pluspart ignorent le moyen de les accommoder auec honneur & contentement: & par ce moyen il se trouuera que i'ay eu grande raison de rendre ce seruice au public, non seulement pour la delicatesse, mais aussi pour la necessité. Ioint que nostre France, emportant l'honneur par dessus toutes les autres Nations du monde, de la ciuilité, courtoisie, & bien-seance en toutes sortes de conuersations, elle n'est pas moins estimée pour sa façon de viure honneste & delicate. Et la ville de Paris l'emportant eminemment par dessus toutes les Prouinces du Royaume, dont elle est la Metropolitaine, la Capitale, & le Siege de nos Roys, il est sans contredit que ses subalternes suiuront en cecy l'estime qu'elle en fera, & me donne esperance que luy en offrant les premices, elle les receura auec accueil, & les autres à son imitation ; Apres quoy, les autres Nations

## LE LIBRAIRE AV LECTEVR.

pourront bien estre piquées du desir de se rendre conformes à celle qui excellant en toutes les rencontres de la vie, ne peut pas ignorer le moyen de la conseruer contente & paisible, par l'vsage des choses qui la maintiennent & la font subsister. Ie vous puis asseurer, que i'y ay apporté tous les soins imaginables de ma part pour le mettre en son lustre, & releuer vn peu sa matiere, qui semblera peut-estre à quelques Critiques moins digne de preceptes: mais les plus iudicieux en pourront penser autrement, & s'auiser que tous les Liures tant anciens que modernes, estans la plus-part pour l'aliment de l'esprit, il estoit bien raisonnable que le corps, sans la bonne disposition duquel il ne peut bien agir, en eust sa part, & principalement dans vne chose si necessaire à sa conseruation. Ioüissez-en, Cher Lecteur, pendant que ie m'estudieray à vous exposer en vente quelque chose qui meritera vos emplois plus releuez & plus solides.

# TABLE DES VIANDES
qui se trouuent & se seruent
d'ordinaire aux diuerses
saisons de l'année.

### Depuis Pasques iusques à la S. Iean.

Poulets de grain.  
Dindons de l'année.  
Oysons.  
Signeaux.  
Pigeonneaux de volie-  
re, ou ramereaux.  
Leuraux.  
Francs marcassins.  
Perdrix.  
Faisans.  
Ortolans.  
Lapins, Lapreaux.  

### Depuis la S. Iean iusques à la S. Remy.

Perdreaux.  
Ramereaux.  
Tourterelles.  
Faisanteaux.  
Cailleteaux.  
Leuraux.  
Marcassins.  
Poulets d'Inde.  
Chaponneaux.  
Pigeons de voliere.  
Poulets de grain.  
Poulardes.  
Oysons gras.  
Ralles.  
Ortolans.  
Allebrans.  
Faons.  
Cheureaux.  
Beccassines.

## Depuis la S. Remy iusques en Caresme.

Chapon gras.
Poularde grasse.
Poularde chastrée de Normandie.
Chapon de pallier & de clusiaux.
Poules grasses à boüillir.
Poulets d'Inde.
Cocqs d'Inde.
Aigneaux.
Levraux.
Perdrix.
Beccasses.
Ramiers.
Pluuiers.
Sarcelles.
Rouges.
Faisans de bois.
Oyseaux de riuiere.
Genillote de bois.

Beccassines.
Griues.
Mauuiettes.
Poulets de grain.
Levraux de Ianuier.
Courlis.
Pigeons de voliere.
Cailles grasses.
Crestes.
Foyes gras.
Syrot.
Giuarts.
Oyes grasses pour saler aux pois.
Allouettes.
Canards de pallier.
Cochons de laict.
Poulettes d'eau.
Hairon.
Hirondelles de mer.

LE

# LE
# CVISINIER
## FRANCOIS,
ENSEIGNANT LA MANIERE de bien apprester & assaisonner les Viandes, qui se seruent aux quatre saisons de l'année, en la table des Grands, & des particuliers.

*La maniere de faire le Boüillon pour la nourriture de tous les pots, soit de potage, entrée, ou entre-mets.*

VOvs prendre 2 trumeaux derriere de simier, peu de mouton, & quelques volailles, & suiuant la quantité que vous voulez de boüillon,

A

vous mettrez de la viande à proportion, puis la ferez bien cuire auec vn bouquet, que vous ferez auec perſil, ſiboules & thin liez enſemble, & peu de clou, & tenez touſiours de l'eau chaude pour remplir le pot; puis eſtant bien fait vous les paſſerez dans vne ſeruiette pour vous en ſeruir. Et pour la viande roſtie, apres en auoir tiré le jus vous la mettrez bouïllir auec vn bouquet ainſi que deſſus; faites la bien cuire, puis la paſſés pour mettre à vos Entrées, ou aux potages bruns.

## Table des Potages qui ſe peuuent faire pour ſeruir és iours gras.

| | |
|---|---|
| Biſque de pigeonneaux, | 1 |
| Potage de ſanté, | 2 |
| Potage de perdrix aux choux, | 3 |
| Potage de canards aux nauets, | 4 |
| Potage de poulets garnis d'aſperges, | 5 |
| Potage de perdrix marbrées, | 6 |
| Potage de fricandeaux, | 7 |
| Potage de cailles marbrées, | 8 |
| Potage de ramiers garny, | 9 |
| Potage de profiteolles, | 10 |
| Potage à la Reyne, | 11 |

## FRANÇOIS.

| | |
|---|---|
| Potage à la Princesse, | 12 |
| Potage à la Iacobine, | 13 |
| Potage d'estudeaux, | 14 |
| Potage de sarcelles à l'hypocras, | 15 |
| Potage d'alloüettes au roux, | 16 |
| Potage de pigeonneaux, | 17 |
| Potage de sarcelles au suc de nauets, | 18 |
| Potage de beatilles, | 19 |
| Potage de poulets aux choux fleurs, | 20 |
| Potage de poulets en ragoust, | 21 |
| Potage de pigeonneaux rostis, | 22 |
| Potage d'oyson à la purée, | 23 |
| Potage de petite oye d'oyson, | 24 |
| Potage d'oyson aux pois verts, | 25 |
| Potage d'oye salée à la purée, | 26 |
| Potage de poulets aux pois verts, | 27 |
| Potage de pigeons aux pois verts, | 28 |
| Potage de sallé aux pois, | 29 |
| Potage de lapreaux, | 30 |
| Potage d'abatis d'agneaux, | 31 |
| Potage d'alloüettes à la sauce douce, | 32 |
| Potage de jaret de veau, | 33 |
| Potage de poitrine de veau, | 34 |
| Potage de mouiettes, | 35 |
| Potage de tortuës, | 36 |
| Potage de cochon de laict, | 37 |
| Potage de mouton aché, | 38 |
| Potage de trumeau de bœuf, | 39 |

A ij

## Le Cvisinier

| | |
|---|---|
| Potage de chapon au riz, | 40 |
| Potage de poulets aux riz, | 41 |
| Potage de trumeau de bœuf au tailladin, | 42 |
| Potage de marmitte, | 43 |
| Potage de teste de veau fritte, | 44 |
| Potage de mouton frit aux nauets, | 45 |
| Potage de manches d'espaules en ragoust, | 46 |
| Potage de beccasses rosties, | 47 |
| Demie bisque, | 48 |
| Potage de Iacobine au fromage. | 49 |

## Maniere de faire toutes sortes de Potages.

### 1. Bisque de pigeonneaux.

Prenés des pigeonneaux, apres qu'ils feront bien nettoyés & troussés, ce que vous ferés faisant vn trou auec vn cousteau au bas de l'estomach, & y passant les cuisses ; faites les blanchir, c'est à dire, mettés-les dãs vn pot auec de l'eau chaude, ou du bouillon du pot, & les couurés bien ; en suite les empotés auec vn petit brin de fines herbes, & emplissés vostre pot du meilleur de vos bouillons, empeschés bien qu'il ne noircisse, puis faites seicher vostre pain, & le faites mitonner au bouillon de pigeon, puis dressés apres qu'il est bien assaisonné de sel, poivre, & clou, la garnissés des pigeonneaux, crestes, riz de veau, champignons, jus de mouton, puis pistaches; serués & garnissés les bords du plat de tranches de citron.

### 2. *Potage de santé.*

Le potage de santé se fait de chapons, apres qu'ils sont bien nettoyés, vous les troussez & les empotez auec du bouillon, le couurez de peur qu'il ne deuienne noir. Faut le bien assaisonner de sel, bien faire cuire, & y mettre force bonnes herbes, en Hyuer chicorée blanche, puis dressez, & garnissez de vos herbes, sçauoir de cardes & racines de persil ou chicorée, & seruez.

### 3. *Potage de perdrix aux choux.*

Estans bien nettoyees vous les lardez de gros lard, puis les troussez, les faites blanchir, & les empotez auec bon bouillon. Prenez des choux & les empotez aussi auec vos perdrix; apres qu'ils seront cuits, vous y passerez vn peu de lard fondu, & les assaisonnerez auec clou & poivre, puis faites mitonner vos croutes, les garnissez de fagouës de veau ou saucisses si vous en auez, puis serués.

### 4. Potage de canards aux nauets.

Apres qu'ils font nettoyez lardés-les de gros lard, puis les paffés dans la poêfle auec fain-doux ou lard fondu, ou bien les faites roftir trois ou quatre tours à la broche, puis les empotés: en fuite prenés vos nauets, les coupés comme vous voudrés, les faites blanchir, les farinés, & les paffés par du fain-doux ou du lard, iufques à ce qu'ils foient bien roux, mettés-les dans vos canards, faite bien cuire le tout, & mitonner voftre pain afin que voftre potage foit lié ; fi vous aués des capres vous y en meflerés, ou vn filet de vinaigre, dreffés & garniffés de nauets, puis ferués.

### 5. Potage de poulets garny d'afperges.

Apres qu'ils font bien trouffés, faites les bien blanchir, & les empotés auec vne barde pardeffus, rempliffés voftre pot de voftre meilleur bouillon, & les affaifonnés de fel, & d'vn brin de poivre, & ne les laiffés trop cuire, feichés voftre pain, puis le faites mitonner, & le garniffés de vos poulets, auec afperges fricaffées & rompuës, champignons, creftes, ou des beatilles de vos poulets, de peu de piftaches, & de jus de mouton, & garniffés le bord de voſtre plat de citron, puis ſerués.

### 6. *Potage de perdrix marbrées.*

Apres que vos perdrix ſont bien trouſſées lardés-les de gros lard, & les faites blanchir, puis les empotés; faites-les bien cuire & les aſſaiſonnés de ſel, puis y faites entrer & mitonner voſtre pain. Garniſſés-en voſtre potage, & de champignons, les faites vn peu bouillir ſur le feu, y mettant du bouillon blanc d'amendes, & du jus de mouton, piſtaches & citron, puis ſerués.

### 7. *Potage de fricandeaux.*

Prenés vne ruelle de veau, la coupés fort deliée, faites-la bien piquer & la faites prendre couleur dans vne tourtiere ou entre deux plats, mettés-en les tranches dans vn petit pot auec du meilleur bouillon, les aſſaiſonnés, faites mitonner voſtre pain, & le garniſſés de vos fricandeaux, champignons, truffes, aſperges, jus de mouton, piſtaches, ſi vous voulés, ou citron, puis ſerués.

### 8. *Potage de cailles marbrées.*

Apres que vos cailles ſont trouſſées & blanchies, farinés-les & les paſſés auec du lard ou ſain-doux, puis les empotés,

A iiij

faites-les bien cuire & les assaisonnés de sel, faites mitonner vostre pain & le garnissés de vos cailles auec troufles, champignons, crestes, citron, & pistaches, puis serués.

9. *Potage de ramiers garny.*

Prenés des ramiers ou gros pigeons, faites-les blanchir, & les lardés de moyen lard, puis les empotés & faites bien cuire auec assaisonnement de sel & vn brin de thin, faites mitonner vostre pain, puis le garnissés de vos ramiers, cus d'artichaux, asperges, & seruez.

10. *Potage de profiteolles.*

Il se fait ainsi : Vous prendrez quatre ou six petits pains, vous en osterez toute la mie par vne petite ouuerture faite au dessus, vous ostez le couuert & le faites seicher auec le pain, les faites passer par du sain doux ou du lard, puis faites mitonner vostre pain auec vostre meilleur bouïllon & l'arrousez de boüillon d'amende, puis mettez vos pains pour garnir vostre potage, & les emplissez de crestes, de riz de veau, beatilles, troufles, champignons, & les couurez. Mettez-y du boüillon iusques à ce que le pain soit imbu; auant que seruir jettez du jus & ce que vous aurez par dessus, puis seruez.

11. *Potage à la Reyne.*

Prenez des amendes, les battez & les mettez boüillir auec bon boüillon, vn bouquet & vn morceau du dedans d'vn citron, vn peu de mie de pain, puis les assaisonnez de sel, prenez bien garde qu'elles ne bruslent, remuez les fort souuent, & les passez. Prenez en suite vostre pain & le faites mitonner auec le meilleur boüillon, qui se fait ainsi : Apres que vous aurez desossé quelque perdrix ou chapon rosty, prenez les os & les battez bien dedans vn mortier, puis prenez du bon bouillon, faites cuire tous ces os auec vn peu de champignons, & passez le tout dans vn linge, & de ce bouillon mitonnez vostre pain, & à mesure qu'il mitonne arrosez-le de bouillon d'amende & de jus, puis y mettez vn peu d'achis bien delié, soit de perdrix ou de chapon, iusques à ce qu'il soit plein. Prenez en suite la paisle du feu, la faites rougir, & la passez par dessus. Garnissez vostre potage de crestes, pistaches, grenades & jus, puis seruez.

### 12. *Potage à la Princesse.*

Prenés du mesme bouillon du potage à la Reyne tiré d'ossemens rostis, faites mitonner vn pain en crouste, & en suite vn petit achis de perdrix, que vous semerés sur vostre pain, si delié qu'il ne paroisse point, faites-le mitonner & l'emplissés peu à peu, garnissés-le des plus petits champignons, crestes, roignons, pistaches, citron, & jus en quantité, puis serués.

### 13. *Potage à la Iacobine.*

Prenés chapons ou perdrix, les faites rostir, les desossés, & en achés le blanc bien menu. Prenés-en aussi les os, les cassés, & les mettés cuire auec du bouillon & vn bouquet, dans vn pot de terre, puis les passés dans vn linge; faites mitonner vostre pain, mettés dessus vn lict de chair, ou de fromage si vous voulés, vn lict de bouillon d'amende, & le faites bien bouillir, & l'emplissés peu à peu, puis le garnissés de petits bouts d'aisles desossés par vn bout: prenés trois œufs auec vn peu de bouillon d'amende, ou autre, les battés ensemble, & les jettés sur vostre potage, faites-y passer la paisle du feu, puis serués.

### 14. *Potage d'eſtudeaux.*

Prenés eſtudeaux, les habillés, & les faites blanchir, c'eſt à dire les faire tremper quelque temps dans de l'eau fraiſche, ou dans le bouillon, puis les empotés auec autre bouïllon bien aſſaiſonné de ſel, dreſſés, & les garniſſés de tout ce que vous aurés de reſte de garniture ſur vn pain mitonné, ſerués.

### 15. *Potage de ſarcelles à l'hypocras.*

Prenés ſarcelles & les appropriés & nettoyés bien, les faites blanchir ainſi que deſſus, & eſtant piquées de quelque lardon dedans, les paſſés auec du lard ou ſain-doux, puis les empotés: lors qu'elles ſeront preſque cuites, vous jetterés dedans des brugnolles auec vn morceau de ſucre, & garnirés voſtre potage de ces ſarcelles & brugnolles.

### 16. *Potage d'alloüettes au roux.*

Prenés vos alloüettes & leur tirés les juſiers, faites-les blanchir, enfarinés-les & les paſſés dans la poëſle auec beurre, lard, ou ſain-doux, iuſques à ce qu'elles ſoient bien rouſſes, puis les empotés auec bon boüillon, & vn bouquet, & les faites cuire; faites bien mitonner vn pain, que vous garnirés de vos alloüettes, palets de bœuf, jus de mouton & de citron, puis seruez.

### 17. *Potage de pigeonneaux.*

Prenez des pigeonneaux, faites-les bien eschauder & les empotez auec bon bouïllon & vn bouquet : faites-les bien cuire auec vne barde de lard, puis les dressez sur vn pain mitonné, & les garnissez d'artichaux & asperges fricassées, pois verts ou laictuës, puis seruez.

### 18. *Potage de sarcelles au suc de nauets.*

Pour le faire, prenez des sarcelles & les faites rostir, puis les empotez auec bon bouïllon, prenez des nauets en suite, les faites blanchir, les enfarinez, & les passez par la poësle en sorte qu'ils soient bien roux, mettez-les auec vos sarcelles, & les faites cuire ensemble, & lors que vous voudrés dresser, passés les nauets dans vn linge, pour en épurer le suc, dont vous garnirés vostre potage, ensemble de vos sarcelles & de grenades, puis serués.

### 19. *Potage de beatilles.*

Prenez des beatilles, faites-les bien eschauder, passés-les par la poësle comme vne fricassee de poulets, le empotés auec bon bouïllon, & faites-les bien confommer, faites mitonner vn pain, que vous garnirés de vos beatilles auec force jus de mouton & rognon de belier, puis ferués.

20. *Potage de poulets aux choux-fleurs.*

Empotés-les auec bon bouillon, faites les cuire auec vn bouquet, & bien affaifonné de fel, clou, poivre, & raperés vn peu de mufcade ou croûte de pain quand ferés preft de feruir, garniffés en voftre pain mitonné auec choux-fleurs, jus de mouton, & ferués.

21. *Potage de poulets en ragouft.*

Eftans roftis, efcartelés-les, puis les mettés entre deux plats en guife de ragouft, auec du bouillon du pot; faites mitonner voftre pain en croufte, & le garniffés de vos poulets, mettant autour peu de champignons & afperges, puis ferués.

22. *Potage de pigeonneaux roftis.*

Empotés-les auec de bon bouillon bien affaifonné de fel & clou, & les faites cuire; faites en fuite mitonner vos crouftes & les garniffés de vos pigeons & de ce que vous aurés à y mettre; prenés garde que voftre potage foit brun, puis ferués.

### 23. *Potage d'oyson à la purée.*

Prenés oysons ou autre chose que vous voudrés, empotés-les & faites bien cuire, puis prenés vos pois & les faites bien cuire, passés-les en suite par vne passoire bien deliée, & mettés vostre purée dans vn pot auec vn bouquet, passés vn peu de lard par la poësle, & estant fondu jettés-le dans le pot, & lors que vous voudrés seruir faites mitonner vostre pain auec le bouillon de vos oysons, puis jettés vostre purée par dessus, pour laquelle rendre verte il ne faut pas laisser cuire vos pois tout à fait : mais apres estre demy cuits battés-les dans vn mortier, & les passés auec bon bouillon, ou si c'est en Hyuer, vous prendrés de la poirée ou ozeille pillée & pressée, & jetterés le jus autour de vostre potage lors que vous serés prest de seruir.

### 24. *Potage de petite oye d'oyson.*

Faites-les bien blanchir & les empotés auec du bouillon, vn bouquet & vne barde de lard, faites les bien cuire, en sorte qu'estant cuites elles paroissent blanches; faites mitonner vostre pain & le garnissés de vos petites oyes, que vous blanchirés si vous voulés, & y met-

trés vn peu de capres achées, puis seruez.

25. *Potage d'oyſon aux pois verts.*

Empotez vos oyſons auec vn bouïllon, apres les auoir bien preparés & blanchis, faites les bien cuire & les aſſaiſonnés bien; faites paſſer vos pois dans la
poeſle, puis les mettés dans vn petit pot
auec peu de bouïllon, & apres qu'ils ſeront bien cuits, faites mitonner voſtre
pain, & le garniſſés de vos oyſons & de
leurs abatis, s'entend la petite oye, & de
vos pois entiers ou paſſés, puis ſerués
garnis de laictuës.

26. *Potage d'oye ſallée à la purée.*

Voſtre oye eſtant bien ſallée & coupée
en quatre quartiers, ſi elle eſt trop ſallée
faites-la deſſaler, puis la faites larder de
gros lard, & la faites bien cuire : vos pois
eſtant cuits paſſez les dans vne paſſoire
en purée, & l'aſſaiſonnez ſelon voſtre
gouſt : faites boüillir voſtre oye vn bouïllon dans cette purée, faites mitonner voſtre pain en d'autre bouïllon ſi vous en
aués d'autre pot, & ſur la purée jettés vn
peu de jus de mouton par deſſus pour la
marbrer, puis ſerués.

### 27. *Potage de poulets aux pois verts.*

Vos poulets estans bien eschaudés & troussés, empotés-les auec bon bouïllon, & les escumés bien, puis passés vos pois par la poësle auec beurre ou lard, & les faites mitonner auec des laictuës, que vous aurés fait blanchir (c'est les mettre dans l'eau fraische) faites aussi mitonner vostre pain, & en suite le garnissés de vos poulets, pois & laictuës, puis serués.

### 28. *Potage de pigeons aux pois verts.*

Il se fait de mesme façon que celuy de poulets, horsmis que si vous voulés vous pouués ne point passer vos pois en puree.

### 27. *Potage de sallé aux pois.*

Faites bien cuire vostre sallé, soit porc ou oye, ou autre chose, dressés & jettés vostre puree par dessus, puis serués.

### 30. *Potage de lapreaux.*

Estans bien habillés, faites-les blanchir & les passés par la poësle auec beurre ou lard, en suite empotés-les auec bon bouïllon & vn bouquet, & les faites cuire à propos; faites bien mitonner vostre pain & le garnissés de vos lapreaux, champignons & trousles, & de ce que vous aurés, puis serués.

*Potage*

### 31. *Potage d'abatis d'agneaux.*

Apres que vos abatis seront bien blanchis empotés-les auec bon bouillon, vn bouquet & vne barde, c'est vn morceau de lard gras, faites-les bien cuire, & mitonnés bien vostre pain, & quand vous serés prest à seruir, iettés vn bouillon blanc par dessus, s'entend des jaunes d'œufs & verjus, puis seruez.

### 32. *Potage d'alloüettes à la sauce douce.*

Plumez les & en tirez les iusiers, puis les farinez & passez par la poësle auec du lard ou sain doux, & les empottez auec bon boüillon, demy septier de vin blanc & vne demie liure de sucre, puis faites bien cuire le tout, & mitonner vostre pain, le garnissez de vos alloüettes, & seruez.

### 33. *Potage de jaret de veau.*

Empottez vostre iaret de veau auec bon boüillon, le faites bien cuire & escumer, mettez y de la chicorée blanche, faites mitonner vostre pain, le garnissez du iaret, cicorée & champignons, puis seruez.

### 34. *Potage de poitrine de veau.*

Faites la blanchir dans l'eau fraische, puis l'empottez auec bon boüillon, faites la cuire, & y mettez de bonnes herbes, & vn peu de capres, & le tout bien assaisonné dressez-le sur vostre pain mitonné, puis seruez.

### 35. *Potage de mouiettes.*

Troussez-les & leur ostez les jusiers, puis les farinez & passez par dedans la poësle auec beurre ou lard, en suite faites-les empoter auec bon bouillon, & faites bien cuire auec vn bouquet : faites mitonner vostre pain, & le garnissez de vos mouiettes, de palets de bœuf & champignons, puis serués.

### 36. *Potage de tortuës.*

Prenés vos tortuës, leur coupez la teste & les pieds, faites-les cuire auec de l'eau, & quand elles seront presque cuites, mettez-y vn peu de vin blanc, des fines herbes & du lard. Lors qu'elles seront cuites, ostés-les de la coquille & en tirez l'amer, coupés-les par morceaux & les passez par la poësle auec bon beurre, puis faites-les mitonner dans vn plat, comme aussi vostre pain auec de vostre bouillon, garnissez-le enfin de vos tortuës bien assaisonnées d'asperges coupées, de jus, & de citron, puis seruez.

### 37. Potage de cochon de laict.

Apres que vous l'aurez proprement habillé, mettez-le en cinq morceaux, faites-les blanchir dans du bouillon ou de l'eau fraiche, & les empotez auec bon bouillon, mettez-y des fines herbes & vn morceau de lard, mais prenez garde qu'ils ne bouillent à sec ; faites mitonner vostre pain, & le garnissez de vostre cochon, la teste au milieu des quartiers, & les abatis autour du plat, puis seruès.

### 38. Potage de mouton aché.

Prenez vn membre de mouton, achez-le auec graisse ou moëlle de bœuf, & le faites mitonner dans vn pot, faites aussi pareillement mitonner vostre pain dans vn plat auec le meilleur de vos bouillons; apres quoy, garnissez-le de vostre achis, ensemble de jus, crestes, beatilles emplies d'vn pain sec, autrement, de tailladins, c'est à dire des morceaux de pain de la longueur & grosseur d'vn doigt en forme de lardons, que vous passerez par la poësle auec bon beurre, iusques à tant qu'ils paroissent roux, & comme rostis, & le faites aussi bien mitonner, puis seruez.

### 39. Potage de trumeau de bœuf.

Faites-le bien estouffer dans vn pot

B ij

iusques à ce qu'il soit presque pourry de cuire, & bien assaisonné, auec vn bouquet, clou, capres, champignons, & trouffes; faites apres mitonner vostre pain, & le garnissés de vostre trumeau, & de sa fourniture.

40. *Potage de chapon au riz.*

Prenés vn chapon, habillés-le bien, & l'empotés auec bon bouïllon bien assaisonné, prenés vostre riz bien espluché, le laués & le faites seicher deuant le feu, puis le faites cuire auec bon bouïllon peu à peu: faites mitonner vostre pain, mettés vostre chapon dessus & le garnissés de vostre riz, si vous voulés mettés-y du saffran, & serués.

41. *Potage de poulets au riz.*

Il se fait de mesme sorte que le chapon, habillés-les, troussés les, empotés & assaisonnés de mesme, apprestés vostre riz aussi de mesme façon; vostre pain estant mitonné & garny de mesme, serués.

42. *Potage de trumeau de bœuf au tailladin.*

Faites blanchir vostre trumeau, bien cuire & bien assaisonner, & du bouïllon en faites aussi cuire vostre tailladin, vous y meslerés vn oygnon piqué de cloux & vn peu de thin, ensuite faites mitonner voſtre pain, & le garniſſez du trumeau & de vos tailladins, qui ſont morceaux de pain de la longueur & groſſeur d'vn doigt paſſez & roſtis dans la poeſle auec beurre ou lard, comme il a eſté dit cy-deſſus en l'article 38. Si vous voulez vous y pouués mettre du ſaffran, puis ſerués.

Chapon au tailladin, & toute autre viande ſe fait de meſme, & ainſi appreſtee ſe dira telle viande au tailladin.

43. *Potage de marmite.*

Faites mitonner des crouſtes de gros pain auec du bon bouillon de voſtre marmitte, aſſaiſonné de poivre, ſel, & peu de perſil aché, puis ſerués. L'entameure de pain bouilly ſe ſert de meſme, ſans perſil ny poivre ſi vous voulés.

44. *Potage de teſte de veau fritte.*

Lors qu'elle eſt cuite deſoſſés-la, & la coupés en tant de morceaux que vous voudrés, puis la farinés & faite frire auec beurre ou lard: faites mitonner voſtre pain & le garniſſés de voſtre friture: ſerués le plat bien plein & garny, comme de champignons, grenades ou citrons coupés, & jus de citron.

45. *Potage de mouton frit aux nauets.*

Prenés des hauts bouts de poitrine

de mouton, les faites frire, & bien cuire iusques à ce qu'ils puissent souffrir les naucts, lesquels estans coupez & aussi bien frits, vous mettrés auec vostre mouton, bien cuit & assaisonné auec clou, sel, & vn bouquet : faites mitonner vostre pain, & dressés; que si vostre potage n'est assés lié, passés vn peu de farine dans le boüillon pour l'épaissir, & y meslés poiure blanc & vinaigre, puis seruez.

46. *Potage de manches d'espaules en ragoust.*

Vos manches estant blanchis dans de l'eau fraische, farinés-les & passés par la poësle auec beurre ou lard ; faites-les cuire dans vne terrine auec toutes les garnitures qui peuuent souffrir la cuisson, comme asperges, champignons, ou trousles; faites mitonner vostre pain ou des croustes auec bon boüillon, & le garnissés de vos manches, asperges, champignons, & de tout ce que vous aurés, puis serués.

47. *Potage de beccasses rosties.*

Estans rosties empotés-les auec bon boüillon & vn bouquet, & les faites bien cuire, faites apres mitonner vostre pain & le garnissés de vos beccasses, & de tout ce que vous aurés, puis serués.

Vous pouués aussi le faire de mesme que de perdrix marbrée.

### 48. *Demie bisque.*

Prenés pigeons vn peu gros, ouurés-les & les faites cuire de mesme que la bisque, dont vous trouuerés facilement la façon ayant recours à la Table; garnissés & assaisonnés-les aussi de mesme façon en sorte qu'elle soit aussi bonne que la bisque si vous pouués, puis serués.

### 49. *Potage à la Iacobine au fromage.*

Prenés chapon garny de ses os appropriés, comme aisles & cuisses, & du fromage, dont vous ferés autant de licts que de chair, & vous arroserés le tout de boüillon d'amende si vous pouués; que s'il n'est assés lié, delayés deux ou trois œufs, & auec la paisle du feu luy donnés couleur. Or pour affermir & rendre vostre boüillon meilleur, pillés les os & les faites boüillir auec le meilleur de vos boüillons bien assaisonné; faites mitonner vostre pain, que vous pouués garnir de pistaches, citrons, ou grenades, puis serués.

### Tables des Potages farcis.

| | |
|---|---:|
| Potage de chapons farcis, | 1 |
| Potage d'estudeaux desossez farcis, | 2 |
| Potage de poulets farcis, | 3 |
| Potage de pigeonneaux farcis, | 4 |
| Potage de canards farcis, | 5 |
| Potage de jarets de veau farcis, | 6 |
| Potage de poitrine de veau farcie, | 7 |
| Potage de teste de veau desoßée farcie, | 8 |
| Potage de testes d'agneaux desoßées farcies, | 9 |
| Potage de membre de mouton farcy, | 10 |
| Potage d'oysons farcis, | 11 |
| Potage de perdrix farcies, | 12 |
| Potage de poulet d'Inde farcy. | 13 |

### Maniere de faire les Potages farcis, dont la Table est cy-dessus.

#### 1. Potage de chapons farcis.

Aprés les auoir bien habillés, desossés-les par le col, & les remplissés de toutes sortes de beatilles, comme pigeonneaux, de la chair mesme de chapon bien achee auec de la graisse de bœuf ou de mouton,

& estans bien assaisonnés & troussés, empotés-les auec bon bouillon, les faites cuire, & mitonner vostre pain, que vous garnirés de vos chapons & de toutes sortes de beatilles, puis serués.

2. *Potage d'estudeaux desossez farcis.*

Apres que vos estudeaux seront habillés, tirés en l'os de l'estomach, les remplissés de godiueaux, que vous ferés auec viande de veau achee & jaunes d'œufs crus, siboules, persil, poivre, ou espice, selon vostre goust le tout assaisonné de sel, & apres les auoir trousés & fait blanchir, empotez-les & garnissez auec bon assaisonnement, puis faites-les bien mitonner, dressez & garnissez de ce que vous aurez, & seruez.

3. *Potage de poulets farcis.*

Apres qu'ils seront bien habillez, faites les blanchir dans de l'eau fraische, leuez en la peau auec le doigt, & les emplissez de farce composee de veau ou blanc de chapon, auec graisse & jaunes d'œufs, le tout bien aché & meslé ensemble, troussez-les & empotez auec bon bouillon, & vn bouquet; faites mitonner vostre pain, le garnissez de vos poulets, culs d'artichaux & asperges, puis seruez.

### 4. *Potage de pigeonneaux farcis.*

Estans bien échaudés, habillés, la peau leuée, & emplis comme les poulets, faites-les blanchir dans de l'eau fraische, & les empotés auec bon bouillon, faites-les cuire à proportion, & les assaisonnés auec vne barde de lard, puis mitonnés vostre pain & le garnissés de vos pigeonneaux auec leurs foyes & aisles, jus d'vne éclanche de mouton cuite à la broche, & seruéz.

### 5. *Potage de canards farcis.*

Prenés vos canards, les desossés par le col, emplissez-les de tout ce que vous aurés de bon, comme jeunes pigeonneaux, champignons, trousles, riz de veau, & autres choses semblables, faites vostre farce d'vn morceau de porc frais maigre, aché auec jaunes d'œufs crus, persil, siboules, poivre ou espice selon vostre goust ; recousés vos canards, faites-les blanchir dans de l'eau fraische, & les empotez auec bon bouillon, faites-les bien cuire & assaisonner ; délayés vn peu de farine auec du bouillon pour lier vostre potage, en suite faites mitonner vostre pain, le garnissés de vos canards & de tout ce que vous aurés, puis scrués.

### 6. Potage de jarets de veau farcis.

Coupés ces jarets jusques contre la longe, leués-en la peau bien proprement, & retrouffés le bout du manche, puis les faites tremper dans de l'eau fraîche, prenés-en la chair, & en oftés les nerfs, achés-là auec de la graiffe de bœuf ou de mouton, lard, jaunes d'œufs, & fines herbes, le tout eftant bien aché & affaifonné, empliffés-les & empottés auec bon boüillon, les faites cuire, & y mettés des herbes felon la faifon, ou vn peu de chicorée blanche, faites mitonner voftre pain & le garniffés de ces jarets, que vous ferés blanchir auec des jaunes d'œufs & du verjus fi vous voulés, puis feruez.

### 7. Potage de poitrine de veau farcie.

Prenés vne poitrine de veau, y faites ouuerture par le bout d'embas, faites vne farce de peu de viande & de graiffe, vne mie de pain & toute forte de bonnes herbes, achés le tout & affaifonnés, faites blanchir cette poitrine & l'empottés auec bon boüillon, faites-la bien cuire auec capres, chicorée ou herbes achées, faites mitonner voftre pain, le garniffés fi vous voulés, & ferués.

### 8. *Potage de teste de veau desossée farcie.*

Estant bien échaudee, leuez-en la peau, faites-la cuire, & estant cuite la desossez, ostez la ceruelle & les yeux, pour les remettre apres en leur place : achés-en bien la viande auec graisse ou moësle de bœuf, & jaunes d'œufs crus pour lier la farce, puis remettez la ceruelle & les yeux en leur place ; estant farcie, recousez la proprement, la faites bien blanchir dans de l'eau fraische, & l'empotez auec bon bouillon ; faites-la bien cuire, & en suite prenez des pieds de veau les passez en ragoust, les faisant demy cuire dans de l'eau, les fendant par moitié, & passant par la poësle auec beurre ou lard ; mettez-les dans vostre pot auec des capres, & en suite faites mitonner vostre pain, le garnissez de cette teste & des pieds, auec les capres, & seruez.

### 9. *Potage de testes d'agneaux desossées farcies.*

Faites de mesme qu'à la teste de veau ; apres qu'elles seront bien échaudees leuez-en la peau, faites-les cuire, & estant cuites en tirez la chair, & la achez auec graisse ou lard bien assaisonné selon vôtre goust : farcissez-les auec vn morceau de foye, & de mouts d'agneau, graisse ou moësle de bœuf, jaunes d'œufs crus, persil & fines herbes, le tout bien aché ensemble, & faites blanchir, puis les empotés auec bon bouillon: faites-les bien cuire, & assaisonnés auec fines herbes; mitonnés vostre pain & le garnissés de vos testes & abatis, que vous ferés blanchir si vous voulés auec jaunes d'œufs delayés dans du verjus, & seruès.

10. *Potage de membre de mouton farcy.*

Prenés vn membre de mouton, le desossés & en achés la chair bien menuë auec graisse & lard, puis en farcissés la peau, & la cousés bien proprement, en sorte que le bout du manche soit bien net, le tout bien assaisonné de sel & d'espice selon vostre goust, que vous empoterés & ferés bien cuire auec vn bouquet, capres & nauets: faites mitonner vostre pain, dressés, & le garnissés de vos nauets, puis seruès.

11. *Potage d'oysons farcis.*

Apres qu'ils seront habillés, tirés-leur le brechet, & les farcissés de telle farce que voudrés, puis les farinés & empotés auec bon bouillon: faites mitonner vostre pain & le garnissés de vos oysons auec pois, purée, ou ce que vous voudrés, & ſerués.

12. *Potage de perdrix deſoſſées farcies.*

Tirés-leur le brichet, & prenés du veau ou de la chair de chapon, achés-là & aſſaiſonnés ſelon voſtre gouſt, de ſel & d'eſpice, ou fines herbes, farciſſés-en vos perdrix bien proprement; empotés-les auec bon boüillon, & les faites bien cuire auec vn bouquet, faites mitonner voſtre pain, & le garniſſés autour du plat d'aſperges, & de culs d'artichaux, puis ſerués.

13. *Potage de poulet d'Inde farcy.*

Aprés l'auoir bien habillé, tirés le brichet, & prenés du veau & de la graiſſe, que vous acherés bien menu, liés voſtre farce auec des œufs & y meſlés beatilles ou pigeonneaux, jaunes d'œufs crus, empotés-le auec bon boüillon, & le faites bien cuire, mettés-y des marons, champignons, & trouffles: faites mitonner vn pain, & le garniſſés de ce qui eſt en voſtre pot, puis ſerués.

*Pour faire le bouquet, prenez ſiboules perſil, & thin, & les liez enſemble.*

*Table des entrées qui se peuuent faire dans les armées, ou en la campagne.*

| | |
|---|---|
| Poulet d'Inde à la framboise farcy, | 1 |
| Membre de mouton à la Cardinale, | 2 |
| Iaret de veau à l'epigramme, | 3 |
| Longe de veau à la marinade, | 4 |
| Canards en ragoust, | 5 |
| Pigeonneaux en ragoust, | 6 |
| Poulardes en ragoust, | 7 |
| Boudin blanc, | 8 |
| Saucisses de blanc de perdrix, | 9 |
| Andoüilles, | 10 |
| Seruelats, | 11 |
| Poulets marinez, | 12 |
| Manches d'espaules à l'oliuier, | 13 |
| Piece de bœuf à l'Angloise, | 14 |
| Poitrine de veau à l'estoffade, | 15 |
| Perdrix rosties en ragoust, | 16 |
| Langue de bœuf en ragoust, | 17 |
| Langue de porc en ragoust, | 18 |
| Langue de mouton en ragoust, | 19 |
| Queue de mouton en ragoust, | 20 |
| Membre de mouton à la daube, | 21 |

LE CVISINIER

| | |
|---|---|
| Poulet d'Inde à la daube, | 22 |
| Ciué de liévre, | 23 |
| Poitrine de mouton en aricot, | 24 |
| Agneaux en ragoust, | 25 |
| Haut costé de veau en ragoust, | 26 |
| Piece de bœuf à la daube, | 27 |
| Membre de mouton à la logate, | 28 |
| Piece de bœuf à la marotte, | 29 |
| Queuë de mouton rostie, | 30 |
| Piece de bœuf & queuë de mouton au naturel, | 31 |
| Cochon à la daube, | 32 |
| Oye à la daube, | 33 |
| Oye en ragoust, | 34 |
| Sarcelles en ragoust, | 35 |
| Poulet d'Inde en ragoust, | 36 |
| Cochon en ragoust, | 37 |
| Longe de veau en ragoust, | 38 |
| Alloüettes en ragoust, | 39 |
| Foye de veau fricassé, | 40 |
| Pied de veau & de mouton en ragoust, | 41 |
| Gras double en ragoust, | 42 |
| Poulets fricassez, | 43 |
| Pigeonneaux fricassez, | 44 |
| Fricandeaux, | 45 |
| Fricassée de veau, | 46 |
| Ruelle de veau en ragoust, | 47 |
| Espaule de veau en ragoust, | 48 |

*Espaule*

## FRANÇOIS.

| | |
|---|---|
| | 33 |
| Espaule de mouton en ragoust, | 49 |
| Poitrine de veau fritte, | 50 |
| Longe de chevreuil en ragoust, | 51 |
| Costelette de mouton en ragoust, | 52 |
| Bœuf à la mode, | 53 |
| Bœuf a l'estoffade, | 54 |
| Lapreaux en ragoust, | 55 |
| Longe de porc à la sauce Robert, | 56 |
| Perdrix à l'estoffade, | 57 |
| Chapon aux huistres, | 58 |
| Allebran en ragoust, | 59 |
| Longe de mouton fritte, | 60 |
| Foye de veau en ragoust | 61 |
| Poulets à l'estuuée, | 62 |
| Teste de veau fritte, | 63 |
| Foye de veau picqué, | 64 |
| Abbatis de poulet d'Inde, | 65 |
| Espaule de sanglier en ragoust, | 66 |
| Cuisseaux de chevreuil, | 67 |
| Membre de mouton à la Logate, | 68 |
| Cochon farcy, | 69 |
| Pieds de mouton fraicassez, | 70 |
| Langue de mouston rostie, | 71 |
| Achis de viande rostie, | 72 |
| Attereaux, | 73 |
| Achis de viande cruë. | 74 |
| Poupeton, | 75 |
| Tourte de lard, | 76 |

*

Tourte de moüelle, 77
Tourte de pigeonneaux, 78
Tourte de veau, 79
Pasté de chapon desoßé, 80
Pasté de gaudiueau, 81
Pasté d'assiette, 82
Pasté à la marotte, 83
Pasté à l'Angloise, 84
Pasté à la Cardinale, 85
Poulet en ragoust dans vne bouteille, 86
Tranche de bœuf fort deliée en ragoust. Toutes sortes d'autres viandes se peuuent metre en ragoust, comme bœuf, mouton, agneau, porc, de tel endroit que vous voudrez : Chevreuil, biche, marcaßin : mais soignez à les bien approprier, & faire en sorte qu'elles soient de bon goust.

## FRANÇOIS.

*Maniere d'apprester les viandes des Entrées, dont la Table est cy-dessus.*

1. *Poulet d'Inde à la framboise.*

Apres qu'il est habillé leuez en le brichet, & tirez la chair, que vous acherez auec graisse & peu de chair de veau, que vous meslerez ensemble, auec jaunes d'œufs & pigeonneaux, & le tout bien assaisonné, vous remplirez vostre poulet d'Inde, auec sel, poiure, clou batu, & capres, puis le mettez à la broche & le faites tourner bien doucement; estant presque cuit, tirez le & le mettez dans vne terrine auec bon boüillon, champignons & vn bouquet: Pour lier la sauce, prenés vn peu de lard coupé, le faites passer par la poësle, lequel estant fondu vous tirerés, & y mettrés vn peu de farine, que vous laisserés bien roussir, & delayerés auec peu de boüillon & de vinaigre; la mettrés en suite dans vostre terrine auec jus de citron, & serués: Si c'est au temps des framboises, vous y en metterés vne poignée par dessus.

2. *Membre de mouton à la Cardinale.*

Prenés membres de mouton, les battés

bien, & lardez de gros lard, puis oſtez leur la peau, la farinés & paſſés auec du lard & les faites cuires auec bon boüillon, vn bouquet, champignons, trouſles, ou beatilles, bien paſſés, & que la ſauce ſoit bien liée, puis ſerués.

3. *Iarets de veau à l'epigramme.*

Eſtans bien blanchis farinés-les, paſſés les par la poëſle auec du lard fondu ou du ſain doux: caſſés les & les mettés dans vn pot auec bon aſſaiſonnement de ſel, poiure, clou & vn bouquet, mettés y vn oygnon, peu de boüillon & de capres, puis les farinés auec de la paſte & les eſtouffez auec le couuercle du pot, faites les cuire peu à peu pendant trois heures, puis apres les decouurés, & faites reduire voſtre ſauce iuſqu'à ce que ce qui y eſt en ſoit meilleur: mettez y des champignons ſi vous en aués, & ſerués.

4. *Longe de veau à la marinade.*

Battés la bien, puis la lardés de gros lard, & la faites mariner auec vinaigre, poiure, ſel, epice, clou, citron, oranges, oignon & romarin, & ſauge: mettés là apres à la broche, & la faites roſtir & arroſer de la ſauce tant qu'elle ſoit cuire, & eſtant cuite vous la ferés mitonnez tonner dans la sauce, que vous lierez auec chaplure ou farine nette, champignons, palets ou asperges, puis serués.

### 5. *Canards en ragoust.*

Lardés-les de gros lard, & les passés par la poësle, puis les empotez dans vne terrine ou vn pot, & y mettés bon assaisonnement: les laissés bien cuire & garnissés de ce que vous trouuerés se rapporter mieux à la couleur, puis serués.

### 6. *Pigeonneaux en ragoust.*

Plumez-les à sec, & les vuidés & passez par la poësle auec du lard ou saindoux, empotez-les auec bon bouïllon, & les laissés bien cuire auec vn bouquet: estans cuits garnissés-les de leurs foyes & ris de veau, le tout bien assaisonné, puis serués.

### 7. *Poulardes en ragoust.*

Prenés-les bien mortifiées, & les lardés de gros lard, puis les passez par la poësle, empotez les auec bon bouïllon & vn bouquet ; les assaisonnés & laissés bien cuire auec troufles, champignons, ou quelques petits morceaux de viande rostie pour leur donner goust, garnissés-les de leurs foyes, pistaches ou citron, puis serués.

C

### 8. *Boudin blanc.*

Prenés boyaux de mouton, les ratiffés en forte qu'ils foient bien clairs, puis prenés quatre liures de panne, & la coupés bien menue; prenés auffi deux blancs de chapon, les achés comme poudre, & meflés voftre panne; en fuite mettés-y quinze œufs, vne pinte de laict, la mie de la moitié d'vn pain blanc, affaifonnés bien le tout de l'efpice de fauciffes que vous trouuerés chés les Chaircuitiers toute preparee, & vn peu d'anis: que fi vous ne trouués d'efpice preparee, prenés poivre, clou, fel & gingembre & les battés bien enfemble, puis entonnés le tout dans les boyaux, & les faites blanchir & roftir fur du papier gras; puis ferués.

### 9. *Sauciffes de blanc de perdrix.*

Vos perdrix eftans rofties tirés-en le blanc & le hachés bien menu, prenés de la panne quatre fois autant que de chair, meflés le tout enfemble bien affaifonné de mefme que le boudin blanc, mettés-y auffi du laict à proportion, & entonnés le tout dans des boyaux de mouton, que vous ferés blanchir, & liés par les bouts, faites-les roftir à loifir fur du papier gras, fi vous voulés entonnés-les dans vn boyau de petit cochon de laict ou de poulet d'Inde, puis feruez.

### 10. Andoüilles.

Prenés fraifes de veau & les découpés auec de la panne, du lard & de la chair de porc; faites mitonner le tout enfemble dans vn pot; eftant cuit & froid vous y meflerés vn peu de laict & des œufs, puis l'entonnerés dans vn gros boyau de porc, auec mefme affaifonnement qu'au boudin blanc. Faites en moitié laict & eauë, puis roftir fur du papier gras, & feruez.

### 11. Seruelats.

Prenez vn boyau de bœuf, le ratiffez bien, du lard, de la chair de porc ou mouton, ou telle autre que vous voudrés, apres l'auoir bien achée pillez la auec poiure, fel, vin blanc, clou, fines herbes, oygnon, peu de panne : puis entonnez & liez par le bout, & les mettés à la cheminée. Quand vous voudrés vous en feruir faites les cuire auec de l'eau, & fur la fin vn peu de vin & de fines herbes : apres qu'ils font cuits vous les pouués garder vn mois. Serués.

### 12. Poulets marinez.

Prenés vos poulets, les fendés en deux,

C ij

& les battez, puis les faites tremper dans du vinaigre bien assaisonné. Lors que vous voudrés seruir farinés-les ou y faites vne petite paste auec deux œufs & peu de farine : faites-les frire auec du lard fondu, ou du sain-doux; & quand ils seront frits mettés-les dans leur marinade vn peu mitonner, puis seruès.

13   *Manche d'espaule à l'oliuier.*

Cassez vos manches, les faites blanchir, essuyés; en suite estans farinez passez-les dans la poësle auec du lard ou du sain-doux. Quand ils seront bien frits empotez-les auec fort peu de boüillon, & y mettez vn bouquet, peu d'oygnon passé auec champignons, capres, roignons, palets de bœuf, le tout bien assaisonné, couurez-les auec le couuercle, & faites vn morceau de paste molle pour le fermer de peur qu'il ne prenne de l'air, mettez-les sur vn peu de braise & les faites cuire à loisir, puis seruès.

14.  *Piece de bœuf à l'Angloise ou Chalonnoise.*

Ayez vne piece de bœuf de poitrine & la faite bien boüillir : comme elle est presque cuite tiré-la & la lardez de gros lard, puis la mettez à la broche, vne marinade deſſous, dont vous l'arroſerés auec vn bouquet de ſauge, que ſi elle ne tient à la broche, prenez des baſtons & la liez par les deux bouts. Apres qu'elle eſt cuitte vous la tirerez & la mettrez dans vne terrine, en ſuite faites-la mitonner auec ſa marinade iuſques à ce que vous ſoyez preſt de ſeruir. Garniſſez-là de ce que vous voudrez, de capres ou de nauets, ou des deux enſemble, ou de palets, ou de perſil, ou de la marinade meſme, pourueu qu'elle ſoit bien liee; puis ſerués.

15. *Poitrine de veau à l'eſtoffade.*

Prenés poictrine d'vn veau bien blanc & bien gras, metrés deſſous des bardes de larde, & l'aſſaiſonnés, puis la couurez iuſques à ce qu'elle ait pris couleur & ſoit plus de moitié cuite: apres paſſés champignons, palets, capres & riz de veau, & qu'ils ſe meſlent & acheuent de cuire enſemble.

16. *Perdrix en ragouſt.*

Prenez vos perdrix, habillez-les, & les picquez de trois ou quatre lardons de gros lard, puis les farinés & les paſſés dans la poeſle auec lard ou ſain-doux; en ſuite faites-les cuire dans vne terrine, bié conſommer & aſſaiſonner. Lors que vous

C iij

voudrés seruir prenez du lard & le battés, dans vn mortier, meslés-le dans vostre ragoust, & serués.

17. *Langue de bœuf en ragoust.*

Lardez-la de gros lard, puis l'empotés, faites cuire, & assaisonnez de haut goust. Lors qu'elle sera presque cuite laissez-la refroidir, picqués-la, embrochés, & arrousez de son ragoust iusques à ce qu'elle soit rostie, & tiree faites-la mitonner dans la sauce auec vn peu d'oygnon pilé, vn peu de lard, & vn peu de vinaigre, puis seruez.

18. *Langue de porc en ragoust.*

Prenés-les fraisches & les passez par la poësle, puis les faites bien cuire & assaisonner de haut goust, estant presque cuites vous les repasserez auec oygnon pilé, troufles farine seiche & vn peu de vin blanc, & les faites mitonner dans leur mesme boüillon, & estant cuittes seruez.

19. *Langue de mouton en ragoust.*

Prenés-en plusieurs, & estant bien cuites farinés-les & passés par la poësle, faites les mitonner auec bon boüillon, & y passés peu d'oygnon, champignons, troufles, persil ensemble, le tout bien assaisonné, auec vn filet de verjus & de vinaigre, puis serués.

20. *Queuë de mouton en ragoust.*

Prenés-la ioincte au membre, lardés-la toute de gros lard, & la mettés cuire auec vne piece de bœuf: lors qu'elle sera à moitié cuite tirés-la, l'enfarinés & la passés par la poësle, puis la mettés dans vne terrine auec bon boüillon, & l'assaisonnés-bien de champignons, capres, palets de bœuf, & couurés, & la laissés bien cuire, puis serués.

21 *Membre de mouton à la daube.*

Il le faut bien larder auec gros lard, puis l'empoter auec de l'eau, & bien assaisonner: lors qu'il sera presque cuit mettés-y du vin blanc à proportion, & le faite acheuer de cuire auec fines herbes, écorce de citron ou d'orange, mais fort peu de peur de l'amertume; lors que vous le voudrés seruir garnissés-le de persil & de fleurs.

22. *Poulet d'Inde à la daube.*

Il se fait de mesme que le membre de mouton, hors qu'il le faut bien lier auant que de le mettre cuire: mesme assaisonnement, vin blanc, &c. serués-le auec persil.

C iiij

### 23. *Ciué de liévre.*

Prenés vn liévre, defcoupés-le par morceaux, l'empotés auec du bouïllon, le faites bien cuire, & affaifonnés d'vn bouquet, puis eftant à moitié cuit mettés y vn peu de vin, & y paffés vn peu de farine auec vn oygnon & fort peu de vinaigre : feruès a fauce verte.

### 24. *Poitrine de mouton en aricot.*

Paffés-la par la poëfle, puis l'empotés auec du bouïllon & affaifonnés, & eftant à moitié cuitte paffés des naucts coupés en deux ou autrement, les mettés enfemble, fans oublier vn peu de lard paffé auec vn peu de farine, vn oygnon aché bien menu, vn filet de vinaigre & vn bouquet, feruès à fauce courte.

### 25. *Agneau en ragouft.*

Faites-le roftir, puis le mettés dans vne terrine auec vn peu de bouïllon, vinaigre, fel, poivre, clou, & vn bouquet, peu de farine paffée, peu d'oygnon pilé, capres, champignons, e'corce de citron, ou d'orange, & le tout bien mitonné enfemble, feruès.

### 26. *Haut cofté de veau en ragouft.*

Coupés-le par coftes, les farinés, & les paffés par la poëfle auec du lard, puis les empotez, & les faites cuire auec peu de bouillon, capres, asperges, trouffes, & le tout bien mitonné, serués.

### 7. *Piece de bœuf à la daube.*

Apres qu'elle est à moitié cuitte, lardés-la de gros lard, & la remettés cuire auec le mesme bouillon si vous voulés; puis estant bien cuitte & assaisonnée, sans oublier le vin, serués.

### 28. *Membre de mouton à la logate.*

Apres l'auoir bien choisi battés-le bien, ostés en la peau & la chair du manche dont vous couperez le bout : le lardés auec moyen lard, le farinés & passés par la poësle auec lard ou sain-doux Lors qu'il vous paroistra bien roux, empotés-le auec vne cuilleree de bouillon bien assaisonné de sel, poivre, clou, & vn bouquet; vous y pouués mettre capres, champignons, trouffes; Estouffés le d'vn couuercle fermé auec de la farine, ny trop mole ny trop dure delayee dãs de l'eau, & faites cuire sur peu de charbõ l'espace de 3. heures. Estant cuit découurés-le, & le garnissés de ce que vous aués à y mettre, comme roignons, culs d'artichaux, ris de veau, & sauce courte : serués, & autour mettés citron coupé, ou grenade.

### 29. *Piece de bœuf à la marotte.*

Estant presque cuitte lardez-la de gros lard, puis faites vn pasté de paste bise de la grandeur qu'est vostre piece de bœuf bien assaisonnée de tout ce que vous voudrez, & garnie de mesme, auec capres. Lors qu'elle aura cuit fort long-temps auec boüillon, passez-y oygnon & ails batu, puis seruez.

### 30. *Queuë de mouton rostie.*

Estant bien cuite leuez-en la peau, couurez-la de sel, mie de pain, & persil aché, puis la passez par la poësle deuant le feu, puis serués, auec verjus & persil au tour.

### 31. *Piece de bœuf, & queuë de mouton au naturel.*

Prenés vne piece de bœuf sortant de la boucherie, saupoudrés-la d'vn peu de sel, non par trop de peur d'auoir affaire du boüillon, faites-la bien cuire, & leués ce qui aura esté salé comme les peaux: si vous voulés resalés-la & poudrés de sel menu: serués auec persil au tour ou pain frit, & quelquefois de petits pastés, ou quelque liaison de ragoust.

La queuë de mouton au naturel se fait de mesme que la piece de bœuf, estant bien cuite oftez la peau, la poudrés de fel, & autour de perfil, & la ferués chaude.

### 32. *Cochon à la daube.*

Eftant bien habillé coupés-le en cinq morceaux, puis y paffés peu de gros lard, & le mettés auec bouillon, vin blanc, fines herbes, oygnon, & eftant bien affaifonné ferués auec perfil.

La fauce courte y demeure en gelee pour feruir froid, & y mettez faffran fi vous voulez.

### 33. *Oye à la daube.*

Lardez la de gros lard, & la faite bien cuire, puis y mettez vne pinte de vin blanc, & l'affaifonnés bien de tout ce qu'il faut pour vne daube. Si vous voulez la paffer fur le gril, & la feruir coupee en quatre auec vne fauce Robert par deffus, vous le pouués.

### 34. *Oye en ragouft.*

Prenés vne oye, la coupés en quatre eftant bien battuë, la farinez & faites paffer par la poëfle, puis la faites cuire auec du boüillon, l'affaifonnez de toute forte d'efpice & d'vn bouquet. La garniffez de tous fes abatis, qui font foye, jufier, aifles, & col : que la fauce foit courte & liee, puis feruez.

### 35. Sarcelles en ragoust.

Estant habillees bardés-les de moyen lard, les passés par la poesle & les faites mitonner auec bouillon bien assaisonné, puis les passés auec vn peu de lard & de farine, oygnon, capres, champignons, troufles, pistaches, & escorce de citron tout ensemble, puis serués.

### 36. Poulet d'Inde en ragoust.

Fendés-le & battés, puis le picqués si voulés de gros lard, le farinés & passés par la poesle : le mettés en suite mitonner dans vne terrine auec bon bouillon, bien assaisonné & garny de ce que vous voudrés. Faites-le cuire iusqu'à sauce courte, & serués.

### 37. Cochon en ragoust.

Apres l'auoir habillé, leués-en la peau si vous voulés, puis le coupés en quatre, le farinés, passés par la poesle, bien assaisonné au goust : garnissés-le de capres, troufles, champignons, & serués à sauce courte.

### 38. Longe de veau en ragoust.

Estant bien battuë, lardés-la de gros lard & l'embrochés, puis estant à moitié cuite mettés-la mitonner auec bon bouillon, & faites vne sauce lice auec farine & oygnon passé. Garnissez de champignons, artichaux, asperges, trouffles, & le roignon découpé : seruez.

### 39. *Allouëttes en ragoust.*

Estant habillées ostez-leur le jusier & leur écrassés vn peu l'estomach, les farinez & passez auec du lard : estant bien rousses faites-les mitonner, & assaisonnez de capres & de champignons. Vous y pouués mettre escorce de citron ou jus, ou orange, ou vn bouquet. Degraissez-les & seruez auec ce que vous aurez à seruir.

### 40. *Foye de veau fricassé.*

Coupez-le par tranche fort déliées, puis le passez par la poësle auec du lard ou du beurre, bien assaisonné de sel, poivre, oygnon aché bien menu, & vne goutte de boüillon, vinaigre, ou verjus de grain, & pour lier la sauce mettés-y chapelure de pain bien passée. Vous le pouués seruir sans mitonner crainte qu'il ne durcisse, auec capres, champignons, & garny de ce que vous aurez.

### 41. *Pieds de veau & de mouton en ragoust.*

Estans bien cuits, les farinez & passez par la poësle auec du lard ou sain-doux, puis les mettés mitonner auec peû de bouillon, peu de verjus, vn bouquet, vn morceau de citron, & farine paſſee: le tout bien aſſaiſonné & la ſauce courte, meſlez-y des capres, puis ſeruez.

Les pieds de mouton ſe font de meſme; Eſtans bien cuits, & le ver oſté, les farinés & paſſés auec lard ou ſain-doux, & les mettés mitonner auec peu de boüillon & verjus, vn bouquet, morceau de citron, & farine paſſee, le tout bien aſſaiſonné & ſauce courte, y meſlés des capres & ſreuez.

### 42. *Gras double en ragouſt.*

Eſtant bien blanc & bien cuit, coupez-lé bien menu, le fricaſſez auec lard, perſil & ſiboulle, & aſſaiſonné auec capres, vinaigre, farine fritte & vn oygnon: faites-le mitonner, & ſeruez.

Vous pouués auſſi y meſler en autre façon jaunes d'œufs & verjus pour liaiſon.

### *Autre façon.*

Prenés le bien gras, le découpés, poudrés de ſel & de mie de pain, le faites roſtir ſur le gril, & l'aſſaiſonné de verjus de grain ou vinaigre, ou jus d'orange ou de citron, puis ſerués.

### 43. *Poulets fricaſſez.*

Eſtans habillés, découpés par morceaux & bien laués, faites-les boüillir auec bon boüillon, & quand ils ſeront preſque cuits, mettés les égoutter, & puis les fricaſſés. Apres cinq ou ſix tours aſſaiſonnés-les de bonnes herbes, comme perſil, ſiboulle, &c. delayés des jaunes d'œufs pour lier la ſauce, & ſerués.

### 44. *Pigeonneaux fricaſſez.*

Apres les auoir bien eſchaudés, découpés-les par morceaux & les paſſez auec du lard & beurre par moitié : Eſtans bien fricaſſez jettez y ſiboulles, perſil, aſperges, poiure, ſel, clou batu, les arroſez de boüillon bien aſſaiſonné, & les ſeruez blanchis ou non.

### 45. *Fricandeaux.*

Pour les faire, prenez du veau, le découpez par petites tranches & les battez bien auec le manche du couſteau : achez toutes ſortes d'herbes, graiſſe & vn peu de lard, & eſtant bien aſſaiſonnees & liees auec des œufs, les roulez parmy ces tranches de viandes, puis les faites cuire dans vne terrine ou tourtiere ; eſtant cuites ſeruez-les auec leur ſauce.

### 46. Fricassée de veau.

Prenés du veau & le coupez par tranches deliées, farinez-les fort peu & les passés par la poësle, & assaisonnés auec vn oygnon picqué de cloux, puis auec vn peu de bouïllon mettez-les mitonner, & la sauce estant liée seruez.

### 47. Ruelle de veau en ragoust.

Lardez-la de gros lard, l'embrochez & la faites cuire vn peu plus de la moitié : puis la mettez mitonner auec peu de bouïllon & vn bouquet, & coûurez bien. Estant cuite seruez auec vne sauce liée de chapelure de pain ou de farine, & vn oygnon. Seruez-la garnie de troufles & champignons.

### 48. Espaule de veau en ragoust.

Faites-la blanchir & la farinez, puis la passez par la poësle, estant bien rousse mettez-la mitonner dans vne terrine. Estant presque cuite assaisonnés la d'vn bouquet, de toutes sortes de beatilles, champignons, passés-y vn peu de farine, vn peu d'oygnon aché & vn filet de vinaigre, puis seruez.

### 49. Espaule

cuire, puis y mettez vne pinte de vin blanc, & l'assaisonnez bien de tout ce qu'il faut pour vne daube. Si vous voulez la passer sur le gril, & la seruir coupée en quatre, auec vne sauce Robert par dessus, vous le pouuez.

### 34. *Oye en ragoust.*

Prenez vne oye, la coupez en quatre, estant bien battuë, la farinez & passez par la poësle, puis la faites cuire auec du bouïllon, l'assaisonnés de toute sorte d'épices, & d'vn bouquet. La garnissez de tous ses abatis, qui sont foye, jusier, aisles & col; que la sauce soit courte & liée, auec jaunes d'œufs délayez dans du verjus, puis seruez.

### 35. *Sarcelles en ragoust.*

Estant habillées, lardez-les de moyen lard, les passez par la poësle, & les faites mitonner auec bouillon bien assaisonné, puis les remettez auec vn peu de lard & de farine, oygnon, capres, champignons, trufles, pistaches, & escorce de citron, le tout ensemble, puis seruez.

### 36. *Poulet d'Inde en ragoust.*

Fendez-le & battez, puis le picquez si voulez de gros lard, le farinez & passez par la poësle, le mettez en suite mitonner dans vne terrine auec bon boüillon, bien assaisonné & garny de ce que vous voudrez, faites-le cuire iusqu'à sauce courte, & seruez.

### 37. *Cochon en ragoust.*

Apres l'auoir habillé, leuez en la peau si vous voulez, puis le coupez en quatre, le farinez, passez par la poësle bien assaisonné au goust : garnissez le de capres, trufles, champignons, & seruez à sauce courte.

### 38. *Longe de veau en ragoust.*

Estant bien battuë, lardez-la de gros lard & l'embrochez, puis estant à moitié cuite, mettez-là mitonner auec bon bouïllon, & faites vne sauce liée auec farine & oygnon passé; garnissez de champignons, artichaux, asperges, trufles, & son roignon estant decoupé, seruez.

### 39. *Allouettes en ragoust.*

Estans habillées, ostez-leur le iusier & leur écrasés vn peu l'estomach, les farinez & passez auec du lard; estans bien rousses faites-les mitonner, & assaisonnez de capres & de champignons : vous y pouuez mettre écorce de citron, ou jus d'esclanche de mouton, ou orange, ou vn bouquet; degraissés les, & servés auec ce que vous aurés à seruir.

### 40. Foye de veau fricassé.

Coupés le par tranches fort deliées, puis les passés par la poësle auec du lard ou du beurre, bien assaisonnées de sel, poivre, oygnon aché bien menu, & vne goutte de boüillon, vinaigre ou verjus de grain, & pour lier la sauce mettés y chapelure de pain bien passée : vous le pouués seruir sans mitonner, crainte qu'il ne durcisse, auec capres, champignons, & garny autour du plat de ce que vous aurés.

### 41. Pieds de veau & de mouton en ragoust.

Estans bien cuits, farinés les & passés par la poësle auec du lard ou sain-doux, puis les mettés mitonner auec peu de boüillon, peu de verjus, vn bouquet, vn morceau de citron, & farine passee, le tout bien assaisonné & la sauce courte, meslés y des capres, puis seruez.

Les pieds de mouton se font de mesme; Estans bien cuits, & le ver osté, farinez les & passez auec lard ou sain doux, & les mettez mitonner auec peu de boüillô & verjus, vn bouquet, morceau de citron, & farine passée, le tout bien assaisonné,

D ij

& sauce courte, meslez-y des capres, & seruez.

### 42. *Gras double en ragoust.*

Estant bien blanc & bien cuit, coupez le bien menu, le fricassez auec lard, persil & siboule, & assaisonné auec capres, vinaigre, farine fritte & vn oygnon, faites le mitonner, & seruez.

Vous pouuez aussi y mesler en autre façon jaunes d'œufs & verjus pour liaison.

#### *Autre façon.*

Prenez le bien gras, découpez & poudrez de sel & de mie de pain, faites-le rostir sur le gril, & l'aissonnez de verjus de grain ou vinaigre, ius d'orange ou de citron, puis seruez.

### 43. *Poulets fricassez.*

Estans habillez, decoupez par morceaux, & bien lauez, faites-les boüillir auec bon boüillon, & quand ils seront presque cuits, mettez-les égouter, & puis les fricassez Apres cinq ou six tours, assaisonnez de sel & de bonnes herbes, cōme persil, siboules, &c. delayez des jaunes d'œufs pour lier la sauce, & seruez.

### 4\`. *Pigeonneaux fricassez.*

Apres les auoir bien échaudez, découpez les par morceaux, & les passez par la poësle auec du lard & beurre, moitié l'vn & moitié l'autre: Estans bien fricassez iettez y siboules, persil, asperges, poivre, sel, clou battu, & les arrousez de boüillon bien assaisonné, puis les seruez blanchis ou non.

### 45. *Fricandeaux.*

Pour les faire, prenez du veau, le découpez par petites tranches, & les battez bien auec le manche d'vn couteau, achez toutes sortes d'herbes, graisse de bœuf ou mouton, & vn peu de lard, & estant bien assaisonnées & liées auec des œufs crus, les roulez parmy ces tranches de viandes, puis les faites cuire dans vne terrine ou tourtiere; estant cuites seruez les auec leur sauce.

### 46. *Fricassée de veau.*

Prenez du veau & le coupez par tranches deliées, farinez les fort peu, & les passez par la poësle, & assaisonnées de sel auec vn oygnon picqué de cloux, puis les mettez mitonner auec vn peu de boüillon, & la sauce estant liée seruez.

### 47. *Ruelle de veau en ragoust.*

Lardez la de gros lard, l'embrochez & la faites cuire vn peu plus de moitié, mettez-la mitonner auec peu de boüillon & vn bouquet, & couurez bien; estant cuite, seruez auec vne sauce liée de chapelure de pain ou farine, & vn oygnon : Seruez la garnie de trufles & champignons.

48. *Espaule de veau en ragoust.*

Faites la blanchir & la farinez, puis la passez par la poësle, estant bien rousse mettez la mitonner dans vne terrine: estant presque cuite, assaisonnez la d'vn bouquet, de toutes sortes de beatilles, champignons, passez y vn peu de farine, vn peu d'oygnon aché, & vn filet de vinaigre, puis seruez.

49. *Espaule de mouton en ragoust.*

Battez la bien & en ostez la peau, puis la farinez & passez par la poësle auec beurre ou lard fondu; en suitte, mettez la mitonner auec bon boüillon, vn bouquet, & bon assaisonnement, garnissez la de ce que vous aurez, entr'autres choses de capres, & seruez.

50. *Poitrine de veau frite.*

Estant blanchie, faites la cuire dans vne grande marmite ou dans vn autre pot ; il n'importe qu'elle cuise auec d'autre viande. Apres qu'elle est cuite, ouurez la

en deux, & faites vne paste liquide auec
vn peu de farine, œufs, sel, & peu de persil, & puis la mouïllez dans cét appareil;
faites la frire en suitte dans du sain-doux
ou du lard fondu, & estant tiree, iettez
dessus vne poignee de persil bien verd &
bien sec, c'est à dire, passé dans la poësle
auec beurre bien chaud, & bien roux.
Seruez.

51. *Longe de cheureüil en ragoust.*

Lors qu'elle est bien picquee, mettez-
la à la broche, puis estant à moitié cuite,
arrosez la auec poiure, vinaigre, & peu
de boüillon; faites lier la sauce auec chapelure de pain, ou farine delayee, puis
seruez.

52. *Costelettes de mouton en ragoust.*

Decoupez les, puis les battez & enfarinez, les passez en suitte par la poesle,
estant passees, mettez les auec bon boüillon & capres, & le tout bien assaisonné,
seruez.

53. *Bœuf à la mode.*

Battés le bien & le lardés auec de gros
lard, puis le mettés cuire dans vn pot
auec bon boüillon, vn bouquet, & toutes
sortes d'espices, & le tout estant bien
consommé, serués auec la sauce.

### 54. Bœuf à l'estoffade.

Coupez le en tranches fort deliées, & estant bien battuës, farinez les & les passez par la poësle auec du lard; mettez les en suite dans vne terrine ou dans vn pot auec bon boüillon; le tout estant bien assaisonné seruez auec sauce courte.

### 55. Lapreaux en ragoust.

Vous les pouuez fricasser comme poulets, ou les passer par la poësle auec vn peu de farine meslée auec du beurre, puis les mettez mittonner auec bon boüillon, & assaisonnez auec capres, ius d'orange ou citron, & bouquet ou fibule. Seruez.

### Autre façon.

Lors qu'ils sont rostis, découpez les en pieces, les passez par la poësle, & mettez mitonner dans vn plat auec ius d'orange, capres, peu de chapelure de pain, sauce de haut goust & courte, seruez.

### 56. Longe de porc à la sauce Robert.

Lardez la de gros lard, puis la faites rostir, & l'arrosez de verjus & vinaigre auec vn bouquet de sauge. La graisse estant tombée, prenez la pour fricasser vn oygnon, lequel estant fricassé vous mettrez sous la longe auec la sauce dont vous l'aurez arrosée; le tout estant vn peu mitonné ensemble, de peur qu'elle ne s'endurcisse, seruez. Cette sauce s'appelle sauce Robert.

### 57. *Perdrix à l'estoffade.*

Prenez vos perdrix & les lardés de gros lard, & les passés par la poësle auec beurre ou lard fondu, estant bien rousses empotez les auec bon bouillon, & les faites cuire bien assaisonnées. Pour la garniture vous aurez trufles, champignons, asperges fricassées, auec quoy les ferez mitonner; seruez auec citron & pistaches. Si la sauce n'est assez liée, prenez vn peu de farine, ou de vos liaisons, & ne la liez pas trop crainte qu'elle ne soit trop épaisse.

### 58. *Chapon aux huistres.*

Vostre chapon estant habillé & bardé de lard & de papier beurré par dessus, faites le rostir, & lors qu'il rostit mettez dessous vne lechefrite, apres que vous aurez bien nettoyé vos huistres, vous les blanchirez si elles sont vieilles, estant bien nettes & blanchies passés les par la poësle auec ce qui est tombé de vostre chapon, & les assaisonnez de champignons, oygnon picqué & vn bouquet; estant bien fricassées vous osterez le bouquet, & le reste vous le mettrez dans le corps du chapon, que vous ferez mitonner auec vn peu de capres, puis seruez.

### 59. *Allebrans en ragoust.*

Estans habillez, passez les par la poësle, auec beurre ou lard, puis les mettez mitonner dans vne terrine auec bon bouïllon & vn bouquet, le tout bien assaisonné ; estans bien cuits, & la sauce bien liee, mettez y capres, champignons, trufles, & seruez.

### 60. *Langues de mouton frittes en ragoust & begnets.*

Prenez vos langues, & les fendez par la moitié, puis les passez par la poësle auec beurre ou lard fondu, & les assaisonnez bien. Mettez les en suitte dans vn plat auec verjus & muscade ; prenez apres peu de farine & la delayez auec vn œuf, & la sauce qui est dessous vos langues, que vous ietterez dans cet appareil ; faites la frire auec du lard fondu ou du saindoux : Estant fritte, iettez dans la poësle vne poignée de persil, & faites en sorte qu'il demeure bien verd, seruez les seiches ou bien auec vne marinade, & le reste de vostre sauce.

### 61. *Foye de veau en ragoust.*

Lardez le de gros lard, & le mettez dans

vn pot bien assaisonné auec vn bouquet, écorce d'orange, & capres; puis estant bien cuit, & la sauce liee, coupez le par tranches, & seruez.

### 62. Poulets à l'estuuée.

Decoupez les bien menus, & les mettez cuire auec peu de boüillon, du vin blanc & beurre bien frais, assaisonnez les de siboules & persil achez ensemble; lors qu'ils seront cuits, delayez iaunes d'œufs auec du verjus pour lier la sauce, & seruez.

### 63. Teste de veau fritte.

Estant habillee & cuite, vous la desofferez, puis vous ferez vne paste liquide auec des œufs, bien assaisonnée. Trempez y cette teste, & la mettez frire auec du sain-doux; estant bien fritte, poudrez la de sel, ius de citron ou verjus, puis la seruez auec persil frit.

### 64. Foye de veau picqué.

Picquez le bien menu de lardons, puis le mettez à la broche, & faites vne marinade dessous, dont vous l'arroserez en cuisant, afin que la marinade se tourne en sauce. Estant cuit, faites le mitonner auec capres, & seruez.

Vous pouuez vous seruir de foye de

veau pour lier des sauces, & d'autres fois pour faire du boudin gris.

### 65. Abbatis de poulets d'Inde.

Faites les blanchir dans l'eau fraische, & cuire auec bon boüillon, lors qu'ils seront presque cuits passez les par la poësle auec du lard & bon assaisonnement, que la sauce soit courte, & seruez.

### 66. Espaule de sanglier en ragoust.

Lardez la de gros lard, puis la mettez dans vne chaudiere pleine d'eau, auec sel, poivre, & vn bouquet, prenez bien garde de ne la trop assaisonner, parce qu'il faut reduire le boüillon à vne sauce courte. Estant plus de moitié cuite vous y mettrez vne pinte de vin blanc, du clou, & vne feuille de laurier, ou vn baston de rosmarin, puis estant bien cuite & la sauce courte, vous la lierez; pour ce faire faites fondre du lard & y passez vn peu de farine, puis y mettez vn oygnon aché bien menu, luy faites faire vn tour ou deux de poësle, & le versez dans vostre sauce, que vous ferez mitonner auec capres & champignons, & le tout estant bien assaisonné seruez.

### 67. Cuisseaux de cheureüil.

Ils se peuuent faire de mesme que l'espaule de sanglier; comme aussi la longe & l'espaule, ou bien apres les auoir lardés de gros lard, vous les pouués passer par la poësle pareillement auec du lard & de la farine, apres quoy vous les ferez cuire auec du boüillon, & lierez la sauce de mesme.

68. *Membre de mouton à la logate.*
Voyez en la page 46. article 28.

69. *Cochon farcy.*
Il le faut prendre sous la mere, le saigner dans de l'eau preste à boüillir, le peller, le couper entre les cuisses, leuer la peau, la queuë, les pieds, & la teste, puis les mettre tremper iusques à ce que vous en ayez affaire, laissez le corps, vous le trouuerez bien apres. Pour le farcir, prenez du veau & graisse de bœuf, fraisez-les bien en façon de gaudiueau, puis vous en emplirez la peau auec champignons passez par la poësle, pigeonneaux, riz de veau, vn brin de fines herbes, & de tout ce que vous aurez, iusques à ce qu'elle ait la forme de cochon, vous recouserez ce qui sera ouuert, le trousserez & ferez blanchir dans l'eau tout prest à mettre à la broche. Vne heure & demie deuant disner l'embro-

cherez au trauers de la teste, l'enueloppe-
rez auec du papier beurré, & le lierez par
les deux bouts auec des éclipses de bois,
& à mesure qu'il cuira l'arroserez de beurre : Estant cuit, vous le deuelopperez &
osterez le filet, en sorte qu'il ne paroisse
auoir esté farcy, puis seruez.

Puis le corps de ce cochon estant habillé, faites le blanchir, mais fort peu,
picquez le bien, & le faites rostir comme
s'il estoit entier, ou comme vn agneau;
estant cuit vous le pouuez seruir auec vne
sauce verte.

### 70. *Pieds de veau fricassez.*

Estans bien cuits, coupez les fort menus, & les passez par la poësle auec du lard
ou du beurre. Ayant fait trois ou quatre
tours, mettez y siboule & persil achez
ensemble. Incontinent apres mettez y
fort peu de boüillon, & assaisonnez bien
le tout : Estant prest à seruir, delayés des
œufs à proportion de vostre viande, comme pour quatre pieds trois œufs, auec du
verjus de grain ou commun : vous y pouués mettre grozeille au lieu de verjus de
grain, puis vostre sauce estant courte,
meslés y vostre liaison, & serués.

Les pieds de mouton se font de mesmé : Prenez-les fort blancs & bien cuits: coupez les bien menus, & oſtez le ver qui eſt dedans, puis les fricaſſez & aſſaiſonnez auec perſil & fiboule achez enſemble; faites voſtre liaiſon comme deſſus, meſlez la, & ſeruez.

71. *Langues de mouton roſties.*

Habillez-les & coupez par la moitié, puis les arroſez pour faire tenir deſſus mie de pain & ſel menu, & les mettez ſur le gril; faites vne ſauce auec peu de boüillon, beurre frais, fiboules & perſil entier, peu de chapelure, ſel, poivre, muſcade, le tout paſſé enſemble par la poëſle, puis faites mitonner les langues auec la ſauce. Eſtant preſt de ſeruir, garniſſez voſtre aſſiette ou plat, ſi c'eſt en Hyuer, de capres, ius de citron, ou champignons, puis ſeruez.

*Autre façon.*

Eſtans cuites, aſſaiſonnez les & coupez par la moitié, puis les faites frire auec vne paſte liquide. Seruez auec ius de citron, perſil frit, & garniſſez.

*Autre façon en ragouſt.*

Nettoyez les bien, leuez en les palets, & les fendez, puis y mettez par deſſus mie de pain & ſel menu : faites les roſtir, &

apres qu'elles feront rosties les mettez dans la lechefritte sous le rost, faites vne sauce auec persil, siboule ou oygnon achés menu, beurre frais & verjus de grain, & lors que vous serés prest à seruir délayés jaunes d'œufs dans vostre sauce, & la jettés dessus vos langues, puis serués promptement.

### Autre façon.

Prenés vos langues à moitié cuites, habillés-les, puis les faites mitonner dans vn pot auec du bouïllon, & les passés par la poësle auec lard fondu, peu de farine, oygnon aché, le tout bien assaisonné, serués-les garnies de ce que vous aurés, entre autre de capres achées, auec sauce courte.

### Autre façon.

Vos langues estans rosties & picquées, serués-les mitonnées dans vne sauce courte, liée comme cy-dessus. Ou bien vous les pouuez faire mitonner auec vne sauce douce.

### 71. Achis de viande rostie.

Achis de viande rostie, soit galimaffrée ou autre, se fait ainsi : Ayant leué la peau vous couperez l'espaule prés du manche, desosserez le manche, & mettrez la peau deuant

deuant le feu, puis vous deſoſſerez pareillement la palette, & acherez la viande bien menuë auec capres & perſil ; ce qu'eſtant fait, faites la mitonner auec vne ſiboule ou vn oygnon picqué, le tout bien aſſaiſonné ; & pour rendre voſtre achis plus delicat, mettez y vn peu de mie de pain & de beurre frais ſi vous voulez. Mettez le dans vn plat ou ſur vne aſſiette, & l'arroſez de ſon jus ou d'autres & la peau par deſſus, puis ſeruez. Vous pouuez le garnir de grenade, citron, ou pain cuit.

Le achis de perdrix ſe fait de meſme, à la reſerue que vous le pourrez nourrir de ius, & garnir de ce que vous iugerez à propos.

73. *Attereaux.*

Prenez vne ruelle de veau, la coupez par tranches fort deliées, aux endroits où il n'y a point de filets. Faites picquer vos tranches de lardons, & les mettez cuire dans vne tourtiere couuerte, puis auec peu de boüillon faites les mitonner, liez voſtre ſauce, & les ſeruez garnies.

74. *Achis de viande cruë.*

Prenez telle viande que vous voudrez, oſtez en les filets, & la achez bien, blan-

E

chie ou non, peu apres meſlez y deux fois autant de graiſſe de bœuf d'aupres du roignon ayant oſté le filet; puis le tout bien aché & bien aſſaiſonné, delayez la auec du boüillon, & la faites mitonner. Vous la pouuez garnir de marons, ou de ce que vous aurez propre à garnir. Eſtant cuite, ſeruez auec graiſſe.

### 75. *Poupeton.*

Prenez chair de veau & graiſſe de bœuf ou de mouton, achez les bien enſemble, & aſſaiſonnez, meſlez y des œufs pour lier la farce, & en ſuitte coupez trois ou quatre bardes de lard, ſur leſquelles vous eſtendrez voſtre chair achée, que vous couurirez de pigeonneaux, beatilles, ris de veau, aſperges, champignons, iaunes d'œufs, roignons, creſtes, artichaux, & au deſſus de tout cela vous y mettrez encore de la chair, & le tout eſtant bien aſſaiſonné, le ferez cuire, puis ſeruez.

### 76. *Tourte de lard.*

Prenés du lard, le decoupés, & le faites fondre entre deux plats, aſſaiſonnés le de meſme que la tourte de moëſle, que vous trouuerés en l'article ſuiuant; eſtant cuitte, ſerués.

### 77. Tourte de moëlle.

Prenez de la moëlle, & la faites fondre, estant fonduë passez la, & y meslez sucre, iaunes d'œufs, pistaches, ou amendes pillées ; faites en suite vne abbaisse fort deliée de paste fine, sur laquelle vous mettrés vostre appareil, bandés la si vous voulez, faites la cuire, & la seruez sucrée,

### 78. Tourte de pigeonneaux.

Faites vostre paste fine & la laissez reposer ; puis prenez vos pigeonneaux, les nettoyez, & les faites blanchir. S'ils sont trop gros, coupez les, & prenez gaudiueaux, asperges, champignons, cus d'artichaux, moëlle de bœuf, iaunes d'œufs, cardes, palets de bœuf, trouffes, verjus de grain, ou groseilles. Garnissez vostre tourte de ce que vous auez, sans oublier l'assaisonnement, puis seruez.

### 79. Tourte de veau.

Prenez vn morceau de veau, le faites blanchir, & le achez auec deux fois autant de graisse de bœuf : estant bien assaisonné, faites vne abbaisse de vostre paste fine, mettez dessus vostre viande, au milieu de laquelle vous mettrez ce que vous aurez, comme beatilles, &c. sucrez si vous voulez ; puis estant cuite, seruez.

### 80. *Pasté de chapon desossé.*

Vostre chapon estant desossé, farcissez le au dedans de toutes sortes de beatilles, andoüillettes, champignons, troufles, moëlle, capres, cardes, riz de veau, & gaudiueaux, estant farcy dressez le sur paste fine, le bandez de papier beuré, le liez auec vn fil, & le couurez bien assaisonné. Estant cuit, seruez.

### 81. *Pasté de gaudiueau.*

Dressez vostre paste en oualle, la garnissez de vos gaudiueaux, au milieu desquels vous mettrez toute sorte de garniture, comme champignons, foyes de chapons gras, cardes, iaunes d'œufs durs, riz de veau, & assaisonnerez le tout. Bandez le de paste par dessus, & lors qu'il sera cuit, seruez auec sauce de verjus, iaunes d'œufs, & muscade.

### 82. *Pasté d'assiette.*

Prenez chair de veau & graisse de bœuf ou de moutõ, faites en vne façon de gaudiueaux, puis dressez vostre paste bien proprement à hauteur de demy pied, & l'emplissez d'vn lict de chair, & au dessus vn autre lict de champignons, vn autre de carde ou de cardeaux, ou pigeonneaux, palets de bœuf, roignons & iaunes d'œufs, en sorte que le lict de dessus soit de vos gaudiueaux, couurez le & assaisonnez, puis seruez.

83. *Pasté à la marotte.*

Prenez farine de seigle, que vous sallerez, faites en vostre paste, & l'ajustez en forme de pasté. Vous prendrez en suite vn liévre ou deux, ou deux membres de mouton auec vn peu de graisse de bœuf, que vous acherez ensemble bien menu, & assaisonnerez, faites en suite vostre pasté, auquel par dessus vous laisserez vn souspirail; lors qu'il aura cuit trois heures, tirez le & le remplissez de bon bouillon, remettez le au four, & lors qu'il sera entierement cuit, seruez.

84. *Pasté à l'Angloise.*

Prenez vn levraut ou vn liévre, achez le bien auec graisse de bœuf ou de mouton, ou mesme auec du blanc de chapon; meslez bien le tout ensemble, & assaisonnez, mettez y si vous voulez des capres & du sucre. Faites ainsi vostre paste, lors qu'elle sera farinée estendez la, & la pliez en trois ou quatre comme vne seruiette, mettant du beurre frais sur chaque lict de paste, en sorte que pour vne liure de paste il y ait vne demie liure de beure, à pro-

E iij

portion. Ainsi accommodée, laissez la reposer quelque peu, & faites en suite vostre pasté, que vous garnirez au dehors de papier beurré. Faites le bien cuire, le dorez d'vn iaune d'œuf, & seruez.

### 85. Pasté à la Cardinale.

Faites vos pastez fort hauts & fort estroits, emplissez les de gaudiueaux, & les couurez en sorte que le couuercle soit aussi fort haut; puis les seruez principalement pour garniture à vne piece de bœuf, ou sur vne assiette.

### 86. Poulet en ragoust dans vne bouteille.

Desossez entierement vn poulet, mettés en la peau dans vne bouteille sans osier, & laissez dehors l'ouuerture du col, que vous lierez au goulot de cette bouteille: faites en suitte telle farce que vous voudrez auec champignons, troufles, riz de veau, pigeonneaux, asperges, & iaunes d'œufs, dont vous emplirez la peau du poulet ou du chapon, que vous lierez & laisserez aller dans cette bouteille, qu'il faut boucher de paste. Vous ferez cuire vostre ragoust bien assaisonné dãs la marmitte, dont vous l'osterez peu auant que de seruir, & mettrez mitonner deuant le feu. Et quand vous serez prest de seruir, coupez cette bouteille auec vn diamant, en sorte que le bas demeure plein & entier, puis vous seruirés.

---

*Memoire des viandes qui se peuuent seruir au Second.*

| | |
|---|---|
| *Le Faisan.* | 1 |
| *La Genilotte,* | 2 |
| *Le Rouge,* | 3 |
| *La Tourte.* | 4 |
| *Le Leuraut,* | 5 |
| *La Caille,* | 6 |
| *La Perdrix,* | 7 |
| *Le Chapon,* | 8 |
| *Pigeonneaux,* | 9 |
| *Poulets de grain,* | 10 |
| *Poulets d'Inde,* | 11 |
| *Allebrans,* | 12 |
| *Bizets,* | 13 |
| *Estudeaux,* | 14 |
| *Aigneau,* | 15 |
| *Sarcelles,* | 16 |
| *Oyson,* | 17 |
| *Marcaßin,* | 18 |
| *Lapreaux,* | 19 |

E iiij

| | |
|---|---:|
| Mauuiette, | 20 |
| Ralle, | 21 |
| Perdreaux, | 22 |
| Cailleteaux, | 23 |
| Dindonneaux, | 24 |
| Pluuiers, | 25 |
| Longe de Cerf, | 26 |
| Filet de Cerf, | 27 |
| Longe de Cheureuil, | 28 |
| Ortolans, | 29 |
| Griues, | 30 |
| Beccasses, | 31 |
| Beccassines, | 32 |
| Pigeons ramiers, | 33 |
| Longe de veau, | 34 |
| Cochon picqué, | 35 |
| Oye sauuage, | 36 |
| Oye priuée, | 37 |
| Poulettes d'eau, | 38 |
| Chapon au cresson, | 39 |
| Cochon de laict au naturel, | 40 |
| Cus blancs, | 41 |
| Heron, | 42 |
| Rable de liévre, | 43 |
| Espaule ou longe de sanglier, | 44 |
| Porc priué, | 45 |
| Faon de biche, | 46 |
| Faon de cheureuil, | 47 |

## FRANÇOIS.

| | |
|---|---|
| Filet de cheureuil, | 48 |
| Poitrine de veau farcie, | 49 |
| Haut cofté de mouton, | 50 |
| Longe de mouton, | 51 |
| Alloyau, | 52 |
| Langue de bœuf fraifche, | 53 |
| Membre de mouton à la Royale, | 54 |
| Membre de mouton farcy, | 55 |
| Poularde graffe, | 56 |
| Baeteurs de paué, | 57 |
| Efpaule de veau roftie, | 58 |
| Foye de veau, | 59 |
| Allouëttes, | 60 |
| Canard fauuage, | 61 |

*Maniere d'accommoder & feruir les viandes fufdites.*

Auant que de difcourir fur la façon d'apprefter les viandes, ie vous donne aduis de garnir vos plats de fleurs, felon les faifons & la commodité; & qu'à la fin de cette partie vous trouuerez, comme il faut faire les fauces, dont il eft fait mention dans quelques-vns des difcours qui fuiuent.

### 1. Le Faisan.

Faites le blanchir sur le feu, c'est à dire, refaire sur le gril, & luy laissez vne aisle, le col, la teste, & la queuë; picquez le de lardons, & enueloppez ce qui est de plume auec du papier beurré; faites le cuire, seruez & le déueloppez.

### 2. La Genilotte.

Elle s'accommode de mesme.

### 3. Le Rouge.

Il s'accommode aussi de mesme.

### 4. La Tourte.

Lors qu'elle est habillée, faites la picquer, & la mettez à la broche.

### 5. Le Vraut.

Estant habillé, faites le blanchir sur le feu, ensaignés le de son sang, le picquez & l'embrochez. Estant cuit, seruez auec vne poiurade, ou vne sauce douce.

### 6. La Caille.

Estant habillée, faites la blanchir sur le feu, & la bardez d'vne barde de lard, que vous couurirez de fueilles de vignes en leur saison, estant cuite, seruez.

### 7. La Perdrix.

Estant habillée & blanchie sur le feu, il la faut bien picquer, faire cuire, & estant cuite, seruez.

### 8. *Chapon.*

Apres que vous l'aurez habillé, s'il est gras par excez, bardez le d'vn papier gras, & mettez dedans vn oygnon picqué, du sel, & peu de poiure: estant cuit, seruez.

### 9. *Pigeonneaux rostis.*

Au sortir de la volliere, saignez les dans l'eau, puis les échaudez & habillez. Vous les bardez si vous voulez auec fueilles de vignes par dessus, ou les picquez; estans rostis, mettez poiurade dessous, & seruez.

### 10. *Poulets de grain.*

Il les faut plumer à sec, habiller, & faire blanchir sur le feu. Cela fait, picquez les ou bardez, faites les rostir, puis seruez.

### 11. *Poulet d'Inde.*

Il se plume pareillement à sec, faut le blanchir sur le feu, puis rostir, & seruez.

### 12. *Allebrans.*

Habillez les & faites bien blanchir sur le feu, & si vous voulez faites leur quatre rosettes de lardons sur les quatre membres; estans cuits, seruez auec poiurade, ou sauce douce.

### 13. *Le Bizet.*

Estant bien habillé, picquez le, mettez le à la broche, & seruez.

### 14. *Estudeaux.*

Prenez-vos estudeaux, les habillez, & faites blanchir sur le feu, puis les picquez & faites cuire, & seruez.

Vous les pouuez seruir secs ou auec vne sauce faite d'eau, sel, poiure, & siboule achée.

Vous les pouuez aussi mettre en ragoust de mesme façon que la poularde, dont vous trouuerez cy-dessous le discours en l'article 54.

### 15. *Aigneau.*

S'il est gras estant rosty iettez vn peu de mie de pain par dessus auec peu de sel & de persil si vous voulez, & seruez.

### 16. *Sarcelles.*

Estant bien habillées, mettez les à la broche, & lors qu'elles seront cuites, seruez auec orange.

### 17. *Oyson.*

Sortant d'auec la mere eschaudez le & habillez, luy coupez le col proche du corps, & les iambes; puis estant blanchy sur le feu & troussé, mettez le rostir, & faites vne farce pour mettre dessous auec son foye, & quantité de bonnes herbes hachées enfemble, que vous pafferez enfuite par la poëfle auec du lard ou du beure, & quelques iaunes d'œufs, le tout bien affaifonné, & feruez.

### 18. *Marcaſsin.*

Defpouïllez le iufques à la tefte, habillez le, & faites blanchir fur le feu, luy coupez les quatre pieds, le picquez de lardons, & mettés dans le corps vne fueïlle de laurier, ou des fines herbes. Eftant rofty, feruez.

### 19. *Lapreau.*

Habillez le, faites le blanchir fur le feu, le picquez, & le faites roftir ; du verjus deffous, & feruez.

Eftant cuit, vous pouuez mettre du fel, peu de poivre, & ius d'orange dans le corps, & bien remuer tout enfemble, & feruir.

### 20. *Mauuiette.*

Eftant plumée, trouffez la, & faites blanchir, la picquez, & mettez à la broche ; mettez deffous vne roftie, & vne fauce auec verjus, peu de vinaigre, oygnon & écorce d'orange, puis feruez.

### 21. *Ralle.*

Elle s'accommode de mefme que la

Mauuiette, fans vuider, feruez.

#### 22. *Perdreaux.*

Habillez les, & faites blanchir fur le feu, faites les picquer de lardons, & roftir auec verjus deffous, puis feruez.

#### 23 *Cailleteaux.*

Il les faut barder auec fueilles de vigne dans la faifon.

#### 24. *Dindonneaux.*

Eftans plumez chaudement, laiffez les mortifier, habillez les en fuite, faites blanchir fur le feu, picquez & faites roftir, puis feruez.

#### 25. *Pluuier.*

Eftant plumé, trouffez le, & le faites blanchir, faut en fuitte le larder, & faire roftir : feruez auec vne fauce, & rofties deffous.

#### 26. *Longe de Cerf.*

Oftez toutes les peaux, la picquez & mettez à la broche, feruez auec vne poiurade.

#### 27. *Filet de Cerf.*

De mefme que la longe, auec poiurade.

#### 28. *Longe de Cheureuil.*

De mefme auffi que la longe de Cerf, & auec poiurade.

### 29. Ortolan.

Estant habillé, trouffés le, & bardés de lard auec fueilles de vigne par deffus en la faifon : Au Printemps il le faut vuider; eftant rofty, feruez.

### 30. Griue.

Habillez la comme la Mauuiette, & mefme fauce.

### 31. Beccaffe.

Estant plumée, trouffez la auec fon bec, qui luy fert de brochette, la faites blanchir fur le feu, & picquer : mettez la roftir & deffous vne roftie, façon de poivrade, auec ius d'orange, puis feruez.

### 32. Beccaſſine.

Elle s'accommode de mefme que la Beccaffe.

*Autre façon de Beccaſſine.*

Accommodez la de mefme que l'Ortolan cy-deffus, hors que quelques perfonnes les vuident; ie le iuge bien à propos, en tout autre temps qu'en Hyuer, d'autant que ces animaux dans les trois faifons de Printemps, Efté, & Automne, ne viuẽt que de chenilles, fourmis, poulx, herbes ou fueilles d'arbres ; mais enfin vuidée ou non, bardez la de fueilles de vigne en la faifon, embrochez & faites rostir en sorte qu'elle ne soit trop seiche, & seruez.

### 33. *Pigeon ramier.*

Estant habillé, faites le blanchir sur le feu, le picquez & faites rostir ; vne poiurade dessous, & seruez.

### 34. *Longe de veau.*

Estant mortifiée & blanchie, picquez-la bien menu, la faites rostir, & faites vn ragoust auec verjus, peu d'eau, peu de vinaigre, écorce d'orange, & chapelure de pain, puis la seruez bien assaisonnée.

### 35. *Cochon picqué.*

Dépoüillez le, luy coupez la teste & les quatre pieds, le faites blanchir dans de l'au chaude, & picquer, ou si vous voulez bardez le par la moitié ; estant rosty seruez auec de la mie de pain & sel par dessus.

### 36. *Oye sauuage.*

Estant habillée, faites la blanchir sur le feu, & la lardez seulement sur les quartiers en façon de rosettes, faites la rostir, & seruez.

### 37. *Oye priuée.*

De mesme que la sauuage.

### 38. *Poulette d'eau.*

Estant plumée, vuidés la, la faites blanchir

chir sur le feu, picquer & rostir, vne poiurade dessous, & seruez.

### 39. *Chapon au cresson.*

Bardez de lard, & faites rostir vostre chapon, assaisonnez vostre cresson auec sel & vinaigre; ou autrement, faites le amortir dans la sauce du chapon auec peu de vinaigre, puis seruez.

### 40. *Cochon de laict au naturel.*

Prenez le dessous la mere, l'eschaudés, & faites habiller & rostir auec vn bouquet, sel & poivre dans le corps, puis seruez.

*Autre façon.*

Prenez le aussi dessous la mere, le saignez dans l'eau preste à boüillir; puis estant pelé, vuidez le par le costé, troussés les pieds de deuant vers le col, & ceux de derriere auec vne brochette, faites le blanchir dans l'eau chaude, & le ciselez sur le corps: pour le faire cuire, mettez dans l'estomach vn oygnon picqué de cloux, fines herbes, vn peu de beurre, sel, & peu de poivre, puis recousez l'ouuerture, & le faites rostir. Pour n'auoir point la peine de l'arroser, frottez le d'huile d'oliue; par ce moyen il prend bonne couleur, & a la coine fort delicate. Estant

F

bien cuit, seruez le garny de fleurs.

Vous pouuez l'arroser auec du sel & de l'eau, ou bien le frotter auec du lard.

### 41. *Cus blancs, ou Thiastias.*

Plumez les, y laissant la teste, & vuidez; troussez leur les iambes comme d'vne beccasse, puis les faites blanchir sur le feu, & picquez, si vous voulez en roiette sur les cuisses. Estans rostis, seruez auec vne poivrade dessous.

### 42. *Heron.*

Plumez le, & le vuidez; en suite vous chercherez six ameres qui sont sur son corps, & vn autre faisant le septiesme qui est au dedans; troussez les iambes le long des cuisses, faites le blanchir sur le feu, & le picquez, enueloppez le col auec du papier beurré, puis le faites rostir, & estant cuit, seruez.

### 4. *Rable de lièvre.*

Lors que vous en aurez osté la peau, & vuidé coupez le en rable, c'est a dire, iusques aux espaules, en suite ostez trois peaux qui sont dessus, puis troussez le derriere, le faites picquer & rostir, & seruez auec vne poivrade.

### 44. *Espaule ou longe de sanglier.*

Apres l'auoir bien battuë, ostez en la

venaison, qu'on appelle communément le lard, picquez la en suite, faites rostir, & seruez auec vne sauce Robert, ou vne poivrade.

Pour la longe de sanglier, lardez la de gros lard, & la passez par la poësle auec sain-doux & farine, puis la faites cuire auec du boüillon, & de l'eau dans vne grande terrine, ou vne chaudiere, assaisonnez la bien, & estant presque cuite, mettez y vne pinte de vin blanc, & le tout estant reduit à la proportion d'vne sauce, vous pouuez la seruir sous l'espaule, ou si vous la voulez seruir seiche, faut qu'elle soit de plus haut goust.

### 45. Porc priué.

Vous le pouuez déguiser à peu prés de mesme que le sanglier, c'est à sçauoir qu'apres l'auoir bien battu, vous l'essaignerez & peu apres le picquerez, le mettrez à la broche, sans oublier de bien ensaigner les pieds deuant qu'il soit cuit, le seruez de mesme que le sanglier, auec sauce ou non.

### 46. Faon de biche.

Auant que d'estre trop mortifié, habillez le bien proprement, le troussez, & ostez quelques peaux qui sont par dessus,

F ij

& paroissent comme de la glaire; puis le faites blanchir sur le feu pour le picquer, en sorte qu'il ne soit trop blanchy, d'autant que cela vous causeroit trop de peine à larder. Prenez garde aussi de brusler la teste, ou que le poil n'en deuienne noir. Mettez le à la broche, & enueloppés la teste auec vn papier beurré. Estant cuit, seruez le auec vne poivrade.

### 47. *Faon de cheureuil.*

Habillez le de mesme sorte que celuy de biche, le troussés & lardés, enueloppez aussi la teste de papier beurré; & estant cuit, seruez le auec vne poivrade, orange ou sauce douce.

### 48. *Filet de cheureuil.*

Apres l'auoir picqué, faites le rostir enueloppé d'vn papier beurré, estant cuit, seruez le auec vne poivrade.

### *Autre façon.*

Vous le pouuez larder auec du moyen lard, & le picquer par dessus de plus petits lardons. Estant à la broche, faites vne marinade par dessous : Et lors qu'il sera cuit, faites le mitonner, & seruez.

### 49. *Poitrine de veau farcie.*

Choisissez la blanche & grasse, & faites la tremper dans l'eau iusques à ce que vostre farce soit faite, laquelle vous ferez ainsi. Prenez de la viande de ruelle de veau, graisse de bœuf, mie de pain boüillie, capres, champignons, peu de fines herbes, iaunes d'œufs, achez le tout ensemble bien afsaisonné, & en farcifsez la poitrine. Ce qu'estant fait, brochetez la ou cousez, & la faites blanchir dans l'eau chaude. Ce que defsus est pour la seruir bouillie.

Pour rostir, mettez en vostre farce palets de bœuf, & autres choses, & ne l'emplifsez pas tant que pour boüillir : Estant picquée, & à la broche, faites defsoûs tel ragoust que vous voudrez : Estant cuite & la sauce bien afsaisonnée, faites la mitonner auec, & seruez.

### 50. *Haut costé de mouton.*

Pour le seruir en ragoust, par cottelettes, ou entier, il le faut pafser par la poësle auec beurre ou lard fondu, estant fariné, puis le faites mitonner auec du boüillon, vn bouquet & des capres. Et pour lier la sauce, pafsez vn peu de farine auec du lard, & lors que la farine sera roufse,

F iij

mettez y vn oygnon aché, & vn filet de vinaigre; faites aussi mitonner le tout ensemble, & seruez garny de ce que vous aurés.

Vous pouuez le faire rostir picqué de persil; & estant cuit, serués le tout sec, ou auec du verjus de grain.

### 51. *Longe de mouton.*

Estant bien mortifiée, lardés la de gros lard, & la mettés à la broche. Faites vne marinade auec oygnon, sel, poivre, fort peu d'écorce d'orange ou citron, boüillon & vinaigre, lors qu'elle est cuite faites la mitonner auec la sauce, pour laquelle lier vous vous seruirés de peu de farine passée par la poësle auec du lard, comme à l'article precedent, garnissés la de ce que vous aurés; Les capres y sont bonnes, & quelques enchois. Vous pouués luy donner la liaison de nauets passés, serués.

### 52. *Alloyau.*

Prenés vn alloyau de la premiere piece, & le choisissés bien entrelardé, auec graisse fort blanche, mettés le à la broche. Estant presque cuit, leués le filet, & arrosés le de peu de boüillon. Pour faire vostre ragoust, coupés le en tranches fort deliées, auec deux ou trois siboules entieres ou autrement, sel, poiure, peu de chapelure de pain, ou quelque liaison que vous ayés, puis meslés le tout ensemble, & faites mitonner sans couurir : serués le ragoust auec peu de vinaigre, ou ius d'esclanche de mouton; vous y pouués mesler de ce que vous aurés, prenés garde que l'alloyau ne soit noir à force de trop cuire.

### 53. *Langue de bœuf fraische.*

Faites la cuire, ou la prenés cuite chés la Tripiere, l'habillés, la picqués, & la faites rostir à la broche. Estant rostie, fendés la par la moitié, & serués auec tel ragoust que vous voudrés.

### *Autre façon.*

Faites la mitonner auec peu de vin, sucre, & clou, iusques à ce que la sauce douce soit faite, & si elle n'est assés forte, mettés y vne pointe de vinaigre, puis serués.

### 54. *Membre de mouton à la Royalle.*

Choisissés vn bon membre de mouton, qu'il soit gros & court : Battés le bien, en ostés la peau, & desosés le manche. Farinés le, & le passés dans la poësle auec du lard ou sain-doux, puis le faites cuire auec vn peu de bon boüillon bien assaisonné, auec champignons, troufles, & beatilles. Estant presque cuit, passés vn peu de farine auec vn oygnon, vn filet de vinaigre, & vn peu de lard battu, faites mitonner le tout ensemble, seruez auec sauce courte, & garny de grenade ou citron coupé.

### 55. *Membre de mouton farcy.*

Vous trouuerez la façon de le farcir au discours des Potages. Estant farcy, faites le mitonner auec bon boüillon, vn bouquet, passez y farine, champignons, & cottelettes pour garnir, faites bien cuire le tout ensemble, & liés bien la sauce auec telle pointe que vous voudrés, citron, orange, ou verjus. Serués le garny de ce que vous aurés par dessus vos cottelettes.

### 56. *Poularde grasse.*

Estant bien choisie, habillés la, coupés en les extremités, & la lardés de moyen lard. Estant farinée, passés la par la poësle auec lard & sain-doux, puis la faites mitonner auec de bon boüillon, & l'assaisonnés. Estant presque cuite, passés y champignons, foye gras, peu de farine, & vn oygnon picqué de cloux; le tout estant bien cuit, & la sauce bien liée, vous la pouuez seruir garnie de grenades.

### Autre façon.

Vous pouuez la farcir d'huistres, ou de pigeonneaux, & de toutes autres beatilles; faites la cuire de mesme sorte, & garnissez de ce que vous aurez, puis seruez.

### Autre façon.

Coupez la par la moitié, la passez par la poësle, l'assaisonnez, & garnissez comme cy-deuant, puis seruez.

### Autre façon.

Estant picquée ou bardée auec vn papier par dessus la barde, faites la cuire. Estant bien cuite, parsemez la de mie de pain & sel menu; puis la seruez auec sauce au pauure homme, verjus ou orange, & en Hyuer auec cresson.

### 57. Batteurs de paué.

Pour les mettre en ragoust, coupez en la teste & les pieds. Estans habillez, lardez les de moyen lard, les farinez & passez dans la poësle auec beurre ou lard fondu, puis les faites mitonner auec boüillon bien assaisonné, vn bouquet & champignons, passez y vn peu de farine & oygnon, & lorsque le tout sera bien mitonné, seruez auec sauce liée de telle liaison que vous voudrez.

### 58. Espaule de veau rostie.

Estant bien blanchie à l'eau, ou sur le feu, ce qui sera le plus propre & le meilleur, picquez la ou la bardez de lard, ou si vous voulez en cuisant arrosés la de beurre, estant cuite mettes dessus vne mie de pain & sel menu, & serués.

Vous la pouués seruir rostie auec vne poivrade.

### 59. Foye de veau.

Lardés le de moyen lard, puis le picqués, faites chauffer la broche à l'endroit où il doit demeurer, & à mesure qu'il rostit, arrosés le d'vne poivrade, composée de siboule, sel, oygnon picqué, poivre, & vn peu de boüillon. Estant cuit, faites le mitonner dans la sauce, puis le serués entier, ou par tranches, & la sauce bien liée de telle liaison que vous voudrés.

### 60. Alloüettes.

Faites les rostir picquees ou bardées de lard. Estant cuites, si elles sont bardées parsemés les de mie pain, & sel menu, & serués.

### 61. Canard sauuage.

Vous le pouués mettre de la mesme sorte que le Batteur de paué, cy-dessus article 57. & auec telle garniture que vous voudrés.

FRANÇOIS. 91

Vous pouués aussi le faire rostir, & le seruir auec vne poiurade.

---

*Maniere d'apprester quelques sauces, dont il est fait mention dans les discours du Second.*

La sauce nommée poivrade se fait auec vinaigre, sel, oygnon, ou siboule, écorce d'orange, ou citron, & poivre, faites la cuire, & la serués sous vos viandes, ausquelles elle est propre.

La sauce verte se fait ainsi. Prenés du bled verd, faites brusler vne rostie de pain, auec du vinaigre, vn peu de poiure & de sel, & pillés le tout ensemble dans vn mortier, & le passés dans vn linge, puis serués vostre sauce sous vos viandes.

La sauce au lapreau, ou lapin de garenne est telle, qu'estant cuits vous mettés du sel & du poivre dans le corps auec vn ius d'orange, & remués bien le tout ensemble.

Pour les perdreaux, orange, ou verjus de grain.

Autre sauce propre à la Mauuiette & à la Ralle, est que vous mettez des rosties sous vostre broche, & lors que vos oyseaux sont presque cuits, vous ostez vos rosties, les mettez à part, & prenez vinaigre, verius, sel, poivre, & écorce d'orange, faites boüillir le tout ensemble, & ayant mis vos rosties dedans, vous seruez.

La Griue & la Beccasse se seruent auec rosties, & vne poivrade dessous

Le Pluuier se sert auec vne sauce qui se fait de verjus, écorce d'orange ou de citron, vn filet de vinaigre, poivre, sel, & siboule, sans y oublier des rosties.

La Beccassine de mesme.

Le Ramier auec vne poivrade.

Le Cochon & Aigneau auec sauce verte.

## Table des Entremets pour les iours de viande.

| | |
|---|---|
| Pieds & oreilles de porc, | 1 |
| Menus droits de Cerf, | 2 |
| Pasté de venaison, | 3 |
| Tranche de pasté, | 4 |
| Pasté de jambon, | 5 |
| Troufles en ragoust, | 6 |
| Troufles seiches, | 7 |
| Troufles au naturel, | 8 |
| Omelettes de beatilles, | 9 |
| Riz de veau frits, | 10 |
| Riz de veau picquez, | 11 |
| Riz de veau en ragoust, | 12 |
| Foye de chevreüil, | 13 |
| Foye de chevreüil en omelette, | 14 |
| Tetines de chevreuil, | 15 |
| Tetines de vache, | 16 |
| Choux fleurs, | 17 |
| Cresme de pistache, | 18 |
| Iambon en ragoust, | 19 |
| Iambon rosty, | 20 |
| Iambon en tranche, | 21 |
| Mauviette, | 22 |

Poulets marinez, 23
Abbatis d'Aigneaux, 24
Alloüettes en ragoust, 25
Gellée, 26
Gellée de corne de Cerf, 27
Gellée verte, 28
Gellée rouge, 29
Gellée iaune, 30
Gellée violette, 31
Gellée bleuë, 32
Blanc manger, 33
Sallade de citron, 34
Achis de perdrix, 35
Rissolles frittes, 36
Rissolles feüilletées, 37
Baignets de moëlle, 38
Baignets de pommes, 39
Baignets d'artichaux, 40
Pets de putain, 41
Paste filée, 42
Paste de citron, 43
Paste d'amande, 44
Paste de pistache, 45
Ramequin de roignons, 46
Ramequin de chair, 47
Ramequin de fromage, 48
Ramequin de suye de cheminée, 49
Ramequin d'oygnon, 50

## FRANÇOIS. 95

| | |
|---|---|
| Ramequin d'aulx, | 51 |
| Ortolans, | 52 |
| Langue de bœuf en ragoust, | 53 |
| Langue de porc en ragoust, | 54 |
| Langue de porc parfumée, | 55 |
| Langue de porc grillée en ragoust, | 56 |
| Langue de bœuf, | 57 |
| Pigeonneaux, | 58 |
| Foye gras, | 59 |
| Foye gras sur le gril, | 60 |
| Foye gras cuit dans les cendres, | 61 |
| Foye gras frit en baignets, | 62 |
| Beatilles, | 63 |
| Tourte de franchipanne, | 64 |
| Nulle, | 65 |
| Nulle ambrée, | 66 |
| Nulle verte, | 67 |
| Artichaux fricassez, | 68 |
| Artichaux frits, | 69 |
| Artichaux à la poiurade, | 70 |
| Artichaux en culs, | 71 |
| Champignons, | 72 |
| Champignons farcis, | 73 |
| Champignons frits, | 74 |
| Champignons à l'oliuier, | 75 |
| Omelette de jambon, | 76 |
| Tortuës, | 77 |
| Tourte de pistache, | 78 |

Oeufs à la Portugaise, 79
Oeufs mignons, 80
Oeufs filez, 81
Oeufs à la Varenne, 82
Oeufs de neige, 83
Oeufs à la Huguenotte, 84
Cardons d'Espagne, 85
Asperges à la sauce blanche, 86
Asperges en ragoust, 87
Asperges à la cresme, 88
Langue de mouton en ragoust, 89
Langue de mouton picquée, 90
Langue de mouton sur le gril, 91
Salade de grenade, 92
Hure de sanglier, 93
Tranche de Hure, 94
Tranche de Hure en ragoust, 95
Pois verts, 96
Roignons de bellier, 97
Palets de bœuf, 98
Arbolade, 99
Pigeonneaux, 100
Griues, 101
Perdreaux, 102

Vous vous souuiendrez en seruant l'entremets de garnir vos plats des fleurs de la saison : & serez aduertis qu'apres les discours

cours suiuans vous trouuerez la maniere de faire les liaisons & ius de champignons, auec d'autres petites curiositez assez vtiles, voire mesme necessaires à ceux qui veulent seruir les Grands auec honneur & accueil.

## *Discours des Entre-mets.*

### 1. *Pieds & oreilles de porc.*

Estans bien cuits, passez les par la poësle auec beurre ou lard fondu, & peu d'oygnon, & les assaisonnez bien. Mettez les mitonner dans vn petit pot auec vn peu de boüillon, & lors que la sauce sera bien liée, mettez y vn filet de vinaigre auec de la moutarde, s'il en est saison, & seruez.

### 2. *Menus droits de cerf.*

Estans bien habillez, mettez les cuire dans vn pot, & lors qu'ils seront bien cuits, faites les mitonner auec du vin, en suite passez les par la poësle auec du lard, le tout bien assaisonné, puis les remettez mitonner entre deux plats auec peu d'oignon, & bon boüillon, & quand la sauce sera fort courte, seruez.

G

### 3. Pasté de venaison.

Si la chair en est dure, battez la, ostez les peaux de dessus, & la lardez de gros lard, assaisonné de sel, poivre, vinaigre, & clou battu. Si c'est pour garder, faites vostre paste de farine de seigle, sans beurre, sel & poivre : faites cuire vostre pasté l'espace de trois heures & demie; estant cuit, bouchez auec de la paste le trou que vous aurez laissé pour donner vent, & seruez par tranches.

### 4. Tranche de pasté.

La façon en est de chercher le costé où le lard paroistra le plus, puis estant coupé fort delié, le seruir.

### 5. Pasté de iambon.

Faites le bien détremper, & lors qu'il sera assez dessalé, faites le boüillir vn boüillon, & ostez la peau d'autour, que vous appellez la coine : puis le mettez en paste bise, comme la venaison, & l'assaisonnez de poivre, clou, & persil; si vous me croyez, vous le larderez aussi de mesme que la venaison; faites le cuire à proportion de sa grosseur; s'il est gros, pendant cinq heures; s'il est moindre, moins de temps, & ainsi à mesure qu'il sera gros ou petit. Estant froid seruez le par tranches.

### 6. *Trufles en ragoust.*

Pelez les bien proprement, en sorte qu'il n'y demeure point de terre, les coupez fort deliées, & les passez auec peu de lard, ou s'il est iour maigre, auec du beurre, peu de persil aché, & vn peu de boüillon ; estant bien assaisonnées, faites les mitonner, en sorte que la sauce soit peu liée; Et seruez les sur vne assiette garnie de grenade & citron, si vous en auez, de fleurs, & de fueilles.

### 7. *Trufles seiches.*

Lauez les bien auec du vin, faites les cuire auec de gros vin, & peu de vinaigre, sel & poivre à quantité. Estant bien cuites, laissez les reposer dans leur boüillon, pour leur laisser prendre sel, puis seruez les dans vne seruiette pliée ou non.

### 8. *Trufles au naturel.*

Estant bien lauées auec du vin, faites les cuire auec sel & poivre, puis estant bien cuites, seruez les dans vne seruiette pliée, ou sur vn plat garny de fleurs.

### 9. *Omelettes de beatilles.*

Prenez vos beatilles, qui sont crestes, roignons, & aisles de pigeonneaux, faites les bien cuire, & estant cuites & assaisonnées, mettez les à sec : Ayez des œufs dont vous osterez plus de la moitié des blancs, battez les, & estans bien battus, mettez dedans vos beatilles bien nettes, puis prenez du lard, & le coupez par morceaux, le passez par la poësle, & auec vostre lard fondu, mesme auec les morceaux si vous voulez, faites vostre omelette bien espaisse, & non trop cuite, & seruez.

### 10. *Ris de veau frits.*

Qu'ils ne soient point trop vieux, faites les tremper dans l'eau, & bien blanchir, & en suitte seicher. Coupez les par tranches, & assaisonnez de sel, farinés, & faites frire auec du sain-doux, ou lard fondu, en sorte qu'ils soient bien iaunes & secs, mettez y vn ius d'orange ou de citron, & les seruez proprement.

### 11. *Ris de veau picquez.*

Choisissez les plus beaux que vous pourrés, & les mieux faits, faites les blanchir dans de l'eau froide, les picquez, & les mettez à vne brochette : faites les rostir bien proprement, & estans rostis, seruez les auec vn ius de citron par dessus.

### 12. *Ris de veau en ragoust.*

Apres les auoir fait blanchir, découpés

les par morceaux, & les paffez par la poëfle, ou tous entiers fi vous voulez, auec du
lard, & bien affaifonnez auec perfil, fiboule entiere, champignons, & trufles,
& apres eftre bien mitonnez auec bon
boüillon, & la fauce eftant courte & bien
liée, feruez.

### 13. *Foye de cheureuil.*

Eftant forty tout chaud du corps du
cheureuil, coupés le par petites tranches,
le paffez par la poëfle auec du lard, oftez
les cretons, les fricaffez bien, & affaifonnez auec peu de perfil, & vne fiboule entiere. Mettés le mitonner auec peu de
boüillon, puis ferués auec la fauce bien
liée.

### 14. *Foye de cheureüil en omelette.*

Vous pouués faire auffi vne omelette
de foye de cheureüil, en cette façon;
Eftant tiré de la befte, achés le bien menu, en faites voftre omelette auec du
lard, & faites en forte qu'elle ne foit pas
trop cuite, mais auffi qu'elle le foit affés,
& ferués.

### 15. *Tetines de cheureüil.*

Apres l'auoir bien fait blanchir dans
l'eau, coupés la par ruelles, & la faites frire auec ius de citron, ou la mettés cuire

G iij

auec quelque ragouſt. Eſtant cuite, achez le bien menu, & en faites vne omelette auec du lard, ainſi que celle de beatilles article 9. puis ſeruez auec ius de citron.

### 16. *Tetines de vache.*

Faites la bien cuire, & lors qu'elle ſera bien cuite, decoupez la par tranches, & en garniſſez vos entrées, ou les paſſez par la poëſle auec fines herbes, & ſiboule entiere, aſſaiſonnez bien le tout, & la faites mitonner auec le meilleur de vos boüillons, en ſorte qu'il ſoit de haut gouſt, & la ſauce bien liée, puis ſeruez.

### 17. *Choux-fleurs.*

Eſtant bien nettoyez, faites les cuire auec du ſel, & vn morceau de graiſſe ou de beurre; eſtant cuits, pelez les, & les mettez auec du beurre bien frais, vn filet de vinaigre, & vn peu de muſcade, pour vous ſeruir de garniture autour du plat. Si vous voulez les ſeruir ſeuls, mettez les de meſme, & lors que vous ſerez preſt de ſeruir, faites vne ſauce auſſi auec bon beurre bien frais, vne ſiboule, ſel, vinaigre, muſcade, & que la ſauce ſoit bien liée. Que ſi c'eſt en charnage, mettez y quelques iaunes d'œufs, dont pourtant vous pourrez vous passer, si la sauce est bien tournée par quelque personne, puis garnissez vostre assiette tout chaudement, mettez vostre sauce par dessus, & seruez.

### 18. *Cresme de pistaches.*

Prenez vne poignée de pistaches pilées, & vne chopine de laict, faites le boüillir auec vn appareil de farine, que vous y meslerés. Estant presque cuit, delayez six iaunes d'œufs auec vos pistaches & vn peu de beurre bien frais, mettés le tout dans vn poëslon auec quantité de sucre, & vn peu de sel. Si vous voulez, mettez y musc ou ambre, appropriez aussi auec sucre à quantité, mais fort peu de musc ; battez bien le tout ensemble, & seruez garny de fleurs.

### 19. *Iambon en ragoust.*

Estant cuit ou non, coupés en des tranches fort deliées, puis les mettés dans la poësle auec fort peu de vin ; faites les en suite mitonner auec peu de poivre, peu de chapelure de pain fort deliée, & ius de citron, puis seruez.

### 20. *Iambon rosty.*

Coupez le par tranches, & le mettés tremper auec vn peu de boüillon, & vn filet de vinaigre : faites les tiedir, puis le tirez, & mettez mie de pain dessus & dessous, faites le bien rostir, & apres que la sauce aura boüilly vn boüillon, mettez la dessous, puis seruez bien garny de fleurs ou de fueilles.

### 21. Iambon en tranche.

Estant bien cuit, coupez le de bon sens, & fort delié, puis seruez

### 22. Mauuiettes.

Habillez les bien proprement, coupez en les aisles, les iambes & le col, & leur ostez le iusier, les applatissez vn peu, puis les farinez & fricassez auec du lard; en suitte, mettez les mitonner auec du boüillon bien assaisonné, & vn petit bouquet; estant bien cuites, & la sauce liée, seruez les auec vn ius de citron, par dessus, & les garnissez autour d'vn citron entier decoupé.

### 23. Poulets Marinez.

Lors qu'ils seront bien habillez, fendez les en deux, s'ils sont petits cassez leur les os, & les mettez mariner auec vinaigre, sel, poivre, siboule, & écorce de citron, laissez les y tremper iusques à ce que vous en ayez affaire, & alors mettez les égoutter, farinez les & faites frire dans du sain-doux, ou du lard; estant frits, mettez les mitonner fort peu auec leur marinade, puis seruez auec la sauce courte.

24. *Abbatis d'Agneaux en ragoust.*

Prenez les pieds, les oreilles, & la langue, passez les par la poësle auec du beurre ou du lard, vne siboule & persil, puis mettez les mitonner auec de bon bouïllon; estant presque cuits, mettez y des capres achées, asperges rompuës, jus de champignons, ou trufles, & assaisonnez bien le tout. Seruez proprement auec la sauce bien liée de telle liaison que vous voudrez, & garniture de fueilles & de fleurs, & sur tout, que vos abbatis soient bien blancs.

25. *Alloüettes en ragoust.*

Estant bien plumées, tirez en les jusiers, applatissez les, farinez, & passez par la poësle auec beurre ou lard, puis les mettez mitonner auec bon boüillon, vn bouquet, & peu de capres achées, le tout bien assaisonné: Estant bien cuites, & la sauce bien liée de telle liaison que vous voudrez, seruez auec pistaches ou grenades, & tranches de citron.

26. *Gellée.*

Pour faire de la gelée, prenez vn cocq,

ostez en la peau; prenez aussi vn jarret &
quatre pieds de veau, les cassez, & les faites blanchir, puis les emportez dans vn
pot de terre neuf, & faites cuire l'espace
de deux heures & demie; & le tout estant
presque cuit, cherchez du vin blanc bien
clair, & l'y mettez; Lors qu'il y sera entierement, passés & pressés vostre viande
dans vne seruiette, prenez vostre bouïllon, & le mettez dans vn poëslon sur le
feu. Estant prest de bouïllir, mettez y
cinq quarterons de sucre, & lors qu'il
boult, iettez y le jus de six citrons, & les
blancs de demy quarteron d'œufs bien
frais; apres que le tout aura boulu, mettez le dans vne chausse bien claire, & mélez de telle couleur que vous voudrez,
musquez, & seruez.

### 27. *Gelée de corne de Cerf.*

Prenez chez vn Espicier, ou chez vn
Coutelier de la corne de cerf rapée à proportion : Pour en faire troits plats, il en
faut deux liures, mettez la cuire auec du
vin blanc l'espace de deux heures, en sorte qu'estant bouïllie, il en reste pour faire
vos trois plats. Passez la bien auec vne
seruiette, & apres la mettez dans vne
poësle auec vne liure de sucre, & le ius de

six citrons: Estant preste de bouillir, mêlés y les blancs de douze œufs bien frais; & si tost qu'ils y seront, vous mettrez le tout dans la chausse, & la serrerez dans vn lieu frais : Seruez la naturelle, & la garnissez de grenades, & tranches de citron.

### 28. *Gellée verte.*

Vous prenez vostre gelée ordinaire, ainsi que nous l'auons descrite cy-dessus, & prenez chez vn Espicier de la couleur verte que vous meslerez auec vostre gelée, puis seruez.

### 29. *Gelée rouge.*

Vostre gelée sortant de la chausse, mettez la tremper auec de la betraue fort rouge, bien cuite, & rapée. Passez le tout ensemble dedans vn linge, & la metez froidir, puis seruez, & garnissez d'auttre couleur.

### 30. *Gelée iaune.*

De mesme, y adioustant la couleur.

### 31. *Gelée violette.*

De mesme, la faisant de couleur violette.

### 32. *Gelée bleuë.*

Aussi de mesme.

### 33. *Blanc manger.*

Prenés le plus trouble de voſtre gelée, mettés le tiedir auec des amandes bien pilées : paſſés les enſemble dans vne ſeruiette, & y meſlés vne goutte de laict, ſi elle ne ſe trouue aſſés blanche. Eſtant froide, ſerués, & garniſſés d'autre couleur.

### 34. *Sallade de citron.*

Prenés des citrons telle quantité que vous voudrés, pelés les, & coupés par tranches fort deliées, mettés les auec du ſucre, & fleurs d'orange & de grenade, puis ſerués proprement.

### 35. *Achis de perdrix.*

Vos perdries eſtans roſties, leuez en le blanc, achez le bien menu, delayez le auec bon boüillon, & l'aſſaiſonnez : En ſuite faites le mitonner auec vne ſiboule, & lors que vous voudrez ſeruir, adiouſtez y vn iaune d'œuf, & vn ius de citron, & le garniſſez de ce que vous voudrez, comme piſtaches, grenade, & citron decoupé, puis ſeruez.

### 36. *Riſſolles frittes*

Prenez blancs de perdrix, ou d'autre viande, achez la bien menu, & aſſaiſonnez ; faites en ſuite voſtre abaiſſe fort deliée, & en accommodez vos rissolles, que vous ferez frire dans du sain doux, ou lard fondu.

### 37. *Rissolles feüilletées.*

Elles se font de mesme que les autres, hormis qu'il faut que la viande en soit vn peu plus grasse : Estant bien assaisonnées, faites les bien proprement cuire, & seruez.

Vous pouuez aussi faire des rissolles de toute autre viande de mesme façon que cy-dessus. Seruez les sucrées, & eaux de senteur par dessus.

### 38. *Baignets de moëlle.*

Auant que de vous specifier les diuerses façons de baignets, il faut icy vous en donner vn modele general.

Prenez du fromage, le battez bien dans vn mortier, ou dans vn plat, que s'il est fort rassis, c'est à dire dur, mettez y vn peu de laict : en suite, de la farine & des œufs à proportion, assaisonnez le tout de sel, & le passez auec du sain-doux, ou aux iours maigres auec du beurre affiné : Seruez auec quantité de sucre, & vn peu d'eau de fleurs d'orange, ou d'eau rose par dessus.

Si vous voulez faire baignets de moëlle

de bœuf, prenez les plus gros morceaux de moëlle que vous aurez; estant trempez, coupez les par tranches, ajustez les dans vostre paste, faites les frire, & seruez de mesme.

### 39. Baignets de pommes.

Ils se font de mesme que ceux de moëlle.

### 40. Baignets d'artichaux.

Mettez vos artichaux en cus, faites les cuire à moitié, & en ayant osté le foin, coupez les par tranches; faites vn appareil auec de la farine & des œufs, du sel, & peu de laict, puis mettez vos artichaux dedans, & lors que vostre sain doux est chaud, mettez les dedans tranche à tranche, faites les bien frire, & seruez.

### 41. Pets de putain.

Faites vostre paste de baignets plus forte qu'à l'ordinaire, par le moyen d'augmentation de farine & d'œufs, puis les tirez fort menus, & lors qu'ils seront cuits; seruez les chauds auec sucre, & eau de senteur.

### 42. Paste filée.

Prenez du fromage, & le broyez bien, prenez aussi autant de farine, & peu d'œufs, le tout assaisonné, faites le cuire dans vn poëflon comme vne boulie bien cuite, c'eſt à dire vn peu ferme, & la paſſez par vne paſſoire ſur du papier gras; eſtant cuit, filez la paſte de telle ſorte que vous voudrez, puis la faites frire, & la ſeruez en pyramide auec ſucre, & eauës de ſenteurs.

### 43. *Paſte de citron.*

Elle ſe fait de meſme ſorte que celle que nous auons appellé filée, hormis que vous y meſlez du citron; faut la ſeruir comme la premiere, bien garnie de fleurs.

### 44. *Paſte d'amande.*

De meſme que la paſte filée.

### 45. *Paſte de piſtache.*

Auſſi de meſme.

### 46. *Ramequin de roignon.*

Tirez le roignon d'vne longe de veau cuite, achez le auec perſil ou ail, & vn jaune d'œuf; puis eſtendez voſtre appareil bien aſſaiſonné ſur du pain que vous ferez roſtir dans la poëſle ou ſur le gril, & ſeruirez le tout ſec; vous mettrez du ſucre ſi vous voulez.

Vous pouuez faire roſties de roignon de veau quaſi de meſme, hormis qu'il n'y faut mettre ny perſil ny oignon; mais le roignon estant bien assaisonné, vous l'estendez sur vos rosties, ausquelles vous ferez aussi donner couleur dans la poësle deuant le feu, & en seruant vous les pouuez sucrer, & mesme mesler du sucré dans l'appareil si vous voulez.

### 47. Ramequin de chair.

Prenez telle viande que vous voudrez, ache la bien menuë, & estant achée, delayez la auec vn œuf, & l'assaisonnez comme il faut ; faites le rostir dans la poësle, & seruez auec vn ius de citron.

### 48. Ramequin de fromage.

Prenez du fromage, faites le fondre auec du beurre, oygnon entier, ou pilé, sel & poiure à force, estendez le tout sur du pain, passez la paisle du feu chaude par dessus, & seruez chaud.

### 49. Ramequin de suye de cheminée.

Vostre pain estant passé dans la poësle peu plus de moitié par le beurre ou huille, poudrez le de suye, auec sel & force poiure par dessus, & seruez chaud.

### 50. Ramequin d'oygnon.

Prenez des oygnons, & les faites piler dans vn mortier, auec sel & poiure à force ; vous y pouuez mettre anchois bien fondus auec peu de beurre, vos oygnons estans

estans sur le pain passé dans l'huile ou dans le beurre : passez la paisle du feu bien rouge par dessus, & seruez.

### 51. *Ramequin d'aulx.*

Il faut faire de mesme qu'au ramequin d'oygnon.

### 52. *Ortholans en ragoust.*

Habillez les & les passez par la poësle auec beurre ou lard fondu ; estans passez, mettez les mitonner dans vn petit pot auec peu de boüillon, & les assaisonnez bien : pour lier la sauce, meslez y riz de veau, jus de viande, & champignons, & le tout estant bien cuit, seruez garny de pistaches, & grenades.

### 53. *Langue de bœuf en ragoust.*

Vous trouuerez la façon de l'accommoder au discours des Entrées article 17.

### 54. *Langue de porc en ragoust.*

Estant sallée & cuite, coupez la fort desliée, & la mettez mitonner auec peu de bouillon, puis la passez par la poësle auec du lard fondu, oygnon pilé, & vn filet de vinaigre : ce qu'estant fait, seruez auec jus de citron, & garnissez de capres, & de tout ce que vous aurez

H

Meſlez y dans la ſaiſon du verjus ou groſeilles.

**55.** *Langue de porc parfumée.*

Eſtant cuite, ſeruez la ſeiche, & la garniſſez de ce que vous voudrez, ſoit fleurs ou autre choſe. Vous la pouuez ouurir par la moitié.

**56.** *Langue de porc grillée en ragouſt.*

Faites la cuire à moitié ſallée, & en ſuite griller ; faites y auſſi telle ſauce que vous voudrez, pourueu qu'elle ſoit bien liée, & bien aſſaiſonnée, puis ſeruez.

Vous la pouuez picquer de lard, & faire cuire à la broche, l'arroſant d'vne marinade que vous ferez deſſous, bien aſſaiſonnée, & auec telle quantité de ſel que vous iugerez à propos ; eſtant cuite, ſeruez.

**57.** *Langue de bœuf.*

Faites la cuire ſallée auec de l'eau, & ſur la fin mettez y du vin : Eſtant cuite, pelez la, & lors que vous ſerez preſt de ſeruir, la coupez par ruelles, ou la fendez, puis ſeruez.

**58.** *Pigeonneaux.*

Pour les mettre en ragouſt, prenez les ſortans de deſſous la mere, tuez les, & les échaudez aussi-tost, puis estant habillez, blanchis & farinez, passez les par la poësle, & en suitte mettez les mitonner dans vn pot auec bon boüillon bien assaisonné, & vn bouquet : faites en sorte qu'ils soient bien cuits, & la sauce liée, seruez auec capres achées, champignons, riz de veau, & de tout ce que vous pouuez auoir d'assortiment aux pigeonneaux.

### 59. *Foye gras en ragoust.*

Choisissez les plus gras & les plus blonds, nettoyez les, & iettez dans l'eau chaude pour oster l'amertume, mais les retirez aussi-tost: Estans essuyez, passez les par la poësle auec beure ou sain-doux, & faites mitonner auec peu de boüillon, persil, & siboule entiere; estans cuits, ostez la siboule, & seruez la sauce bien liée; vous y pouuez mettre trufles, champignons & asperges.

### 60. *Foye gras sur le gril.*

Mettez le sur le gril, & le poudrez de mie de pain & de sel. Estant rosty, iettez vn ius de citron par dessus, & seruez.

### 61. *Foye gras cuit dans les cendres.*

Il faut le barder de lard, & le bien assaisonner de sel, poivre, clou battu, & vn bouquet fort petit, puis l'enuelopper auec quatre ou cinq fueilles de papier, & le mettre cuire dans les cendres comme vn coing. Estant cuit, prenez garde de perdre la sauce en le remuant; ostez les fueilles de dessus, & le seruez auec celles de dessous si vous voulez, ou sur vne assiette.

### 62. *Foye gras frit en baignets.*

Vous pouuez iuger comment il le faut accommoder pour le seruir en cette sorte par le discours precedent de ragousts, de fritures, & de baignets.

### 63. *Beatilles.*

Prenez aisles, foyes, crestes, le tout estant bien blanchy dans l'eau, faites cuire les crestes à part; & estant cuites, les pelez: en suite faites mitonner le tout ensemble auec bon bouïllon bien assaisonné, & lors que vous serez presque prest de seruir, fricassez vos crestes & vos beatilles auec de bon lard, vn peu de persil & siboules achées; remettez les mitonner dans leur bouïllon, iusqu'à ce qu'il faille seruir : vous y pouuez mesler des iaunes d'œufs. Seruez.

### 64. *Tourte de franchipanne.*

Prenez vn chaudeau de laict, c'est du

laict bouïlly, & faites vostre apareil pour faire vostre cresme en cette sorte : prenez vn peu de farine, que vous ferez cuire auec vostre laict; estant cuite, prenez cinq iaunes d'œufs, & meslez le tout ensemble auec pistaches battuës, amandes, peu de sel, & quantité de sucre ; faites en suite vostre paste, la detrempez auec blancs d'œufs, & sel, & la laissez reposer. Faites en six abbaisses fort deliées, & les beurrez l'vne apres l'autre, estendez vostre cresme dessus vos six abbaisses, & faites en encore six autres, & les mettez l'vne apres l'autre bien beurrée, & particulierement celle de dessus, pour luy donner couleur. Estant cuite dans vne tourtiere, ou sur vne assiette, la changez en vne autre, & la sucrez, puis seruez auec fleurs.

Vous pouuez faire la tourte de franchipanne de toute autre sorte de cresme, & la seruir de mesme sorte que celle cy-dessus.

### 65. *Nulle.*

Prenez vne douzaine de iaunes d'œufs, & deux ou trois blancs, mettez y peu de cresme, vn peu de sel, & beaucoup de sucre, battez bien le tout ensemble, & en suite le passez dans vne passoire, puis le mettez sur vne assiette, ou dans vn plat, & lors que vous estes prest à seruir, faites la cuire sur le rechaud, ou dans le four; estant cuite, seruez auec sucre, & eaux de senteur, & garnissez de fleurs.

### 66. *Nulle ambrée.*

Prenez cresme, ou laict bien frais, delayez iaunes d'œufs, fort peu de sel, sucre, musc, ou ambre; & lors que vous estes prest de seruir, faites vn lict de vostre appareil, & vn lict de jus d'orange, & successiuement iusques au nombre de cinq ou six; puis passez la paisle rouge par dessus, garnissez de sucre & musc, ou eau de fleur d'orange, & seruez.

### 67. *Nulle verte.*

Elle ne differe point des precedentes qu'en couleur, laquelle vous donnerez ainsi qu'à la gelée, dont vous auez la methode cy deuant.

### 68. *Artichaux fricassez.*

Coupez les presque en cus, ostez en le foin, & les iettez dans l'eau boüillante pour les blanchir, faites les seicher, & les farinez, puis les passez auec sain-doux, ou beurre affiné; seruez les chauds, & garnissez de persil frit, pour lequel frire il est necessaire qu'il soit bien vert, & qu'il ne soit point moüillé.

### 69. Artichaux frits.

Découpez les en quatre, nettoyez les, & en ostez le foin, puis les faites blanchir dans l'eau chaude, & les mettez essuyer, farinez les auec de la farine & du sel menu; faites bien chauffer le sain-doux ou beurre affiné, ou lard fondu, & estant bien chaud, mettez y vos artichaux, & les faites bien frire; mettez les apres égoutter, & mettez dans vostre friture vne poignée de persil bien vert, que vous mettrez sur vos artichaux estant bien sec, & seruez.

### 70. Artichaux à la poivrade.

Coupez vos artichaux par quartiers, ostez en le foin, & les faites blanchir dans de l'eau bien fraische, & lors que vous voudrés seruir, mettés les sur vn plat auec poiure & sel, puis seruez.

### 71. Artichaux en cus.

Ostez toutes les fueilles de vos artichaux, & coupez les iusques au foin, puis les faites cuire auec bouillon, ou auec de l'eau, du beurre & du sel; estans cuits, tirés les de leur bouillon, espluchés & ostés le foin: mettez les en suite auec du beurre & du sel, & lors que vous voulez seruir,

H iiij

faites vne sauce auec du beurre bien frais, vn filet de vinaigre, muscade, & vn iaune d'œuf pour lier la sauce, puis seruez, en sorte qu'ils soient bien blancs.

### 72. *Champignons en ragoust.*

Estant bien nettoyez, passez les par la poësle auec du beurre bien frais, persil aché, & siboule; assaisonnez les, & faites mitonner, & lors que vous serez prest de seruir, mettez y jus, écorce de citron, & vn peu de blanc manger, puis seruez.

### 73. *Champignons farcis.*

Choisissez les mieux faits pour tenir la farce, que vous ferez de quelques viandes ou bonnes herbes, en sorte qu'elle soit delicate, & liée auec iaunes d'œufs, puis vos champignons estant farcis & assaisonnez, mettez les dans vn plat sur vne barde de lard, ou sur vn peu de beurre, faites les cuire, & seruez garnis de jus de citron.

### 74. *Champignons frits.*

Faites les blanchir dans l'eau fraische, & en suite essuyez, puis les marinez auec vn peu de vinaigre, sel, poivre, & oygnon, & lors que vous serez presque prest de seruir, faites vne paste liquide delayée auec iaunes d'œufs; faites frire vos champignons, feruez, & en garniffez.

### 75. *Champignons à l'oliuier.*

Eſtans bien nettoyez, coupez les par quartier, & les lauez dans pluſieurs eaux l'vn apres l'autre pour en oſter la terre. Eſtans bien nets, mettez les entre deux plats auec vn oygnon & du fel, puis fur le rechaut, afin qu'ils iettét leur eau; Eſtant preſſez entre deux aſſiettes, prenez du beurre bien frais, auec perſil & fiboule, & les fricaſſez, apres cela mettez les mitonner, & lors qu'ils feront bien cuits, vous y pouuez mettre de la crefme, ou du blanc manger, & feruez.

### 76. *Omelette de jambon.*

Prenez vne douzaine d'œufs, les caſſez, oſtez les blancs d'vne demy douzaine, & les battez; prenez en fuite autant que vous iugerez neceſſaire de voſtre jambon, achez le, & le meſlez auec vos œufs, prenez du lard, le coupez, & le faites fondre, iettez dedans voſtre omelette, faites en forte qu'elle ne foit trop cuite, & feruez.

### 77. *Tortuës.*

Coupez en les pieds, la queue & la teſte, mettez le corps cuire dans vn pot, &

l'assaisonnez bien auec fines herbes ; lors qu'elles seront presques cuites, mettez y du vin, & les faites bien bouïllir : Estans cuites, tirez les, & les decoupez par morceaux, & sur tout prenez garde à bien oster l'amer. Puis les fricassez auec du beurre ou du lard, persil & siboule, mettez les en suite mitonner auec peu de bouillon, & lors que vous serez prest de seruir, delayez vn iaune d'œuf auec du verjus, meslez le ensemble, & seruez bien assaisonnées.

### 78. *Tourte de pistaches.*

Faites fondre du beurre, & y mettez six iaunes d'œufs auec du sucre : battez vne poignée de pistaches, & les meslés ensemble auec vn grain de sel, puis faites vostre abbaisse, & la foncez, mettez y vostre appareil, fermez vostre tourte, & la bandez auec du papier beurré. Estant cuite, seruez la sucrée, & la garnissez d'écorce de citron confite.

### 79. *Oeufs à la Portugaise.*

Prenez quantité de iaunes d'œufs, & vne liure, ou demie liure de sucre, dont vous fereés vn syrop, lequel estant fait, vous le meslerez auec vos œufs, auec vne goute d'eau de fleur d'orange, & les faites cuire. Estant cuits, faites vn cornet de papier beurré & bien double, mettés vostre appareil dedans, lequel estant refroidy, ostés le papier, & mettés cét appareil sur vne assiette, la pointe en haut, le sucrés & le garnissés de nompareille, canelle, écorce de citron confite, & fleurs puis seruez.

### Autre façon.

Faites vn syrop pareil à celuy de l'article precedent, puis cassés vne douzaine d'œufs, ou plus, & les battés bien, faites chauffer vostre syrop, & lors qu'il sera bien chaud, meslés y vos œufs, passés le tout ensemble dans vne passoire, & faites le cuire : Estant cuit, serués le auec du biscuit coupé & dressé en pyramide, eaux de senteur, & musc ou ambre gris.

### 80. Oeufs mignons.

Faites vostre syrop ainsi que dessus, & prenés des iaunes d'œufs, & les delayés bien, & les mettés dans vostre syrop : Estant cuits, mettés les sur vne assiette auec vne goutte d'eau de fleur d'orange, & de musc, puis serués.

### 81. Oeufs filez.

Prenés vne chopine de vin blanc auec vn morceau de sucre, faites les bien bouillir ensemble, puis cassez des œufs, & les battez bien, passez les dans vne passoire, & les mettez en suite dans vostre poëslon, où sera vostre vin blanc, & vostre sucre tout bouillant, par ce moyen ils sont cuits en vn moment, & se trouuent enfilez; tirez les de vostre syrop, & les mettez égoutter, puis les seruez en pyramide auec eau de senteur.

### 82. Oeufs à la Varenne.

Faites vn syrop bien fait, faites frire des blancs d'œufs dans la poesle auec du beurre, & les mettez dans vostre syrop, estant cuits, seruez les auec eau de fleur d'orange.

### Autre façon.

Faites vostre syrop, & auec vos œufs frits, meslez y vn peu de laict bien frais. Estant cuits, seruez les sur vne assiette, bien blancs, & garnis d'eaux de santeur.

### 83. Oeufs à la neige.

Faite bouillir du laict auec peu de farine bien delayée, mettez y apres plus de la moitié de douze blancs d'œufs, & remuez bien le tout ensemble, & le sucrez; lors que vous serez prest de seruir, remettez les sur le feu, & les glacez, c'est à dire, prenez le reste de vos blancs d'œufs, battez les auec vne plume, & meslez le tout ensemble, ou bien faites bien frire le reste de vos blancs, & les jettez par dessus vostre appareil; passez y legerement vn couuert de four, ou la paisle du feu rouge, & seruez les sucrez auec quelques eaux de senteur.

Vous pouuez au lieu de blancs y mettre le jaune de vos œufs à proportion, & les blancs frits par dessus.

La cresme à la Mazarine se fait de mesme, hormis que vous n'y mettez point de blancs d'œufs.

### 84. *Oeufs à la Huguenotte.*

Prenez du jus d'esclanche de mouton, le mettez sur vne assiette, ou dans vn plat, ayez des œufs bien frais, & les cassez dans vostre jus, faites les cuire auec peu de sel; estans cuits, remettez y du ius, & de la muscade, puis seruez.

### 85. *Cardons d'Espagne.*

Estans blanchis, ostez en la peau bien proprement, & les mettez tremper dans l'eau fraische, puis les seruez auec poivre & sel.

### 86. Asperges à la sauce-douce.

Choisissez les plus grosses, ratissez en le pied, & les lauez, puis les faites cuire dans de l'eau, les sallez bien, & ne les laissez trop cuire. Estant cuites, mettez les égouter, & faites vne sauce auec du beurre bien frais, peu de vinaigre, sel, muscade, & vn iaune d'œuf pour lier la sauce, laquelle prenez garde qu'elle ne se tourne, & seruez les bien garnie de ce que vous voudrez.

### 87. Asperges en ragoust.

Prenez vos asperges, & les rompez bien menuës, puis les passez par la poësle auec beurre ou lard, meslez y persil & siboule, le tout bien assaisonné ; mettez les mitonner iusques à ce que vous soyez prest à seruir : Vous y pouuez mettre de la cresme, ou jaunes d'œufs, ou jus d'esclanche de mouton, & en pouuez garnir autre chose.

### 88. Asperges à la cresme.

Coupez les bien menuës, & n'y laissez rien que le verd, fricassez les auec beurre bien frais, ou lard fondu, persil & siboule, ou vn bouquet, apres cela faites les fort peu mitonner auec de la cresme bien fraiſche, & ſeruez ſi vous voulez auec vn peu de muſcade.

### 89. *Langue de mouton en ragouſt.*

Eſtant bien nettoyée, fendez la en deux, puis la farinez, la paſſez dans la poëſle, & la mettez en ragouſt auec vinaigre, verjus, ſel, poivre, jus d'orange, & capres achées. Eſtant bien mitonnée, & la ſauce bien liée, ſeruez.

### 90. *Langue de mouton picquée.*

Prenez la cuite, & la nettoyez bien, faites la picquer de petits lardons, & roſtir, puis ſeruez auec vn jus de citron, ou quelque orange.

### 91. *Langue de mouton ſur le gril.*

Fendez la par la moitié, & mettez la ſur le gril, auec ſel & mie de pain par deſſus, puis faites vne ſauce auec verjus de grain, ou groſeilles, peu de chapelure de pain, de perſil & ſiboule achez bien menus, puis eſtant bien cuite, ſeruez.

### 92. *Salade de grenade.*

Eſpluchez vos grenades, les mettez ſur vne aſſiette, les ſucrez, & garniſſez de citron, puis ſeruez.

### 93. *Hure de ſanglier.*

Coupez la proche des eſpaules pour la rendre plus belle & plus apparente, &

pour conseruer le col, qui en est le meilleur, pourueu qu'il soit bien assaisonné. L'ayant coupée, faites la brusler, ou échauder, si vous voulez qu'elle soit blanche, puis coupez la peau à quatre doigts du nez tout autour de la teste, de peur qu'elle ne se retire, & ne descende en d'autres lieux. Faites la cuire, & bien assaisonner, & estant à moitié cuite, mettez y du vin blanc ou rouge, & la faites acheuer de cuire ; derechef bien assaisonnée de poivre, oygnon, cloux, écorce d'orange, & fines herbes. Vous la pouuez faire cuire & bien enuelopper auec du foin, de peur qu'elle ne se defasse. Estant bien cuite, seruez la froide, entiere, & garnie de fleurs, que si vous l'auez entamée, seruez la par tranches, que vous pourrez déguiser en plusieurs façons de ragousts.

94. *Tranche de Hure.*

Coupez la sur le col, ou aupres, ou dessous l'oreille, & seruez.

95. *Tranche de Hure en ragoust.*

Estant coupée de la sorte, faites la bouillir auec du vin, & peu de chapelure de pain ; estant cuite, & la sauce liée, seruez.

*Autre*

### Autre façon.

Estant coupée comme dit est, poudrez la de mie de pain, & la mettez sur le gril. Estant grillée, seruez auec jus de citron. Au temps des fueilles de vignes enuelopez-en vostre tranche, & seruez promptement auec verjus de grain.

### 96. Pois verts.

Passez les si vous voulez par la poësle auec du beurre, & les faites cuire auec laictuës pommées, ou pourpier. Estant bien cuits auec vn bouquet, & bien assaisonnez, seruez les garnis de laictuës.

Vous pouuez les accommoder & assaisonner auec de la cresme, ainsi que les asperges, dont est fait mention cy-dessus en l'article 88. d'asperges à la cresme.

### 97. Roignons de bellier.

Faites les bien blanchir dans l'eau fraische, ostez en les peaux, & les coupez en tranches fort deliées: Passez les par la poësle auec du beurre ou du lard fondu, assaisonnez de tout ce que vous aurez, puis les faites mitonner auec champignons, & jus d'esclanche de mouton, puis seruez.

### Autre façon.

Coupez les de mesme par tranches, & les faites tremper auec peu de vinaigre & de sel : quelque temps auant que seruir, estans essuyez, passez les dans la paste de baignets, & les faites frire, & jettez dessus ius de citron, ou d'orange, puis seruez.

### 98. Pallets de bœuf.

Prenez les bien cuits & bien douïllets, & ne laissez de les faire bouïllir vn bouïllon pour oster le goust de la Tripiere; cela fait, coupez les fort deliez, les passez par la poësle bien assaisonnez, & faites mitonner; que vostre sauce soit liée d'vn jus de citron, puis seruez.

Les palets de bœuf à garnir se fricassent de mesme, hormis que vous les coupez en détail.

### 99. Arbolade.

Faites fondre peu de beurre, & prenez de la cresme, jaunes d'œufs, jus de poires, sucre, & fort peu de sel, faites cuire le tout ensemble; estant cuit, sucrez auec eaux de fleurs, & seruez verte.

### 100. Pigeonneaux.

Estant bien blanchis dans l'eau, vn peu farinez, & passez par la poësle auec du lard, faites les mitonner auec bon boüillon, champignons, trufles, & vn bouquet, le tout bien assaisonné, & seruez la sauce bien liée, & garnissez de citron coupé.

Le mesme ragoust se peut faire aux Pigeonneaux rostis.

### 101. Griues.

Ostez les iusiers, passez les de mesme que les pigeonneaux, & les faites cuire plus long-temps, parce qu'ils sont plus dures. Estant cuites & assaisonnées aussi de mesme, seruez garny de grenade ou citron coupé.

### 102. Perdreaux.

Prenez quelques morceaux de tranches de bœuf, & les battez bien auec du lard, l'assaisonnez de sel & poivre, & passez par la poësle, tant que le lard soit bien roux, en suite faites mitonner cét appareil auec peu de bouillon, & vn oygnon pilé. En apres passez le tout par vn linge, & vous en tirerez vn jus fort rouge, auquel vous meslerez vne pointe de verjus de grain, vn peu de farine cuite, ou de chapelure, puis prenez vos perdreaux, leuez en les cuisses & les aisles, & les faites mitonner auec vostre sauce, y adjoustant champignons & trufles, iusques à ce que la sauce soit bien liée ; faites cuire, & seruez promptement de peur qu'ils ne durcissent.

Les perdrix s'accommodent de mesme.

## Methode pour faire jambons de Mayence.

Vostre porc estant habillé, leuez en les jambons, & les estendez bien pour leur faire prendre le ply. Mettez les en la caue durant quatre iours, pendant quoy il en sortira de l'eau qu'il faut essuyer fort souuent ; que si le temps est humide, ne les y laissez que deux foix vingt-quatre heures, puis les mettez à la presse entre deux aix, & les y laissez aussi long-temps qu'il y a que le porc est mort. Apres cela, salez les auec sel, poivre, clou, & anis battus, laissez les prendre sel l'espace de neuf iours : apres quoy vous les tirerez & mettrez dans la lie de vin pendant autres neuf iours : En suite enueloppez les auec du foin, & enterrez dans la caue en lieu qui ne soit trop humide ; les ayant tirez, pendez les à la cheminée du costé qui fume le moins, & ne manquez de les parfumer deux fois le iour auec du genièvre. Eſtant ſecs & peu enfumez, pendez les au plancher dans vne chambre qui ne ſoit point humide, & iuſques à ce que vous en ayez affaire, viſitez les ſouuent de peur qu'ils ne pourriſſent

Pour les faire cuire, prenez celuy que vous voudrez, nettoyez le, & le mettez deſſaller dans vne grande chaudiere pleine d'eau, aſſaiſonnez le de fines herbes, & n'y mettez point de vin. Eſtant cuit, leuez la coine, parſemez le de poivre & de perſil aché, & le picquez de clou, puis rabaiſſez la coine, & le mettez dans vn lieu frais iuſques à ce que vous le vouliez ſeruir, ce que vous ferez garny de fleurs ſi vous en auez.

*Maniere de faire les liaisons à conseruer, pour n'auoir la peine de les faire à tous momens que vous en aurez affaire.*

### Liaison d'amandes.

Pelez bien vos amandes, & les pilez dans vn mortier, puis les mettez auec bon boüillon, mie de pain, iaunes d'œufs, ius de citron, vn oygnon, sel, clou, & trois ou quatre champignons ; faites boüillir tout cela vn boüillon, le passez par l'estamine, & le mettez dans vn pot pour vous en seruir au besoin.

### Liaison de champignons.

Prenez des queuës de champignons auec peu d'amandes battuës, oignon, persil, mie de pain, iaunes d'œufs, & capres; faites boüillir le tout auec bon boüillon, & l'assaisonnez bien, meslez y vne tranche de citron, passez le en suite dans vne estamine, & le mettez dans vn pot pour vous en seruir au besoin.

### Liaison de farine.

Faites fondre vostre lard, ostez en les

cretons : Iettez voſtre farine dans voſtre lard-fondu, faites la bien cuire, mais prenez garde qu'elle ne tienne à la poëſle, meſlez y de l'oygnon à proportion de ce que vous en aurez affaire : eſtant cuit, mettez le tout auec bon boüillon, champignons, & vn filet de vinaigre ; puis ayant boulu auec ſon aſſaiſonnement, paſſez le tout par l'eſtamine, & le mettez dans vn pot : lors que vous voudrez vous en ſeruir, vous le tiendrez ſur de la cendre chaude pour lier vos ſauces.

### Liaiſon de trufles.

Prenez de la farine ſeiche, que vous delayerez auec bon boüillon, trufles, oygnons, champignons, & vn brin de thin, pilez le tout enſemble, & le faites bouillir auec voſtre farine delayée, le paſſez par vne eſtamine, & le mettez dans vn pot ; cela vous feruira pour lier vos entrées ou ragoûfts.

Vous pouuez vous ſeruir de ces liaiſſons en Careſme, pourueu que vous n'y mettiez point d'œufs : elles vous peuuent auſſi ſeruir par tout comme à l'Entrée, Second & Entre-mets.

*Methode pour faire les jus de champi-
gnons, de bœuf ou de mouton, qui
peuuent seruir à beaucoup de
sauce & de ragousts.*

### Ius de champignons.

Prenez les plus chetifs de vos champignons, lauez les bien auec leurs peaux, & leurs queuës, sans en rien oster, faites les boüillir dans vn pot auec de bon boüillon, en boüillant mettez y vn bouquet vn oygnon piqué de cloux, & quelques morceaux de viande rostie, le tout bien assaisonné de sel, apres auoir bien boüilly, passez le tout par l'estamine, & le mettez dans vn pot pour vous en seruir au besoin.

Il peut seruir à toutes sortes de ragousts, mesmes aux potages, & souuent il passe pour jus de mouton.

### Ius de bœuf ou de mouton.

Faites cuire vostre viande vn peu plus de moitié, bœuf ou mouton, la picquez auec vn cousteau, & la pressez auec des presses si vous en auez, ce sera tant mieux,

FRANÇOIS. 137

estant pressée, & le ius tiré, prenez vne cuillerée de bon boüillon, en arrosez vostre viande, & tirez en encor du jus ce que vous pourrez, pour suppleer à ce que vous en pourriez auoir affaire : mettez le dans vn pot auec vn peu de sel, & y meslez vn ius de citron, lors que vous serez prest de vous en seruir.

### Maniere de faire la garniture de Pistaches.

Pelez vos pistaches dans de l'eau chaude, les mettez dans de l'eau froide, & pour vous en seruir, achez les tant soit peu, pour mettre autour de vos plats.

#### Garniture de citron.

Faut le greneler, le fendre en long, & le couper par tranches, apres quoy mettez le dans de l'eau, prest à vous en seruir dessus, & autour de vos plats.

#### Garniture de grenade.

Choisissez la plus rouge, & l'émondez, c'est à dire, ostez en l'escorce, & en tirez les grains, pour garnir dessus & autour de vos plats.

## Methode pour tirer les jus & les eaux de chair, propres à seruir aux malades.

### Ius de mouton, veau ou chapon.

Estant rostis & pressez, tirez en le ius, & parce que le ius de mouton est plus chaud que les autres, il le faut corriger & mesler auec celuy de veau, & des vns ou des autres ainsi accommodez, faites en vser vne cuillerée à vostre malade de deux en deux heures.

### Autre façon de la mesme eau.

Pour ceux qui ont besoin de grand rafraischissement, prenez vne bouteille qui soit sans osier, & ait le goulot fort grand, coupez vostre viande, veau & volaille assez menuë, en sorte qu'elle entre par morceaux dans cette bouteille ; ce qu'ayant fait, vous la boucherez soigneusement auec vn morceau de paste ferme & dure, & par dessus vn parchemin, la lierez bien, & la mettrez dans vne chaudiere d'eau chaude iusques au goulot. Faites la bien boüillir l'espace de trois heures. Estant cuite, débouchez vostre bouteille, & en tirez le jus, lequel vous ferez prendre à vos malades, ou mesme à ceux qui en pleine santé ont besoin de rafraischissement, auec autre jus de viande rostie, ou auec vn bouïllon, le tout à proportion du besoin, & des forces de l'vn & de l'autre, & remarquerez en passant que le jus de viande rostie est bien plus fort & plus nourrissant que celuy de viande bouïllie, quoy qu'il soit en plus grande quantité.

Au defaut d'vne bouteille, vous pouuez vous seruir d'vn coquemare de mesme façon que de la bouteille, le bouchant bien de paste, & de parchemin par dessus.

*Eau de poulet.*

Habillez vostre poulet, & estant bien net, emplissez le d'orge, & le faites cuire dans vn pot auec vne pinte d'eau, en sorte qu'elle se reduise à chopine : ayant cuit iusques à ce que l'orge soit creuée, passez le tout par vne estamine, & le laissez refroidir : il faut l'vser froid, & peut-on donner de cette eau mesmes aux enfans de mamelle.

### La Panasde.

Prenez bon bouïllon, & mie de pain bien deliée, faites le bien bouïllir ensemble, & sur la fin mettez y iaunes d'œufs, fort peu de sel & ius de citron.

### Autre Panasde.

Prenez viande de chapon, ou de perdrix bien achée, battez la bien dans vn mortier, puis la delayez auec bouillon de santé, c'est vn bouillon de la marmitte, peu de mie de pain & de sel, estant mitonnée, meslez y quelques iaunes d'œufs pour épaissir, & ius de citron.

---

### Table de la Patisserie, qui se sert le long de l'année.

| | |
|---|---|
| Pasté de venaison, | 1 |
| Pasté de membre de mouton, | 2 |
| Pasté à l'Angloise, | 3 |
| Pasté de sanglier, | 4 |
| Pasté de chapon, | 5 |
| Pasté de poulet d'Inde, | 6 |
| Pasté de gaudiueaux, | 7 |
| Pasté de perdrix, | 8 |
| Pasté de jambon, | 9 |
| Pasté de poitrine de veau, | 10 |

### FRANÇOIS.

| | |
|---|---|
| Pasté d'assiette, | 11 |
| Pasté à la Cardinale, | 12 |
| Pasté à la marote, | 13 |
| Pasté de lapreaux, | 14 |
| Pasté de poulets, | 15 |
| Pasté d'alloüettes, | 16 |
| Pasté de veau, | 17 |
| Pasté de cailles, | 18 |
| Pasté de beccasses, | 19 |
| Pasté de merles, | 20 |
| Pasté de canard, | 21 |
| Pasté de macreuse au lard, | 22 |
| Pasté d'aigneau, | 23 |
| Pasté de langue de mouton, | 24 |
| Pasté de chevreau chaud, | 25 |
| Pasté d'oyson, | 26 |
| Pasté de manche d'espaule, | 27 |
| Tourte de pigeonneaux, | 28 |
| Tourte de lard, | 29 |
| Tourte de moëlle, | 30 |
| Tourte de veau, | 31 |
| Tourte de beatilles, | 32 |
| Tourte de moineaux, | 33 |
| Tourte d'alloüettes, | 34 |
| Tourte de riz de veau, | 35 |
| Tourte de blanc de chapon sucré, | 36 |

## Methode d'apprester & seruir les Pastisseries dont la Table est cy-deuant.

### 1. Pasté de venaison.

Si la chair en est dure, battez la, ostez les peaux de dessus, & la lardez de gros lard, assaisonné de sel, poivre, vinaigre, & clou battu. Si c'est pour garder, faites vostre paste de farine de seigle, sans beurre, sel & poivre: faites cuire vostre pasté l'espace de trois heures & demie; estant cuit, bouchez auec de la paste le trou que vous aurez laissé pour donner vent, & seruez par tranches.

### 2. Pasté de membre de mouton.

Estant bien mortifié, il le faut bien battre, en oster la peau, le desosser, & si vous voulez le larder de gros lard, & l'assaisonner de sel, poivre, & vn peu de vinaigre; vous le pouuez laisser en sauce trois ou quatre iours bien couuert, iusques à ce que vous le vouliés mettre en paste: Ce que vous ferez alors en paste fine ou bise, le bien assaisonner de sel, poivre, clou battu, muscade, & vne fueille de laurier, & mesme vne gousse d'ail écrasée si vous voulez. Estant fermé & doré d'vn jaune d'œuf, faites le cuire l'espace de trois heures & demie, & n'oubliez pas de le picquer, c'est à dire, luy donner ouuerture par dessus, peu apres qu'il sera au four.

### 3. *Pasté à l'Angloise.*

Prenez vn levraut ou vn liévre, hachez le bien auec graisse de bœuf ou de mouton, ou mesme auec du blanc de chapon, meslez bien le tout ensemble, & assaisonnez, mettez y si vous voulez des capres & du sucre. Faites ainsi vostre paste, lors qu'elle sera farinée, estendez la, & la pliez en trois ou quatre comme vne seruiette, mettant du beurre frais sur chaque lict de paste, en sorte que pour vne liure de paste il y ait vne demie liure de beurre, à proportion. Ainsi accommodée, laissez la reposer quelque peu, & faites en suite vostre pasté, que vous garnirez au dehors de papier beurré. Faites le bien cuire, le dorez d'vn jaune d'œuf, & seruez.

### 4. *Pasté de Sanglier.*

Il se fait & assaisonne de mesme façon que celuy de membre de mouton.

### 5. Pasté de chapon.

Estant bien habillé, lardez le de moyen lard ; & le mettez en paste fine, & dressez vostre pasté. Si vous le voulez seruir chaud, il ne faut pas tant l'assaisonner, que pour le seruir froid.

Pour donc le seruir chaud, dressez le & le garnissez de ce que vous aurez, vous pouuez mesme le farcir. Faut le faire cuire deux heures & demie, & s'il est alteré, c'est à dire, que la sauce y manque, faites y vne sauce blanche, ou y mettez quelque jus que ce soit, & le seruez chaud & descouuert.

### 6. Pasté de poulet d'Inde.

Estant bien habillé, battez le, & le troussez : lardez le de gros lard, & l'assaisonnez, puis le mettez en paste fine ou bise, nourrie de beurre ou de lard, car cette chair est fort seiche quand elle est cuite : assaisonnez le comme vn pasté de venaison, faites le cuire à proportion de sa dureté ou grosseur, & le seruez chaud ou froid.

### Autre façon.

Habillez vostre poullet d'Inde, ostés en la peau & le brichet, puis l'assaisonnez, & farcissez de pigeonneaux, palets de bœuf, cham-

champignons, truffes, cus d'artichaux, crestes, roignons de belier, & riz de veau. Et cette farce est propre en cas que vous n'ostiez que le seul brichet.

Que si vous ostez la peau entiere, prenez la chair de vostre poulet d'Inde, la achez bien menu auec graisse de bœuf, l'assaisonnez de tout ce que vous aurez, iusques à des iaunes d'œufs, en remplissez la peau, la recousez, & la mettez en paste fine, garnissez vostre pasté de petites beatilles, champignons, & de tout ce que vous aurez de reste de vostre farce. Faites le cuire, & seruez chaud auec telle sauce qu'il vous plaira.

7. *Pasté de gaudiueau.*

Dressez vostre pasté en ovalle, la garnissez de vos gaudiueaux, au milieu desquels vous mettrez toute sorte de garniture, comme champignons, foyes de chapons gras, cardes, iaunes d'œufs durs, riz de veau, & assaisonnerez le tout. Bandez le de paste par dessus, & lors qu'il sera cuit, seruez auec sauce de verjus, iaunes d'œufs, & muscade.

8. *Pasté de perdrix.*

Estans habillées, lardez les de moyen lard, & les assaisonnez, puis les mettez en

K

paste fine, & dressez vostre pasté, bien nourry de lard ou de beurre, faites le cuire l'espace de trois heures, & le seruez chaud.

### 9. Pasté de jambon.

Faites le bien détremper, & lors qu'il sera assez dessalé, faites le bouillir vn bouillon, & ostez la peau d'autour, que vous appellez la coine: puis le mettez en paste bise, comme la venaison, & l'assaisonnez de poivre, clou, & persil; si vous me croyez, vous le larderez aussi de mesme que la venaison; faites le cuire à proportion de sa grosseur; s'il est gros, pendant cinq heures; s'il est moindre, moins de temps, & ainsi à mesure qu'il sera gros ou petit. Estant froid, seruez le par tranches.

### 10. Pasté de poitrine de veau.

Estant bien blanchie, vous la pouuez farcir de tout ce que vous voudrez: vous la pouuez aussi mettre en paste fine bien assaisonnée, & garnie, ou si vous voulez, coupée par petits morceaux; dressez bien vostre pasté, faites le cuire, & le seruez auec vne sauce blanche, faite de iaunes d'œufs delayez auec du verjus.

### 11. Pasté d'assiette.

Prenez chair de veau & graisse de bœuf ou de mouton, faites en vne façon de gaudiueaux, puis dressez vostre paste bien proprement à hauteur de demy pied, & l'emplissez d'vn lict de chair, & au dessus vn autre lict de champignons, vn autre de cardes ou de cardeaux, ou pigeonneaux, palets de bœuf, roignons & iaunes d'œufs, en sorte que le lict de dessus soit de vos gaudiueaux, couurez le & assaisonnez, puis seruez.

### 12. Pasté à la Cardinale.

Faites vos pastez fort hauts & fort estroits, emplissez les de gaudiueaux, & les couurez en sorte que le couuercle soit aussi fort haut; puis les seruez principalement pour garniture à vne piece de bœuf ou sur vne assietté.

### 13. Pasté à la marotte.

Prenez farine de seigle, que vous sallerez, faites en vostre paste, & l'ajustez en forme de pasté. Vous prendrez en suite vn liévre ou deux, ou deux membres de mouton auec vn peu de graisse de bœuf, que vous acherez ensemble bien menu, & assaisonnerez, faites en suite vostre pasté, auquel par dessus vous laisserez vn souspirail ; lors qu'il aura cuit trois heures, tirez le & le remplissez de bon boüillon, remettez le au four, & lors qu'il sera entierement cuit, seruez.

### 14. Pasté de lapreaux.

Estans habillez, lardez les de gros lard & faites vostre pasté de mesme que celuy de venaison, si vous le seruez chaud, faites le vn peu plus doux, & seruez.

### 15. Pasté de Poulets.

Habillez les & les farinez, si vous voulez ; garnissés les & assaisonnés & les mettés en paste bien fine : serués chaud auec vne sauce blanche de iaunes d'œufs delayés.

Que si vos poulets sont gros, vous les pouuez picquer de moyen lard, & les assaisonner, garnir & pastisser de mesme.

### 16. Pasté d'alloüettes.

Habillés les, ostés en les iusiers, & les écrasés, puis les passés par la poësle auec champignons, trufles, beatilles, & roignons, le tout bien assaisonné, puis les mettés en paste fine, les faites cuire l'espace de deux heures & demie, la sauce bien liée, & bien nourrie. Vous y pouués mettre du sucre en façon d'hypocras, &

en cette façon le seruir froid : si en ragouft, feruez le chaud.

### 17. *Pafté de veau.*

Prenez en la ruelle, & l'accommodez de mefme façon que le fanglier, sçauoir, bien lardé & affaifonné de mefme, mettez la en pafte fine ou bife, comme vous voudrez, feruez en tranche, froide ou chaude.

#### *Autre façon.*

Achez telle viande de veau que vous voudrez auec graiffe de bœuf, & l'affaifonnez : dreffez voftre pafte, & faites le fonds de voftre pafté, ou le tout, de cette viande ainfi achée, & affaifonnée, laquelle de plus vous garnirez de champignons, cus d'artichaux, cardes, roignons, riz de veau & iaunes d'œufs durs. Apres quoy vous le couurirez & ferez cuire : eftant cuit, feruez le defcouuert auec fauce de iaunes d'œufs delayez auec du verjus de grain.

### 18. *Pafté de cailles.*

Il fe fait pour manger froid comme celuy de perdrix, & pour manger chaud comme celuy d'alloüettes ; faites le de pafte fine, & feruez le chaud auec ragouft.

### 19. Pasté de beccasses.

Habillez vos beccasses, ostez leur les jusiers, les lardez de moyen lard, & assaisonnez de mesme façon que le pasté de perdrix, soit pour manger chaud, soit pour manger froid. Si vous le seruez chaud, garnissez le de ce que vous aurez & assaisonnez de ce que vous iugerez à propos; faites le cuire l'espace de deux heures & demie, & seruez chaud ou froid.

### 20. Pasté de merles.

Habillez vos merles, ostez en les jusiers, & les mettez en paste, assaisonnez & faites cuire de mesme façon que les aloüettes pour manger chaud ou foid.

### 21. Pasté de canard.

Estant habillé, lardez le de gros lard, & l'assaisonnez bien, mettez le en paste fine ou bise pour le garder, faites le cuire l'espace de trois heures; seruez & le garnissez pour manger chaud.

### 22. Pasté de macreuse au lard.

Il se fait & se sert de mesme façon que celuy de canard, cy-dessus immediatement.

### 23. Pasté d'agneau.

Prenez les quartiers de deuant, & les

coupez bien menus, les faites blanchir dans l'eau fraische, puis mettez en paste fine & bien dressez, auec peu de persil & fines herbes achées; Estant bien cuit, & bien assaisonné, seruez auec vne sauce blanche.

*Autre façon.*

Vous pouuez prendre vostre aigneau entier, ou en quartiers, sans les découper, le larder de gros lard, & le mettre en paste assaisonné de persil aché, sel, poivre, clou battu, & garny de champignons, morilles & capres: & estant cuit, le seruez auez vne sauce blanche de iaunes d'œufs delayez auec du verjus.

24. *Pasté de langues de mouton.*

Lauez les auec de l'eau tiede, & les nettoyez, puis les mettez en paste; prenez champignons, petits palets de bœuf coupez, beatilles, peu de persil & siboules, passez le tout par la poësle, iettez par dessus iaunes d'œufs, cus d'artichaux, lard battu, ou beurre frais, & le mettez dans vostre pasté, que vous ferez cuire l'espace de deux heures, & seruez auec vne sauce de iaunes d'œufs, délayez auec verjus.

K iiij

### 25. Pasté de chevreau chaud.

Habillez le, & en ostez la teste : lardez le de moyen lard, & l'assaisonnez, mettez le en paste fine dressée, ou non ; garnissez le de beatilles, champignons, morilles, trufles, mousserons, & seruez. Si vous le voulez seruir froid, faites en l'assaisonnement plus fort.

### Autre façon.

Si vous auez deux chevreaux, tirez du corps de cheureüil ou de la biche, lardez les, & assaisonnez, & y mettez quantité de sucre, qui rendra & vostre viande & vostre sauce toute sucrée.

Si vos chevreaux sont petits, mettez les en paste dressée, & les separez, mettant l'vn en sucre, & l'autre en ragoust, seruez chaud.

### 26. Pasté d'oyson.

Estant habillé, lardez le de fort gros lard, & le mettez en paste assaisonné comme le pasté de venaison ; Seruez le de mesme, chaud, ou en tranches.

### 27. Pasté de manches d'espaules.

Habillez les os de vos manches, blanchissez les, les cassez & lardez de gros lard, ou lard pilé, puis les mettez en paste fine ; garnissez & assaisonnez vostre

FRANÇOIS. 153

pasté de tout ce que vous aurez, faites le cuire l'espace de deux heures & demie: Estant cuit, seruez auec telle sauce que vous voudrez.

### 28. *Tourte de pigeonneaux.*

Faites vostre paste fine, & la laissez reposer; puis prenez vos pigeonneaux, les nettoyez, & les faites blanchir. S'ils sont trop gros, coupez les, & prenez gaudiueaux, asperges, champignons, cus d'artichaux, moëlle de bœuf, iaunes d'œufs, cardes, palets de bœuf, trufle, verjus de grain, ou groseilles. Garnissez vostre tourte de ce que vous aurez, sans oublier l'assaisonnement, puis seruez.

### *Autre façon.*

Vos pigeonneaux estans bien habillez, & blanchis, faites vne abaisse de paste fine ou fueilletée, mettez au fonds quelques gaudiueaux, & vos pigeonneaux par dessus; s'ils sont petits, entiers; s'ils sont gros, coupez les par moitié; garnissés vostre tourte de crestes, palets, champignons, trufles, cardes, morilles, mousserons, iaunes d'œufs, riz de veau, cus d'artichaux, & persil aché, le tout bien assaisonné de sel, poivre, clou, & muscade. Couurez vostre tourte, & faites la cuire l'espace de deux heures & demie : Estant cuite, seruez la descouuerte auec sauce de jaunes d'œufs, delayez auec verjus de grain.

### 29. *Tourte de lard.*

Prenez du lard, le decoupez, & le faites fondre entre deux plats, assaisonnez le de mesme que la tourte de moëlle, que vous trouuerez en l'article suiuant; estant cuite, seruez.

### 30. *Tourte de moëlle.*

Prenez de la moëlle & la faites fondre, estant fonduë, passez la, & y meslez sucre, iaunes d'œufs, pistaches, ou amandes pillées; faites en suite vne abbaisse fort deliée de paste fine, sur laquelle vous mettrez vostre appareil, bandez la si vous voulez; faites la cuire, & la seruez sucrée.

### 31. *Tourte de veau.*

Prenez vn morceau de veau, le faites blanchir, & le achez auec deux fois autant de graisse de bœuf, estant bien assaisonné, faites vne abbaisse de vostre paste fine, mettez dessus vostre viande, au milieu de laquelle vous mettrez ce que vous aurez, comme beatilles, &c. sucrez si vous voulez; puis estant cuite, seruez.

FRANÇOIS.

*Autre façon.*

Garniſſez vne abaiſſe de paſte fine ou fueilletée, & l'empliſſez à moitié de voſtre viande achée ; mettez par deſſus champignons, oygnons, creſtes, cus d'artichaux, cardes, iaunes d'œufs, & le tout bien aſſaiſonné, acheuez d'emplir voſtre tourte de cette meſme viande, la couurez & dorez d'vn œuf cru delayé, faites la cuire l'eſpace d'vne heure & demie, & la ſeruez deſcouuerte auec vne ſauce.

32. *Tourte de beatilles.*

Faites blanchir vos beatilles, les mettez dans vne abaiſſe, aſſaiſonnez & garniſſez de meſme que la tourte de pigeonneaux; faites la auſſi cuire de meſme, & la ſeruez auec vne ſauce blanche, ou jus, ou quelque ragouſt de roſties : Vous y pouuez mettre piſtaches mondées, c'eſt à dire, pelées & achées.

33. *Tourte de Moineaux.*

Elle ſe fait & ſe ſert de meſme que celle de pigeonneaux, auec vne ſauce blanche.

34. *Tourte d'allouëttes.*

Vous la pouuez auſſi accommoder de meſme que celle de pigeonneaux ; mais voicy encore vne autre façon. Habillez les, ostez en les iusiers, les écrasez & les passez par la poësle auec du lard, persil, & champignons, puis les mettez dans vostre abbaisse de paste, & les assaisonnez de iaunes d'œufs, capres, & de tout ce que vous aurez. Couurez vostre tourte, & la faites cuire deux heures. Estant cuite, seruez auec vne sauce bonne, ou quelque ius.

### 35. *Tourte de riz de veau.*

Vous les pouuez mettre en paste fine ou fueilletée, picquez & rostis, bien assaisonnez & garnis, ou bien les passez auec champignons, crestes, trufles, morilles, iaunes d'œufs, cus d'artichaux, ou quelques asperges rompuës, & ainsi faite vostre tourte, que vous seruirez auec vne liaison de champignons par dessus.

### 36. *Tourte de blanc de chapon.*

Prenez quelque quantité de blancs de chapon, achez les bien menus, & les délayez auec deux iaunes d'œufs, beurre frais, peu de sel, pistaches, force sucre, peu de ius, ou bon boüillon. Faites vostre tourte de paste fine ou fueilletée, la sucrez bien, & si vous voulez, outre ce que dessus, adioustez y pignons, & raisins de Corinthe.

## ADVIS.

Vous pouuez faire vos paftez de garde, & que vous voulez porter loing, auec farine de feigle.

Ceux que vous voulez faire manger promptement, faites les de pafte plus de moitié fine.

Le pafté à l'Angloife fe fait auec pafte fueilletée.

La tourte de franchipanne fe fait de pafte delayée auec blancs d'œufs.

Toutes fortes de tourtes fe font auec pafte fine ou fueilletée.

Que fi vous ne trouuez pas icy toutes les façons de diuerfes patifferies, ne vous en eftonnez pas, ie n'ay pas entrepris d'en faire vn liure entier, mais d'en parler feulement en paffant, pour donner vne legere inftruction de ce qui eft le plus neceffaire, & de ce qui fe fert le plus ordinairement, pour entre-mefler & diuerfifier les feruices.

## Table des Potages maigres, hors le Caresme.

Potage aux herbes, 1
Potage d'Escreuisses, 2
Potage de Carpes, 3
Potage de Tanches farcies, 4
Potage de Carpe farcie aux nauets, 5
Potage de Carpe rostie, 6
Potage à la Reyne, 7
Potage à la Princesse, 8
Potage de Tortuës, 9
Potage de champignons farcis. 10
Potage de Solles desossées farcies, 11
Potage d'Esperlans, 12
Potage d'Asperges, 13
Potage d'Attereaux de poisson, 14
Potage de laictuës farcies à la purée, 15
Potage de choux au pain frit. 16
Potage de choux au laict, 17
Potage de choux à la purée, 18
Potage de citrouïlle au beurre, 19
Potage de citrouïlle au laict, 20
Potage de nauets, 21
Potage de laict aux iaunes d'œufs, 22

## FRANÇOIS

| | |
|---|---|
| Potage de profiteolles, | 23 |
| Potage de pois, | 24 |
| Potage d'herbes sans beurre, | 25 |
| Potage d'oygnon, | 26 |
| Potage de concombres farcis, | 27 |
| Potage de neige, | 28 |
| Potage de Moules aux œufs, | 29 |
| Potage d'Huistres, | 30 |
| Potage de Grenosts, | 31 |
| Potage de Saumon à la sauce douce, | 32 |
| Potage de Grenouïlles au saffran, | 33 |
| Potage de Sons, | 34 |
| Potage d'Oubelon, | 35 |
| Potage de framboise, | 36 |
| Potage de panets, | 37 |
| Potage de poireaux, | 38 |
| Potage de Macreuse farcie, | 39 |
| Potage de lottes, | 40 |
| Potage d'asperges rompuës, | 41 |
| Potage de choux fleurs, | 42 |
| Potage de fidelle, | 43 |
| Potage de riz, | 44 |
| Potage de Tailladin, | 45 |
| Potage de purée de pois verts, | 46 |
| Potage de purée de pois vieux seruie verte, | 47 |
| Potage de Macreuse aux nauets, | 48 |
| Potage de Macreuse garny, | 49 |
| Potage de poireaux à la purée, | 50 |

Potage de Limandes, 51
Potage aux herbes garny de concombres, 52
Potage d'oygnon au laict, 53
Potage de Loches, 54
Potage de Viues, 55
Potage de Rouget, 56
Potage de champignons farcis, 57
Potage de laict d'amandes, 58

*Methode pour apprester & seruir les Potages maigres, dont la Table precede immediatement.*

### 1. Potage aux herbes.

Faites chauffer de l'eau auec du beurre & du sel: puis ayez oseilles, bugloses, bouroche, chicorée, ou laictuës, & poirée: Estant bien nettes, descoupez les, & mettez dans vn pot de terre, auec vne entameure de pain ; faites boüillir le tout quelque temps, iusques à ce qu'il soit bien consommé: ce qu'estant fait, faites mitonner vostre pain, dressez & seruez.

Potage

## 2. Potage d'escreuices.

Nettoyez vos escreuices, & les faites cuire auec du vin & du vinaigre, du sel & du poivre; Estant cuites, espluchez les pieds & la queuë, & les passez auec du beurre bien frais, & peu de persil : puis prenez les corps de vos escreuisses, & les battez dans vn mortier auec vn oygnon, des œufs durs, & vne mie de pain; mettez les mitonner auec de bon bouillon aux herbes, ou autre; si vous auez de la purée, & que vous desiriez vous en seruir, il faut qu'elle soit bien claire. Estant boüilly, passez le tout ensemble; estant passé, mettez le deuant le feu, puis prenez du beurre auec peu de persil aché, & le fricassez : mettez le en suite dans vostre bouillon bien assaisonné, & le faites mitonner auec vos croustes seiches couuertes d'vn plat ou d'vne assiette, mettez aussi dessus vostre pain, quelque peu d'achis de carpe, & ius de champignons : Emplissez vostre plat, & le garnissez de vos pieds & queuës d'escreuisses auec grenades & ius de citron, & seruez.

## 3. Potage de carpe.

Desossés vne carpe & mettez en boüillir les os auec de la purée, quelque oygnon ou œufs durs, & de la mie de pain. Estant boüillis, passez les, fricassez auec peu de persil, & les remettez dans vostre boüillon. Ayant bouilly, faites seicher & mitonner vostre pain ; faites vn achis de la chair de vostre carpe ; & estant cuit, mettez le sur vostre pain, & & l'emplissez garny d'andouillettes, & le tout bien assaisonné, seruez auec ius de citron, & champignons par dessus.

### 4. *Potage de tanches.*

Prenez vos tanches, les desossez & decharnez, puis les farcissez de leur chair, que vous aurez achée bien menuë, apres quoy vous rejoindrez proprement l'ouuerture par laquelle vous aurez fait entrer vostre farce, le tout bien assaisonné. Pour le bouillon, tirez le si vous voulez de purée, ou de nauets, ou d'herbes, ou de tanches, ou d'amandes, ou de carpes, ou d'escreuisses, il n'importe, pourueu qu'il soit bon, faites mitonner vostre pain & le garnissez de tanches ou farcies ou rosties, auec telle autre garniture que vous voudrez, puis seruez.

### 5. *Potage de carpes farcies.*

Desossez & décharnez vos carpes, & les farcissez de leur propre chair, recousant bien proprement l'ouuerture par laquelle vous aurez passé vostre farce, de mesme qu'aux tanches ; faites les cuire dans vn plat auec du bouïllon, du beurre, verjus, siboules & poivre: faites cuire vos ossemens, & en tirez & passez le boüillon, que vous aurez assaisonné de sel, poivre & mie de pain ; faites mitonner vostre pain & le garnissez de vos carpes farcies, capres & champignons, puis seruez.

### 6. *Potage de carpes rosties.*

Estans habillées, decoupez les par dessus, faites fondre du beurre, & en dorez vostre carpe que vous mettrez sur le gril, & ferez cuire sans escaille. faites vne sauce auec du beurre, persil, siboule, vn filet de verjus & de vinaigre, le tout bien assaisonné & mitonné auec boüillon tiré d'autre pot ou de purée. Prenez en suite des nauets, les decoupez en deux, lesquels estans blanchis, vous farinerez & ferez frire. Estant frits, mettez les dans vn pot auec de l'eau ou de la purée, & lors qu'ils seront cuits & assaisonnez, faites mitonner vostre pain, & le garnissez de vos carpes, de vos nauets, & de capres, puis seruez.

Si vous n'y mettez des nauets, vous le pouuez garnir de champignons, ou d'asperges coupées, & de laittáces de carpes.

### 7. Potage à la Reine.

Prenez carpes ou tanches, faites les cuire auec de l'eau, du sel & vn oygnon, persil, œufs durs, & vne mie de pain, estant cuites, passez vostre bouïllon, & le mettez dans vn autre pot, auec autant de beurre que vous mettriez dans vn autre potage. Prenez des amandes, & les faites bien piller, meslez les auec la moitié de vostre boüillon, & apres auoir bouïlly ensemble quelque temps, passez les, & y mettez vn oygnon picqué de cloux, & le laissez sur vn peu de cendre chaude. Faites mitonner vostre pain auec vn peu de vostre premier bouïllon, & remplissez vostre plat de bouïllon blanc, d'vn iaune d'œuf delayé auec verjus & ius de champignons, en sorte toutesfois qu'il ne soit trop lié, puis seruez garny de grenades & tranches de citron.

### 8. Potage à la Princesse.

Prenez de la purée bien claire, dans laquelle vous ferez cuire des ossemens de carpes auec quelques iaunes d'œufs, & vn bouquet, le tout bien assaisonné, puis faites seicher vn pain, & apres mitonner, passez y fort peu de achis de carpe, & ius de champignons; emplissez vostre plat à mesure qu'il mitonne, & le garnissez de champignons, trufles, laictances, foye de lotte, toute sorte d'herbes, grenade, & de tranches de citron, puis seruez.

9. *Potage de Tortuës.*

Prenez vos tortuës, habillez les, & les decoupez par morceaux, faites les passer par la poësle auec du beurre, persil, & siboule. Estant bien passées & assaisonnées, mettez les mitonner dans vn plat sur le rechaut auec peu de boüillon. Pour lequel faire, vous nettoyerez bien vos tortuës, & les ferez cuire auec de l'eau, bien assaisonnées, & vous en seruirez. Prenez garde de creuer l'amer en les decoupant. Faites mitonner vostre pain, & en suite le garnissez de vos tortuës, & de leur sauce, auec asperges rompuës au tour du plat, champignons, trufles, tranches de citron, & ius de champignons, puis seruez.

10. *Potage de champignons farcis.*

Prenez les esplucheures de vos champignons, & les lauez bien. Mettez les cuire auec de l'eau, ou quelque autre boüillon, vn oignon picqué, & vn brin de thin, le tout bien assaisonné. Passez vostre bouillon, & le mettez dans vn pot; passez aussi en suite vos champignons par la poësle auec beurre, persil & capres, & les remettez dans ce mesme pot, vous pouuez faire le fonds de vostre potage auec des ossemens de carpes que vous ferez bouillir auec vos champignons : faites mitonner vostre pain, & lors qu'il sera bien mitonné, mettez y vn lict d'achis de carpes, & l'emplissez de vostre appareil en suite à mesure qu'il mitonne : Estant emply, garnissez vostre potage de vos champignons farcis de la mesme farce dont vous auez fait vostre achis cuit entre deux plats, & de laictances : Et lors que vous serez prest à seruir, mettez autour grenade ou citron; puis seruez.

11. *Potage de Solles desossées farcies.*

Faites les frire presque tout à fait, & les ouurez le long de l'arreste, que vous en tirerez : Prenez laictances, huistres, capres, champignons, truffes, & passez le tout par la poësle auec persil & siboules entieres. Farcissez vos solles de cét appareil, & estant farcies, mettez les mitonner auec peu de bouillon, beurre frais, jus de citron, ou d'orange, ou verjus. Faites mitonner vostre pain auec du bouillon de quelque poisson que vous ayez, & que vous voudrez, & le garnissés de vos solles, auec champignons, trufles, laictances, & ius de champignons, & mettés autour du plat tranches de citron, serués.

### 12. *Potage d'Esperlans.*

Faites vn bouillon auec des amandes, ou du poisson, ou des champignons, ou de la purée : le tout bien assaisonné, faites mitonner vostre pain, & mettés par dessus vn peu de bouillon blanc, de iaunes d'œufs delayés, & du jus de champignons. Prenés vos esparlans, les faites frire, & en garnisés vostre potage; ou si vous voulés, auant que de garnir, mettés les en ragoust, pourquoy faire, vous prendrés persil, siboule, beurre & verjus, & fricasserés ensemble, & en suite les passerés; & estant passés, les mettrés auec vos esperlans. Serués garny de grenades & citrons.

### 13. *Potage d'Asperges.*

Prenés quantité d'herbes, les mettés dans vn pot auec mie de pain, les assaisonnés bien ; passés les en suite, & estans passés, les rempottés. Faites mitonner vostre pain, & le garnisés d'asperges, que

L iiij

vous aurez fait cuire dans de l'eau & du sel, & lesquelles estant égouttées, vous aurez mis auec du beurre frais, sel & muscade; par dessus vostre potage vous vous seruirez d'asperges fricassées rompuës, puis seruez.

### Autre façon.

Seruez vous de mesme bouillon, joignez y par dessus vn peu de achis de carpe garny d'asperges fricassées, & d'autres champignons, & laictances, puis seruez.

### Autre façon.

Apres que vostre pain sera bien mitonné, garnissez le d'herbes & d'asperges, auec capres & iaunes d'œufs, & seruez.

Vous pouuez blanchir vostre potage si vous voulez.

### 14. Potage d'Attereaux de poisson.

Prenez des carpes, les desossez, & en faites vn achis auec du beure, bien assaisonné auec de bonnes herbes, prenez en les os, & les faites boüillir auec de la purée, ou autre boüillon, vn bouquet, du beurre & du sel; puis de vos peaux de carpes faites des attereaux, c'est à dire des morceaux de peaux de carpes, les estendant, & mettant dessus de vostre achis assaisonné, & des œufs pour les lier, puis les roulez en forme d'andouïllettes; Estans roulées, faites les cuire dans vn plat auec du beurre, peu de verius & vne siboule: Estans cuits, garnissez vostre pain de vostre achis, & de vos attereaux, & mettez par dessus champignons & asperges rompuës, puis seruez.

15. *Potage de laictuës farcies.*

Prenez vos laictuës, & les faites blanchir dans l'eau fraische, faites vne farce de poisson, ou d'herbes, & apres les en auoir farcies, mettez les mitonner dans vn pot auec de la purée, ou d'autre bouïllon, & les assaisonnez bien de beurre, de sel, & d'vn oygnon picqué de cloux, faites mitonner vostre pain, & le garnissez de vos laictuës, que vous fendrez par la moitié; vous y pouuez mettre vn lict de achis de poisson, puis seruez.

16. *Potage de choux au laict.*

Coupez vos choux par quartiers, & les faites blanchir, puis les empottez auec de l'eau, du beurre à force, du sel, du poivre, & vn oygnon picqué de cloux: Estans bien cuits, mettez y du laict, faites mitonner vostre pain, & seruez le garny de vos choux.

### 17. *Potage de choux au pain frit.*

Faites blanchir & empottez vos choux de mesme qu'à l'article precedent, & seruez garny de pain frit.

### 18. *Potage de choux à la purée.*

Il se fait de mesme que les precedens, hormis qu'au lieu d'eau vous empottez vos choux auec de la purée, garnissez & seruez de mesme.

### 19. *Potage de citroüille au beurre.*

Prenez vostre citroüille, la decoupez par morceaux, & la faites cuire auec de l'eau & du sel: Estant cuite passez la, & la mettez dans vn pot auec vn oygnon picqué de cloux, beurre frais, & poivre, faites mitonner vostre pain, & si vous voulez, delayez trois ou quatre iaunes d'œufs, & les mettez auec du bouïllon par dessus, puis seruez.

### 20. *Potage de citroüille au laict.*

Decoupez la, & faites cuire comme dessus, en suite passez la dans vne passoire auec du laict, & la faites bouillir auec du beurre, assaisonnée de sel, poivre, vn oygnon picqué. Et seruez auec des iaunes d'œufs delayez comme cy-dessus.

### 21. *Potage de nauets frits.*

Ratissez bien vos nauets, & les coupez par quartiers, ou en deux, faites les blanchir, les farinez & les passez par la poësle auec du beurre affiné, que vous osterez estant bien roux, & en suite empotterez vos nauets auec de l'eau ou de la purée, les ferez bien cuire, & assaisonnerez. Faites mitonner vostre pain, & le garnissez de vos nauets, & de capres, puis seruez.

### *Autre façon.*

Vos nauets estans ratissez, decoupez par quartiers, & blanchis, mettez les cuire auec de l'eau, du beurre, du sel, & vn oygnon picqué de cloux. Estans bien cuits, faites mitonner vostre pain; & apres auoir mis vos nauets auec du beurre frais, & remué souuent iusques à ce que le beurre soit fondu, vous en garnirez vostre potage, & seruez.

### 22. *Potage de laict aux jaunes d'œufs.*

Prenez du laict bien frais, & le faites bouillir, assaisonné de sel & de sucre estant prest à bouillir, delayez sept iaunes d'œufs pour vn grand plat, & pour vn petit à proportion, mettez les dans vostre laict, & le remuez bien en faisant son bouillon; prenez biscuit ou pain, & en faites vostre potage, que vous seruirez sucré.

### Autre façon.

Apprestez vostre laict, & le garnissez d'œufs pochez en l'eau, bien choisis & bien frais, afin qu'ils se pochent mieux, puis seruez.

### 23. Potage de profiteolles.

Faites mitonner vostre pain auec du meilleur de vos bouillons maigres, puis prenez six petits pains faits exprés ; faites les bien seicher, & leur faites vne ouuerture par dessus de la largeur d'vn teston; par où vous osterez la mie de dedans, estans bien secs, passez les auec du beurre affiné, & les ayant bien égouttez, mettez les mitonner sur vostre pain. Lors que vous serez prest à seruir, emplissez les de toutes sortes, comme laictances, champignons, asperges rompuës, trufles, artichaux, capres ; recouurés vos pains de leur couuerture, & garnissés de laictances, champignons, grenades, & tranches de citron, puis serués.

### 24. Potage de pois verts.

Passés les par la poësle auec du beurre ou du lard fondu, les plus menus & plus nouueaux que vous pourrez, & les mettez mitonner dans vn petit pot, bien assaisonnez auec peu de persil & siboule. Puis faites mitonner vn pain auec du bouïllon aux herbes, ou de la purée de vieux pois : Estant mitonné, garnissez le de pois verts, & seruez.

*Autre façon.*

Prenez en les plus gros, & les mettez cuire, puis en tirez la purée, & y passez du beure auec peu de persil & siboule achée, & l'assaisonnez bien ; faites mitonner vostre potage, & y mettez capres, & le garnissez de pain frit.

25. *Potage d'herbes sans beurre.*

Prenez quantité de bonnes herbes, quand elles sont nouuelles, les rompez, les mettez dans de l'eau boüillante auec vne entameure de pain, & les assaisonnez bien, en sorte qu'elles soient vn peu aigrelettes à force d'oseille ; faites mitonner vostre pain, dressez vostre potage, & y meslez des capres si vous voulez, puis seruez.

Pour rendre vostre potage aigret, prenez la moitié des herbes à moitié cuites, & les passez ; & pour le rendre vert, il faut piller de l'oseille.

### 26. *Potage d'oygnon.*

Coupez vos oygnons par tranches fort deliées, les fricaffez auec du beurre, & eftant fricaffées, mettez les dans vn pot auec de l'eau, ou auec de la purée. Eftans bien cuites, mettez y vne croufte de pain & la laiffez boüillir fort peu; vous y pouez mettre des capres; faites feicher voftre pain, & en fuite mitonner; dreffez & feruez auec vn filet de vinaigre.

### 27. *Potage de concombres farcis.*

Prenez vos concombres, les pelez, & les vuidez bien proprement, faites les blanchir; & eftant blanchis dans l'eau fraifche, les mettez égoutter, faites vne farce auec de l'ofeille, jaunes d'œufs, & œufs entiers, le tout bien affaifonné, & la iettez dans vos concombres. Apres quoy mettez les dans vn pot auec de l'eau ou de la purée, faites les bien cuire & bien affaifonner auec capres fi vous voulez: faites en fuitte mitonner voftre pain, & le garnifez de vos concombres, que vous couperez par quartiers, puis feruez.

### 28. *Potage de neige.*

Il fe fait de laict bien affaifonné de fel & de fucre; lors que vous ferez preft à feruir, prenez les blancs des iaunes d'œufs que vous aurez delayez pour mettre en voſtre laiƈt, faites les bien frire, & les iettez auec voſtre laiƈt; feruez, & fucrez.

*Autre façon pour les iours gras.*

Faites mitonner voſtre pain auec du boüillon d'amande, peu de viande achée, & ius de mouton tout enſemble. Eſtant preſt à feruir, faites frire des blancs d'œufs, & les mettez ſur voſtre potage, faites rougir la paiſle du feu, & la paſſez par deſſus pour les acheuer de cuire, puis feruez.

### 20. Potage de Moules.

Prenez vos moules, les ratiſſez & lauez bien, puis les mettez boüillir dans vn poëſlon auec de l'eau, du ſel, & vn oygnon. Eſtant cuites, tirez les, & épluchez, leur oſtant la coquille à quelques-vnes, la laiſſant aux autres pour garnir. Eſtant ainſi eſpluchez, paſſez les par la poëſle auec peu de perſil aché; pour vôtre boüillon, eſtant raſſis, laiſſez le fonds, de peur qu'il n'y ait du grauier, & le faites boüillir, & lors qu'il boult, paſſez y peu de perſil auec du beurre bien frais; faites mitonner voſtre pain. Eſtant bien mitonné dreſsez voſtre potage, garniſſez le de vos moulles, & les blanchiſſez auec des iaunes d'œufs delayez dans du verjus ſi vous voulez, puis ſeruez.

30. *Potage d'Huiſtres.*

Vos huiſtres eſtant bien blanchies & farinées, paſſez les dans la poëſle auec peu de perſil, puis les mettez mitonner dans vn pot; faites mitonner voſtre pain auec d'autre bouïllon, comme blanc manger: Eſtant bien mitonné, garniſſez le de vos huiſtres, dont vous ferez frire quelques vnes en baignets pour garnir auec grenades, tranches de citron, & jus d'eſcreuiſſes, puis ſeruez.

31. *Potage de Grenoſts.*

Habillez les & les faites cuire en façon d'eſtuuée, aſſaiſonnés de toutes ſortes de bonnes herbes, de beurre, & vn filet de vin blanc. Faites mitonner voſtre pain, & le garniſſez auec vos grenoſts, capres, champignons, & laictances de carpes ſi vous en auez, puis ſeruez.

32. *Potage de Saumon.*

Coupez du Saumon par tranches & les faites frire, puis les mettez mitonner auec peu de vin blanc, & du ſucre, faites auſſi mitonner voſtre pain auec quelque autre
bouïllon

bouillon que vous aurez, pourueu qu'il soit bien assaisonné; garnissez le de vostre saumon, la sauce par dessus, le laissez ainsi boüillir vn boüillon, puis seruez.

33. *Potage de Grenoüilles au saffran.*

Troussez vos grenouilles, & les mettez bouillir auec du bouillon, ou de la purée, & assaisonnez les auec persil, vn oygnon picqué de cloux, & vn brin de thin, faites mitonner vostre pain, & le garnissez de vos grenouilles blanchies, auec saffran ou iaunes d'œufs, puis seruez.

*Autre façon.*

Troussez les en cerises, les faites frire, & les mettez mitonner entre deux plats auec peu de beurre frais, vn filet de verjus, vn jus d'orange ou de citron, & les assaisonnez bien auec vn bouquet: puis pour faire vostre bouillon, faites en bouillir auec de la purée ou de l'eau, sel, persil, siboules, vne poignée d'amendes pilée, & jaunes d'œufs, apres quoy vous passerez le tout ensemble; faites mitonner vostre pain, sur lequel vous pouuez mettre peu de achis de carpe, ou autre poisson, emplissez vostre plat, & le garnissez de vos grenoüilles, citron & grenades, puis seruez.

### 34. *Potage de son.*

Prenez du son de bied, le plus gros que vous pourrez trouuer, faites le bien boüillir auec de l'eau, auec vne poignée d'amandes & vn bouquet, & l'assaisonnez bien; passez le en suite dans vne estamine, & le remettez boüillir; faites mitonner vostre pain, & emplissez vostre plat de ce bouillon, que vous pouuez blanchir si vous voulez auec des œufs delayez dans du verius, & le garnissez de fleurons si vous en auez, puis seruez.

### 35. *Potage d'oubelon.*

Prenez quantité d'herbes, que vous assaisonnerez comme vn potage, auec vne mie de pain, passez le tout & le mettez boüillir dans vn pot, passez y aussi du beurre fraiz dans la poësle auec vn peu de persil & vn bouquet, & le iettez dans vostre pot, faites mitonner vostre pain auec vostre bouillon, apres quoy faites cuire vostre oubelon auec de l'eau & du sel: estant cuit & esgouté mettez le auec du beurre, & garnissez en vostre pain, puis seruez vostre potage blanchy si vous voulez auec iaunes d'œufs delayez dans du verjus.

### 36. *Potage de framboises.*

Delayez du laict auec des framboises, & passez le tout ensemble, faites bouillir du laict bien assaisonné de sel, & lors qu'il boult iettez vostre appareil dedans & le remuez bien, dressez le, garnissez de framboises, & seruez.

### 37. *Potage de panets.*

Nettoyez les bien, & en choisissez les moyens, faites les cuire auec du beurre & vn bouquet, & les assaisonnez de sel & clou picqué, puis les tirez & leur ostez la peau si vous voulez, & les mettez en suite auec du beurre, & vne goutte de bouillon; faites les mitonner, & vostre sauce se trouuera liée. Vostre pain estant bien mitonné, & vostre potage emply, garnissez le de vos panets, puis seruez.

### 38. *Potage de poireaux.*

Prenez le blanc de vos poireaux & les coupez bien menus, reseruez en quelques vns, que vous couperez en long pour garnir, & lierez ensemble; faites les blanchir, & les mettez cuire auec de la purée ou de l'eau : estans cuits faites mitonner vostre pain, & garnissez vostre potage de poireaux que vous auez coupé en long, puis seruez.

Vous les pouuez blanchir auec iaunes d'œufs delayez auec verjus.

Vous pouuez aussi y mettre du laict & du poivre, & seruir aussi-tost.

Si vous les voulez seruir sans blanchir il faut les faire cuire auec de la purée de pois, y mettre des capres, & bien assaisonner, faites mitonner, & seruir garny de mesme sorte que l'autre.

### 39. *Potage de macreuse farcie.*

Estant bien habillée, ostez en la chair & la achez bien auec beurre, champignons, iaunes d'œufs, sel, poivre, fines herbes, comme persil, siboules, thin, vn œuf cru pour lier la chair, puis farcissez vostre macreuse, & la fermez auec vne brochette ou vn filet; empottez la auec de la purée la plus claire que vous pourrez, & la faites bien cuire, en bouillant elle ne s'espaissit que trop; faites mitonner vostre pain, & dressez vostre macreuse auec telle garniture que vous aurez, puis seruez.

### 40. *Potage de lottes.*

Farinez les, faites les frire, & en garnissez vostre potage apres que vostre pain sera bien mitonné auec le meilleur de vos bouillons estant bien plein, garnissez le de ce que vous aurez, comme champignons, truffes, asperges, laittances, & les blanchissez auec du bouillon d'amendes, ou autrement auec du bouillon d'escreuisses.

41. *Potages d'asperges rompuës.*

Faites seicher des croustes, & mitonner auec le meilleur de vos bouillons, garnissez les de vos asperges & champignons, & si vous voulez d'asperges en long, puis seruez.

Si vous voulez qu'elles sentent le verd, faites les blanchir dans le bouillon, dont vous faites mitonner vostre pain.

42. *Potage de choux fleurs.*

Appropriez vos choux-fleurs comme pour les mettre au beurre, & les faites fort peu blanchir, puis acheuez les de cuire, & bien assaisonner ; faites mitonner vostre pain auec quelque bouillon que vous ayez, & les garnissez de vos choux-fleurs, passez par le beurre, sel & muscade, & arrosez les de bouillon d'amendes, puis seruez.

43. *Potage de fidelles.*

Pelez cinq ou six oygnons, & les achez,

faites les bouillir auec de l'eau & du beure, estans cuits passez les dans vn linge, & du bouillon faites en cuire vos fidelles, & les assaisonnez de sel & poiure, estant cuites faites mitonner vostre pain & l'en garnissez, puis seruez.

Vous le pouuez faire cuire auec du laict.

### 44. *Potage de riz.*

Faites blanchir vostre riz, & estant bien net, faites le creuer dans de l'eau ou du laict, faites le cuire, estant cuit prenez en à proportion, & le passez pour faire vostre bouillon. Estant assaisonné comme les fidelles, faites mitonner vostre pain, mettez peu de riz par dessus, & le garnissez de tailladins feuilletez, & fleurons, puis seruez.

Vous pouuez faire vn potage au laict de mesme, & le seruir si vous voulez sucré & garny de macaron.

### 45. *Potage de tailladins.*

Faites vne paste assaisonnée de sel seulement, l'estendez & la coupez le plus menu que vous pourrez en forme de tailladins, passez les par la poësle, & les faites mitonner auec fort peu de bon bouillon. Estant bien mitonnez prenez fort peu de pain, & le garnissez du reste de vos tailladins assaisonnez comme les fidelles, puis seruez.

### Autre façon.

Si vous auez vn peu de paste fine ou fueilletage, estendez la & coupez en tailladins, passez la dans du beurre affiné, garnissez en vostre potage, & seruez.

### 46.  Potage de puree de pois verts.

Faites cuire fort peu vos pois, les battez dans vn mortier, & les passez auec du bouillon d'herbes bien assaisonné, & vn bouquet, puis prenez siboule, persil & beurre, & le tout passé ensemble, iettez le dans vostre purée, que vous ferez bouïllir.

Pour la garniture, nettoyez laictuës, chicorée, ou concombre, & petits pois passez & cuits auec beurre, sel, & peu de poiure, lors que vous serez prest de seruir, faites mitonner vostre pain auec vostre purée, & le garnissez de ce que vous aurez, ou mesme d'artichaux en cus, si vous voulez, puis seruez.

### 47.  Potage de purée de pois communs,
#### seruie verte.

Faites les cuire auec de l'eau pour auoir plustost fait, tirez en vostre purée fort claire, & estant prest à vous en seruir, passez y persil, serfeüil, ozeille nouuelle, beurre & capres, puis la faites bouïllir auec tous ces assaisonnemens, faites mitonner vostre pain auec de vostre purée; & si vous n'auez rien à garnir, garnissez le de pain frit ou de fleurons, puis seruez.

Pour la seruir verte, battez poirée ou ozeille, & en arrosez autour de vostre plat.

### 48. *Potage de Macreuse aux nauets.*

Vostre Macreuse estant habillée lardez la d'anguille ou de carpe, puis la passez par la poësle, & la faites cuire auec moitié eau & moitié purée, bien assaisonnée de beurre & d'vn bouquet. Estant presque cuite, coupez vos nauets, farinez les & les passez par la poësle auec le beurre; & lors qu'ils seront bien roux faites les cuire auec vostre macreuse, estant cuite faites mitonner vostre pain & l'en garnissez ensemble auec vos nauets Que si vostre potage n'est assez lié, passez y vn peu de farine, capres, ou vne goute de vinaigre, puis seruez.

### 49. *Potage de Macreuse garny.*

Il se fait de mesme que l'autre, hormis

que si vous ne voulez que vos nauets paroissent, vous les pouuez passer assaisonnez d'vn bouquet ou oygnon, & bon beurre: estant bien cuite, seruez vostre potage bien garny de champignons, & artichaux, & peu lié.

50. *Potage de poireaux à la purée.*
Faites les fort peu blanchir & cuire auec purée, bien assaisonnée de beurre & de sel, faites mitonner vostre pain, le garnissez de vos poireaux, pour lequel blanchir delayez des iaunes d'œufs auec du boüillon, & les iettez par dessus, puis seruez.

*Autre façon.*
Vos poireaux estans cuits & reduits à peu d'eau, mettez y du laict bien assaisonné, & seruez.

51. *Potage de limandes.*
Prenez vos limandes, leur ostez la queuë & la teste, & les passez à moitié frites, puis les mettez en roux ou en castrolle, la sauce fort longue & bien liée, faites mitonner vostre pain auec du meilleur de vos bouillons, & le garnissez de vos limandes par dessus, auec champignons & capres, puis seruez.

Si vous n'auez point de boüillon de poisson, la purée est bonne.

52. *Potage aux herbes garny de concombres.*

Prenez toutes sortes d'herbes, nettoyez les bien, & faites mitonner auec du beurre & vn bouquet, sur vn petit feu, puis peu à peu les empliffez d'eau chaude. Estant bien boüillies & assaisonnées, mettez y l'entameure d'vn pain auec vn oygnon picqué, & capres, si vous voulez, & le pouuez garnir de laictuës cuittes, & mesme pouuez aussi parmy les herbes faire cuire des pois ; seruez promptement, & garnissez de concombres.

53. *Potage d'oygnon au laict.*

Vostre oygnon estant coupé fort delié & passé auec du beurre, en sorte qu'il soit bien roux, faites le cuire auec peu d'eau, bien assaisonné de sel & de poiure. Estant cuit, mettez y du laict, & le faites boüillir, puis seruez promptement, en faisant mittonner vos croustes seiches.

54. *Potage de losches.*

Estant entieres, farcissez les auec peu d'ozeilles, iaunes d'œufs, & laict, & les assaisonnez bien de beurre fondu, meslez le tout enſemble ſans les fariner que d'elles meſmes, & faites les cuire auec beurre, perſil, ſel, & poivre, & faites mitonner vos crouſtes auec du meilleur de vos boüillons, & les garniſez de vos loſches, que vous ferez blanchir auec iaunes d'œufs, puis ſeruez.

Vous les pouuez ſeruir en entrée, ou faire frire : vous pouuez auſſi en garnir quelque potage, ou vous en ſeruir, afin qu'il ſoit brun, & garniſſez ſi toſt qu'elles ſeront frites.

## 55. *Potage de viues.*

Eſtant bien nettoyées, faites les boüillir auec peu de purée & de vin blanc, oygnon picqué, ou vn bouquet, le tout bien aſſaiſonné, puis oſtez vos viues, & les mettez en ragouſt, prenant quelque liaiſon ou trouſle ; laiſſez-les mitonner bien aſſaiſonnées de ſel, beurre frais, capres achées, & vn anchois, & les couurés. Pour le boüillon, paſſez le par vne eſtamine, & le faites boüillir auec beurre frais, peu de perſil & capres achées ; faites mitonner vne crouſte de pain, & mettez par deſſus vn peu de champignons achez, & de la chair d'vne viue. Eſtant bien mitonné, garnissez le de vos viues, & le ragoust par dessus, puis seruez.

### 56. *Potage de Rouget.*

Il se fait de mesme que celuy de viues; Seruez le de mesme, & garnissez de ce que vous aurez.

### 57. *Potage de champignons farcis.*

Il se fait de mesme que celuy de la Princesse : garnissez le de vos champignons farcis & de laittances ; remplissez du meilleur de vos bouïllons, auec telle autre garniture que vous voudrez, & seruez.

### 58. *Potage de laict d'amandes.*

Vos amandes estant battuës, mettez-les mitonner auec du laict & vne mie de pain, puis les passez & les assaisonnez de sel & de sucre, lors que vous serez prest de seruir remettez y du sucre, & seruez.

## Table des Entrées des iours maigres, hors de Caresme.

| | |
|---|---|
| Solles en ragoust, | 1 |
| Brochet en ragoust, | 2 |
| Tanches en ragoust, | 3 |
| Tanches farcies en ragoust, | 4 |
| Tanches frittes & marinées, | 5 |
| Carpe à l'estuuée, | 6 |
| Carpe farcie en ragoust, | 7 |
| Carpe fritte en ragoust, | 8 |
| Carpe rostie en ragoust, | 9 |
| Carpe au demy court bouillon, | 10 |
| Achis de carpes, | 11 |
| Bresme en ragoust, | 12 |
| Saumon en ragoust, | 13 |
| Saumon à l'estuuée, | 14 |
| Truites saumonnées, | 15 |
| Lottes en ragoust, | 16 |
| Lottes frittes en ragoust, | 17 |
| Huistres au demy court bouillon, | 18 |
| Huistres en ragoust, | 19 |
| Huistres en baignets, | 20 |
| Huistres rosties, | 21 |

Vilain en ragoust, 22
Vilain au court boüillon, 23
Vilain à l'estuuée, 24
Soles rosties & farcies, 25
Soles rosties sans farce, 26
Soles à l'estuuée, 27
Barbeaux en ragoust, 28
Barbeaux rostis, 29
Barbeaux au demy court boüillon, 30
Barbeaux au court bouillon, 31
Barbeaux à l'estuuée, 32
Barbuës en castrolle, 33
Limandes en castrolle. 34
Limandes frites, 35
Limandes frites au ius d'orange, 36
Plies en castrolle, 37
Plies rosties, 38
Macreuse en ragoust, 39
Macreuse au court boüillon, 40
Macreuse rostie en ragoust, 41
Macreuse desossée farcie, 42
Aloze rostie en ragoust, 43
Aloze au court bouillon, 44
Aloze à l'estuuée, 45
Lamproye en ragoust, 46
Lamproye sur le gril en ragoust, 47
Lamproye à la sauce douce. 48

## FRANÇOIS.

| | |
|---|---|
| Anguille rostie à la sauce verte, | 49 |
| Anguille à l'estuuée, | 50 |
| Anguille en ceruelast, | 51 |
| Anguille en ragoust, | 52 |
| Anguille de mer, | 53 |
| Anguille de mer à l'estuuée, | 54 |
| Anguille de mer frite en ragoust, | 55 |
| Aumare au court bouillon, | 56 |
| Aumare à la sauce blanche, | 57 |
| Langouste au court bouillon, | 58 |
| Langoust à la sauce blanche, | 59 |
| Brochet farcy, | 60 |
| Brochet roty à la broche, | 61 |
| Macreaux frais rostis, | 62 |
| Harans frais rostis, | 63 |
| Harans à la sauce rousse, | 64 |
| Sardines de Royant, | 65 |
| Rouget en ragoust, | 66 |
| Grenosts en ragoust, | 67 |
| Moruë fraische rostie, en ragoust, | 68 |
| Moruë au demy court bouillon, | 69 |
| Moruë fraische en ragoust, | 70 |
| Moruë de Terre neufve, | 71 |
| Soupresse de poisson, | 72 |
| Iambon de poisson, | 73 |
| Moules de poisson | 74 |
| Raye frite en ragoust, | 75 |

Esperlans en ragoust, 76
Tripes de moluë fricassées, 77
Seiches fricassées, 78
Merluche fritte, 79
Merluche à la sauce Robert, 80
Hure de saumon à la sauce douce, 81
Hure, ou entre-deux de saumon en salade, 82
Tons marinez, 83
Maquereaux salez, 84
Harans salez, 85
Harans sorets, 86
Truites communes, 87
Pasté de lottes, 88
Pasté d'anguille, 89
Pasté de grenots, 90
Petits pastez de poisson, 91
Pasté de plies, 92
Tourte de laittances, 93

*Methode*

*Methode d'accommoder le seruice de poisson, dont la Table precede immediatement.*

1. *Solles en ragoust.*

Prenez vos solles, les ratissez & vuidez, mettez esgouter, & essuyer; puis les farinez & passez par la poësle à moitié frites; ce qu'estant fait, ouurez-les, leur ostez l'areste, & les farcissez de capres, champignons, trufles, laictances, beurre bien frais, peu de chapelure de pain, vne siboule, peu de verjus & de boüillon, faites mitonner le tout ensemble, & seruez auec vn jus de citron par dessus.

2. *Brochet en ragoust.*

Coupez-le par morceaux, & le mettez auec du vin blanc, vn bouquet, & beurre bien frais, & l'assaisonnez bien de capres & de champignons; puis la sausse estant fort courte & bien liée, seruez auec tranches de citron & grenade.

3. *Tanches en ragoust.*

Eschaudez-les & habillez, coupez-les

par ruelles, & les lauez bien, puis les mettez boüillir dans vn poëſlon, auec du ſel, du poivre, & vn oygnon; mettez y demy ſeptier de vin blanc, & peu de perſil aché; & la ſauſſe eſtant fort courte la liez auec jaunes d'œufs, puis ſeruez.

4. *Tanches farcies en ragouſt.*

Eſchaudez les, & deſoſſez, puis de la chair en faites vne farce, que vous aſſaiſonnerez, & dont vous farcirez vos tanches auec jaunes d'œufs durs: mettez les en ſuitte mitonner dans vn plat auec peu de boüillon & vin blanc, peu de chapelure de pain, champignons ſi vous en auez, aſperges, laictances, & truſles, puis ſeruez.

5. *Tanches frittes & marinées.*

Eſtant habillées, fendez-les par la moitié, puis les mettez mariner auec ſel, poivre, oygnon, & eſcorce de citron; eſtant marinées, retirez-les & les eſſuyez, farinez les auec de la farine, ou delayez deux ou trois œufs auec peu de farine & de ſel, & les faites frire auec du beurre affiné: eſtant frites, mettez les auec leur marinade faire vn boüillon, puis ſeruez, & garniſſez de ce que vous aurez.

### 6. Carpes à l'estuuée.

Habillez vos carpes, les escaillez, & les coupez à proportion qu'elles sont grosses, mettez les cuire dans vn pot, chauderon ou poëslon, auec du vin blanc ou clairet, & les assaisonnez bien de sel, clou, poivre, oygnon aché, siboules, capres, & quelques croustes de pain: faites bien cuire le tout ensemble, & estant bien cuit & la sausse liée & courte, seruez.

### 7. Carpe farcie en ragoust.

Vostre carpe estant bien escaillée, vuidez la & la fendez le long de l'espine du dos: leuez-en la peau, & en tirez la chair, que vous acherez bien menuë, & assaisonnerez de persil, beurre frais, sel, poivre, jaunes d'œufs, & laictances, puis faites vn ragoust auec bouïllon, verjus, beurre frais, champignons, asperges & siboules; estant bien cuite, & la sausse bien liée auec chapelure, & capres, seruez.

### 8. Carpe fritte en ragoust.

Il la faut escailler & vuider, puis la fendre, oster l'arreste, la poudrer de sel & fariner, puis la faire frire dans du beurre affiné, estant frite, seruez-la seiche auec vn jus d'orange par dessus.

### 9. *Carpe rostie en ragoust.*

Vuidez la sortant de l'eau, la decoupez par dessus, la beurrez & mettez sur le gril: estant rostie, faites vne sauffe auec beurre frais passé par la poësle, persil & siboule achez bien menus, verius, vinaigre & peu de bouïllon, assaisonnez bien le tout, & le faites cuire auec capres. Si vous voulez seruez à la sauce verte, & seruez si tost que vous l'aurez mise.

### 10. *Carpe au demy court bouïllon.*

Prenez vostre carpe venant de l'eau, la vuidez, & la coupez à proportion qu'elle est grosse, mettez la auec vinaigre, fort peu de sel, poiure & oygnon aché, puis la mettez auec capres & beurre bien frais: faites la cuire dans vn chauderon auec son appareil, & la sauce estant liée mettez la dans vn plat, de peur que vostre chauderon ne sente l'airin, puis seruez.

### 11. *Achis de carpes.*

Prenez des carpes, les écaillez, les vuidez & ostez la peau, la coupant par les ouyes, & la tirant en embas: estant despouïllée, tirez en la chair & la achez auec persil, puis la delayez auec du bouillon & du beurre bien frais, assaisonnez la bien, & faites cuire auec vn bouquet: estant bien cuite, mettez y cresme ou laict auec jaunes d'œufs si vous voulez, & seruez bien garny d'asperges & de laittances de carpes.

### 12. *Bresme en ragoust.*

Vuidez le, & mettez vn bouquet dans le corps, faites fondre du beurre, l'en frotez par dessus & le mettez sur le gril; estant rosty, faites vne sausse auec beurre frais, capres, persil, & fiboules achées, faites le bien mitonner auec vinaigre, & peu de bouillon, la sausse estant bien liée, seruez.

### 13. *Saumon en ragoust.*

Faites le rostir picqué de cloux, estant rosty, mettez le auec peu de beurre bien frais, vin, sel, poiure & sucre; faites mitonner le tout ensemble, iusques à ce que la sauce soit courte & presque en syrop, puis seruez.

### 14. *Saumon à l'estuuée.*

Coupez le par tranches de l'épesseur de deux ou trois doigts, & le mettez en façon d'estuuée, & picqué de cloux, dans vne chaudiere auec vin blanc ou rouge, bien assaisonné de beurre, sel, & oygnon aché. Faites le bien cuire auec capres si vous en auez, la sausse estant courte &

liée, seruez & garnissez de ce que vous voudrez.

### 15. *Truites saumonées.*

Vous les ferez cuire & mariner, & seruirez de mesme façon que les communes, dont vous auez l'enseignement cy-dessous.

### 16. *Lottes en ragoust.*

Ratissez les dans l'eau chaude iusques à ce qu'elles soient blanches, vuidez-les & les mettez auec vin blanc, beurre frais, sel, poivre, oignon & capres : faites-les mitonner, & empeschez que vostre sausse ne se tourne, c'est dire, quelle ne vienne en huile, garnissez de champignons & laictances, & seruez.

### 17. *Lottes faites en ragoust.*

Estant habillées, si elles sont grosses, decoupez-les par dessus, & les farinez, puis les faites à moitié frire auec du beurre affiné: mettez-les en ragoust, & y passez beurre frais, capres, ius de champignons, persil, siboules, sel & poivre ; & la sausse estant fort courte & liée, seruez.

*Autre façon de lottes, que l'on met a l'estuuée.*

Estant échaudées, où plusieurs les écorchent, coupez-les, ou les laissez entieres,

& les mettez à l'estuuée auec vin blanc, peu d'oygnon, lequel si vous ne voulez qu'il paroisse, vous pouuez picquer entier auec du clou, sel, poivre, beurre, & vn brin de fines herbes : estant cuites, & la sauffe fort courte & liée, seruez. Vous y pouuez mettre capres ou anchois.

18. *Huistres au demy court bouillon, sallées.*

Faites les bien blanchir dans l'eau, puis les passez par la poësle auec du beurre, persil, siboules, & les affaisonnez bien : faites-les mitonner auec peu de vin blanc. Estant cuites, & la sauffe bien liée, seruez.

*Autre façon.*

Sortans de la coquille, mettez-les sur le rechaut auec beurre frais, muscade, siboules picquées de cloux, thim, peu de chapelure de pain, & vn jus d'orange ou de citron ; estant cuites, seruez.

*Autre façon.*

Prenez-les mortes ou viues, les nettoyez & blanchissez bien, puis les passez par la poësle auec vn oignon bien menu, bon beurre frais, capres, & les affaisonnez bien : estant cuites, seruez. Vous les pouuez fricasser auec du lard, & mesme affaisonnement.

### 19. *Huiſtres en ragouſt.*

Prenez les bien fraiſches, faites les ouurir, & prenez garde ſi elles ne ſont point alterées en les touchant & frappant les vnes contre les autres; car celles qui ſonnent creux & qui ſont alterées ne valent rien qu'à ſaller. Eſtant tirées hors de l'eſcaille, oſtez en bien le grauier, & les mettez dans vn plat auec leur eau, & les fricaſſez auec beurre frais, oygnon, perſil bien aché, capres, & peu de chapelure de pain, eſtant bien cuites, ſeruez.

### 20. *Huiſtres en baignets.*

Prenez les auſſi bien fraiſches, & les faites blanchir, bien égouter & eſſuyer. Faites vne paſte auec verius ou laict, dont vous delayerez voſtre farine, aſſaiſonnée de ſel, auec vn œuf ou plus à proportion. Mettez vos huiſtres dans cét appareil, & prenez du beurre affiné, faites le bien chauffer, & y mettez vos huiſtres l'vne apres l'autre. Eſtant frites faites les égouter, & parſemez deſſus vn peu de ſel menu, & perſil frit, puis ſeruez.

### 21. *Huiſtres roſties.*

Faites les ouurir, choiſiſſez les meilleures, & les laiſſez dans leur écaille, pour les manger fraiches. A celles qui ſont vn peu alterées, mettez fort peu de beurre frais, auec peu de pain passé, & vn peu de muscade, puis les mettez sur le gril. Estant cuites, faites chauffer la paisle du feu toute rouge, & la passez par dessus iusques à ce qu'elles ayent couleur, & faites en sorte qu'elles ne soient trop seiches, puis seruez.

### 22. *Vilain en ragoust.*

Estant habillé faites le rostir sur le gril auec vn bouquet dedans le corps bien assaisonné: estant rosti passez par la poësle vn oygnon aché, auec beurre frais, chapelure, capres & anchois, le tout bien assaisonné selon vostre goust, faites mitonner ensemble, & seruez.

### 23. *Vilain au court bouillon.*

Faites le rostir apres estre sorty de son boüillon, faites vne sauce Robert, & le faites mitonner auec, puis seruez auec persil.

### 24. *Vilain à l'estuuée.*

Vous le pouuez accommoder à l'estuuée de mesme qu'vne carpe, & le bien assaisonner auec capres, siboules, persil, & bon beurre frais, la sausse estant fort courte, seruez.

### 25. Soies rosties & farcies.

Habillez-les sortant de l'eau, & les dorez de beurre, puis les mettez sur le gril auec peu de farce, ou auec peu de sel, & vn petit brin de sauge ou fines herbes.

Pour faire vostre farce, prenez ozeille, persil, & jaunes d'œufs crus, achez & assaisonnez le tout ensemble auec vn brin de thin, puis le mettez dans vos soies, & faites vne sausse auec beurre frais, sel, vinaigre, poivre, siboule & persil, le tout passé par la poësle, & la sausse fort courte, seruez auec peu de muscade par dessus.

### 26. Soies rosties sans farce.

Faites-les rostir sans y mettre de farce, faites vne sausse de mesme sorte, à laquelle vous adjousterez des capres, puis seruez.

### 27. Soies à l'estuuée.

Mettez-les comme vne carpe, liez bien la sausse, la garnissez de vos soies, & seruez.

### 28. Barbeaux en ragoust.

S'ils sont menus, mettez-les à l'estuuée, faites les bien cuire, & seruez. C'est tout le ragoust que l'on leur peut donner.

### 29. *Barbeaux roſtis.*

S'il ſont moyennement gros, habillez les, faites les roſtir ſur le gril, & ſeruez auec ſauſſe de haut gouſt.

### 30. *Barbeaux au demy court boüillon.*

Prenez les aſſez gros, mettez les au demy court boüillon, auec du vin blanc, beurre frais, ſel, poivre, ſiboules, perſil, & capres: eſtant bien cuits, & la ſauſſe liée, ſeruez.

### 31. *Barbeaux au court bouïllon.*

Faites les cuire en leur court boüillon; eſtant cuits, oſtez en la peau, & les mettez ſur vn plat, puis faites voſtre ſauſſe liée, & la mettez par deſſus; pour laquelle bien faire, prenez demy liure de beurre frais, auec vn filet de vinaigre, ou vn peu du demy court boüillon: faites-le fondre, & en fondant, mettez y vn ou deux jaunes d'œufs à proportion, faites-la bien lier, & prenez garde qu'elle ne ſe mette en huile.

Pour la faire auec vinaigre ſeul, prenez muſcade, ſel, groſeille, ou verjus, faites cuire le tout dans du beurre: Eſtant cuit, tirez le de voſtre beurre, & le mettez auec voſtre ſauſſe, puis ſeruez, car la ſauſſe ne ſe veut rechauffer.

### 32. *Barbeaux à l'eſtuuée.*

Ils ſe font de meſme que la carpe, entiers ou coupez, auec verius de grain.

### 33. *Barbuës en caſtrolle.*

Habillez les, & les vuidez à coſté par deſſous l'ouye, nettoyez les bien, & les mettez égouter, eſtant égoutées, mettez les dans vn baſſin, ou en vn poëſlon, auec beurre, ſiboulles par deſſous, clou battu, ſel, poiure, capres, peu de vin blanc ou du vinaigre, & champignons, faites tout cuire enſemble à loiſir, de peur qu'elles ne ſe décharnent ; eſtant bien cuites & la ſauce liée, ſeruez le coſté blanc deſſous, & garniſſez de vos champignons.

### 34. *Limandes en caſtrolle.*

Habillez les & accommodez de meſme que les barbuës, & ſeruez de meſme.

### 35. *Limandes frittes.*

Faites les frire & les mettez en ragouſt auec ius d'orange, beurre frais, vne ſiboule entiere, & capres achées, puis ſeruez.

### 36. *Limandes roſties.*

Faites les roſtir ſur le gril, & faites vne ſauſſe auec beurre, oygnon, perſil, ſel, poiure & vinaigre : Le tout eſtant bien fricaffé enfemble, mettez le mittonner auec vos limandes, faites en forte que la fauffe foit bien liée, puis feruez.

### 37. *Plies en caftrolle.*

Habillez les d'autre cofté que les barbuës, faites les cuire, & au refte les accommodez de mefme, puis feruez.

### 38. *Plies rofties.*

De mefme que les limandes.

### 39 *Macreufe en ragouft.*

Plumez la bien, l'habillez de mefme forte qu'vn canard, puis la lardez de gros lardons d'anguille ou de carpe; mettez la à la broche, & en tournant arrofez la de beurre, vinaigre, fel, poiure, fiboules, & efcorce de citron : Eftant à moitié cuite, mettez la dans vn pot auec de l'eau & la fauffe dont vous l'auez arrofée. Eftant bien cuite & affaifonnée, mettez y champignons auec capres, puis feruez.

### 40. *Macreufe au court bouillon.*

Habillez la & la lardez de mefme que la precedente, puis la faites cuire auec de l'eau, & l'affaifonnez bien. Lors qu'elle eft à moitié cuite, mettez y vne pinte de vin blanc, & la faites bien cuire, puis la feruez auec du perfil par deffus.

### 41. *Macreuse rostie en ragoust.*

Faites la cuire à la broche; estant bien cuite, mettez-la sur le gril, & y faites vne sausse Robert, ou telle autre que vous voudrez, puis seruez.

### 42. *Macreuse desossée, farcie.*

Farcissez-la de tout ce que vous aurez meslé & aché auec sa chair, & mettez-la en ragoust. Estant cuite, garnissez-la aussi de ce que vous pourrez, comme champignons, trufles, asperges, andoüillettes, laictances, ou rissolles, ou fleurons; assaisonnez bien le tout, & seruez.

### 43. *Alloze rostie en ragoust.*

Vuidez-la par l'ouye, & mettez dedans peu de sel, fines herbes, & vn oygnon, faites la rostir. Estant rostie, faites vne sausse auec beurre frais, siboules, persil aché, capres, groseilles ou verjus; le tout passé par la poësle, & bien assaisonné, faites le mitonner auec vostre aloze; delayez en le foye auec la sausse si elle n'est liée, ou en garnissez, puis seruez.

### 44. *Alloze en court bouillon.*

Faites-la cuire auec vn court boüillon, & estant à moitié cuite, tirez-la, & la mettez sur le gril, puis faites-la mitonner auec vne sausse rousse, & seruez.

### 45. *Alloze à l'estuuée.*

Eschaudez-la bien, & la decoupez par morceaux, faites-la cuire en façon d'estuuée; estant bien cuite, & la sausse liée, en sorte qu'elle ne s'enhuile, seruez.

### 46. *Lamproye en ragoust.*

Accommodez la, & seruez de mesme que l'alloze à l'estuuée.

### 47. *Lamproye sur le gril en ragoust.*

Estant habillée, coupez-la à proportion de sa grosseur, puis la mettez sur le gril; estant cuite, faites y telle sausse que vous voudrez, pourueu qu'elle soit de haut goust, puis seruez.

### 48. *Lamproye à la sausse douce.*

Habillez la, & coupez de mesme, faites vne sausse auec vinaigre, sucre, deux ou trois cloux, peu de beurre, & peu de sel; faites mitonner, & seruez.

*Autre façon.*

Decoupez-la par petits morceaux & la mettez cuire auec du vin & du sucre, & l'assaisonnez fort peu, à cause du sucre; meslez y vn peu de beurre & de capres, puis seruez.

### 49. *Anguille rostie à la sausse verte.*

Coupez la par la longueur, & la faites rostir sur le gril; puis prenez ozeille ou poirée, & en tirez le jus. Passez vn oignon bien menu assaisonné de sel, poivre, vn filet de vinaigre, capres achées, & écorce d'orange. Faites mitonner vostre anguille auec cette sauce, & lors que vous serez prest à seruir, & vostre sausse bien liée, iettez vostre ius dessus, puis seruez.

50. *Anguille à l'estuuée.*

Coupez la par morceaux, la mettez en façon d'estuuée, auec persil, capres, vin blanc, beurre frais, le tout bien assaisonné, puis seruez.

51. *Anguille en seruelast.*

Habillez vostre anguille, & l'écorchés, c'est à dire, vous la prenez & coupez proche de la teste, puis tirés auec vn torchon le bout de la peau en embas, de peur qu'elle ne glisse. Estant écorchee, fendés la par la moitié & en ostés l'arreste: battez la bien & la tranchez en deux, estendés vos deux tranches, & y mettés poiure, sel, beurre & persil, les roulés & les liés bien serré. Empottés les auec du vin blanc bien assaisonnés, & faites bien cuire; lors qu'elle sera bien cuite, tirés la & coupés par tranches, en garnissez vne assiette, puis seruez.

*Anguille*

### 52. Anguille en ragoust.

Découpez-la par morceaux, & la mettez dans vn poëſlon auec vin blanc, beurre, ſiboules, perſil aché, capres, ſel, poivre, & peu de chapelure de pain pour lier la ſauce. Eſtant bien cuite, ſeruez, & ſi vous voulez blanchiſſez auec jaunes d'œufs delayez dans du verjus.

### Autre façon.

Vous la pouuez faire auec beurre affiné ou huile. Eſtant habillée, coupez les coſtez, & oſtez l'arreſte, faites la vn peu mariner, & ſi vous en voulez garnir, faites-la frire ſi toſt que vous voudrez : Si c'eſt pour ſeruir chaud, ne la faites frire que lors que vous en aurez affaire : ce que vous ferez, apres l'auoir bien eſſuyée, coupée fort deliée, & farinée, ou paſſée par vne paſte. Seruez auec jus d'orange ou de citron.

### Autre façon.

Faites-la roſtir comme la lamproye, & l'aſſaiſonnez de haut gouſt, auec telle garniture que vous voudrez, puis ſeruez.

### 53. Anguille de mer.

Accommodez-la de meſme que le pré

mier ragoust d'anguille commune, cy de-
deuant.

### 54. *Anguille de mer à l'estuuée.*

Estant habillée, coupez la par tronçons, l'assaisonnez de mesme sorte que
les autres estuuées.

### 55. *Anguille de mer fritte en ragoust.*

De mesme que le second ragoust d'anguille commune, puis seruez.

### 56. *Aumare au court bouillon.*

Faites le cuire au court boüillon bien
assaisonné de ce qui luy est necessaire:
Estant cuit, fendez le par la moitié, & le
seruez auec du vinaigre & persil.

### 57. *Aumare à la sauce blanche.*

Estant cuit desossez le, & en coupez la
chair par morceaux, que vous fricasserez
auec du beurre, persil aché, & vn filet de
verjus; ce qu'estant fait, prenez trois ou
quatre iaunes d'œufs, auec vn peu de
muscade, & les mettez dans la poësle,
seruez aussi-tost, & garnissez des pieds de
vostre aumare.

### 58. *Langouste au court bouillon.*

Faites la cuire, assaisonner & fricasser
de mesme que l'aumare, & garnissez des
pieds de vostre langouste, puis seruez.

## FRANÇOIS.

### 59. Langouste à la sauce blanche.

Aussi de mesme que l'aumare, seruez-la seiche auec persil.

### 60. Brochet farcy.

Fendez le le long du dos, & leuez en la peau depuis la teste iusqu'à la queuë, ostés la chair & les petites arrestes, laissez l'espine du dos pour le tenir plus ferme quãd il sera farcy, puis prenez moitié chair de brochet & moitié de carpe ou d'anguille, achez la bien menuë auec persil, iaunes d'œufs crus, sel, poivre, fines herbes, beurre & laict meslez ensemble, auec champignons, farcissez vostre brochet & le recousez; puis le mettez cuire dans vne lechefritte; faites vostre sauce auec boüillon de poisson ou purée, vn filet de verjus & vn peu de vinaigre, que vous passerez dans la poësle auec persil, capres & champignons, que vous assaisonnerez & ferez bien cuire. Seruez & garnissez de ce que vous voudrez estant bien cuit.

### 61. Brochet rosty à la broche.

Accommodez le de mesme sorte, & le mettez à la broche; pour le faire tenir enueloppez le de papier beurré, & lors qu'il sera cuit tirez le de la broche, & le faites mitonner dans vne mesme sauce que l'autre, & le garnissez de champignons, laictances de carpes, pistaches, trufles, & asperges rompuës, & prenez garde que la sauce ne soit trop grasse; puis seruez auec grenades, ou escorce de citron.

### 62. *Maquereaux frais, rostis.*

Faites-les rostir auec du fenoüil, estant rostis, ouurez-les, & leuez l'arreste, puis faites vne bonne sauce auec beurre, persil & groseilles, le tout bien assaisonné: faites mitonner vn boüillon vos maquereaux auec vostre sauce, puis seruez.

### 63. *Harans frais rostis*

Vuidez les par l'ouye, & les faites rostir sur le gril, moüillez de beurre: lors qu'ils seront rostis, faites vne sauce auec du beurre frais, vn filet de vinaigre, sel, poivre & muscade; meslez y de la moutarde, & seruez.

### 64. *Harans à la sauce rousse.*

Vos harans estant rostis, faites vne sauce rousse, faisant roussir vostre beurre dans la poësle auec du persil & siboules achées, que vous jetterez dans vostre beurre roux auec vn filet de vinaigre. Si vous voulez, joignez y capres, & seruez.

### 65. Sardines de Royant.

Apres que vous les aurez escaillez, accommodez les de mesme que les harans rostis : seruez auec vne sauce blanche, ou sauce rousse, & moutarde.

### 66. Rouget en ragoust.

Apres l'auoir bien habillé, mettez le dans vn plat, l'assaisonnez bien de beurre, sel, poivre, vn bouquet, champignons, persil aché, verjus & bouillon : faites le cuire entre deux plats. Estant cuit, seruez le auec vne sauce liée : pour la garniture, vous en metterez si vous en auez, sinon vous vous en passerez.

Vous pouuez aussi l'accommoder comme le grenost, qui suit immediatement.

### 67. Grenost en ragoust.

Habillés le, & decoupés, puis beurrés le bien par dessus, & le mettés rostir sur le gril : estant rosty, faites vne sauce rousse, auec laquelle vous le ferés mitonner, pour luy faire prendre sel, & le goust de ce que vous y aurés pû mettre, seruès.

### 68. Moruë fraische rostie en ragoust.

Estant habillée, il la faut beurrer, & faire rostir sur le gril, assaisonnée de sel &

clou picqué. A mesure qu'elle rotist arrosez la de beurre : estant rostie faites vne sauce auec beurre bien frais, dans lequel, estant moitié roux, vous ietterez persil aché, & si vous voulez oignon ou siboules, lesquelles vous pouuez oster pour les fantasques; meslez y vn peu de bouïllon, vn filet de vinaigre, & capres achées ; faites mitonner vostre moruë dans sa sauce. Estant prest de seruir mettez y si vous voulez de la moutarde, puis seruez.

### 69. Moruë au demy court bouillon.

Faites la cuire auec du vin blanc, sel, poivre, & vn bouquet, estant cuite mettez la esgoutter, & faites vne sauce auec beurre, vn filet de son court bouillon, peu de muscade & de sel, mettez la sur le feu, & tournez la bien, en tournant delayez y deux iaunes d'œufs, & les iettez dessus vostre moruë, puis seruez.

### 70. Moruë fraische en ragoust.

Estant écaillée vuidez la, & découpez par dessus, puis la mettez dans vne lechefritte ou dans vn bassin plat, auec bon beurre, sel, poivre, & clou battu, par dessous des siboules, du boüillon, ou de la purée ; faites bouïllir le tout & y mettez du persil, vn filet de vinaigre, & vn peu de

FRANÇOIS. 215

chapelure de pain par dessus, faites la cuire deuant le feu, ou dans vn four pour le mieux, estant cuite seruez.

### 71. Moruë de terre neufve.

Prenez la bien dessallée, ratissez la, & la faites cuire dans vne chaudiere auec de l'eau fraische, faites la boüillir vn boüillon, & l'escumez. Estant écumée, ostez la de dessus le feu, & la couurez de quelque nappe en double. Lors que vous serez prest de seruir mettez la égoutter, faites vne sauce auec dn beurre seul, empeschez qu'il ne se tourne, le mettez dessus vostre moruë, & seruez auec persil dessus, & autour.

### 72. Soupresse de poisson.

Prenez chair de carpe, d'anguille, & de tanche, achez les ensemble, & assaisonnez de peu de beurre bien frais, de capres & de fines herbes, serrez le tout dans vn linge & le liez, puis le faites cuire auec du vin blanc en façon de court boüillon. Estant cuit mettez le esgoutter, estant esgoutté, desliez le, le coupez par tranches, & le seruez sur vne assiette comme du iambon.

### 73. Iambon de poisson.

Il se fait de mesme sorte que la soupres-

O iiij

se, hormis que vous enueloppez vostre appareil de peau de carpe, dessus vne enueloppe de papier beurré, & par dessus encore vn linge; faites le cuire de mesme sorte, & seruez froid de mesme qu'vn iambon.

### 74. Moules de poisson.

Nettoyez les, & les faites boüillir vn bouillon auec vn bouquet; si tost qu'elles seront ouuertes, tirez les, & les ostez de dedans la coquille, puis les fricassez auec du beurre frais, persil & siboules achées, assaisonnées de poivre & muscade, puis delayez iaunes d'œufs auec verius, & les meslez ensemble; seruez, & garnissez de leurs coquilles les mieux faites.

### 75. Raye fritte en ragoust.

Il la faut habiller, la bien lauer, & oster le limon qui est dessus, puis la vuider & oster le foye bien proprement, & l'amer adroitement: si vostre raye est grosse, ostez les deux costez, & laissez le corps, faites les cuire auec du vin blanc, ou verius, sel, poivre, oygnon, & fines herbes; estant cuits, laissez les vn peu prendre sel, & prenez garde au goust d'airain, tirez les en suite, & en leuez la peau, faites vne sauce rousse auec du beurre, persil & siboules bien menuës, & passez auec le beurre roux; mettez y vn filet de vinaigre, & vn morceau de foye, & le faites mitonner auec; seruez auec groseilles, ou verjus dans la saison, & garny par dessus du reste du foye que vous aurez ietté dans la chaudiere vostre raye estant à moitié cuite, & le coupez par tranches.

### 76. *Esperlans en ragoust.*

Enfilez les par l'œil de rang en rang auec vne petite verge, farinez les & les faites frire; estant bien frits, mettez y peu de sel menu, & tirez la verge en les mettant sur le plat, puis seruez auec vne orange ou citron.

### 77. *Trippes de moruë fricassées.*

Faites les cuire, & estant cuites, fricassez les auec du beurre, oygnon aché, ou siboules, persil, sel & poivre, & sur la fin, du vinaigre, & vn peu de muscade. Vous les pouuez blanchir auec iaunes d'œufs & verjus, puis seruez.

### 78. *Seiches fricassées.*

Faites les boüillir, & estant cuites, decoupez les par morceaux, & les fricassez de mesme que les tripes de moruë, & seruez.

### 79. Merluche fritte.

Estant bien dessalée, coupez la par morceaux, & la faites cuire. Estant cuite, mettez la esgoutter, & la fricassez auec beurre, oygnon, poivre, vinaigre, puis seruez.

### 80. Merluche à la sauce Robert.

Vous la pouuez mettre auec du beurre, vn filet de verjus, & de la moutarde, & y pouuez aussi mesler des capres & des siboules.

#### Autre façon.

Elle se peut aussi seruir auec huile, vinaigre, & oygnon aché.

### 81. Hure de saumon à la saussè rousse.

Faites la bien dessaller, escaillez la, la mettez boüillir dans de l'eau, & la laissez cuire à proportion qu'elle est espaisse, puis la laissez reposer. Lors que vous en aurez affaire, faites vne sauce rousse auec du beurre, oygnon, poivre, vinaigre, la mettez par dessus, & seruez.

#### Autre façon.

Estant cuite, mettez la égoutter & refroidir, & la seruez auec de l'oygnon aché, de l'huile d'oliue, & du vinaigre.

### 82. Hure ou entre-deux de saumon à la sallade.

Estant cuit, mettez la auec huile, vinaigre, cresson, ou autre telle sallade que vous voudrez, & capres si vous en auez, puis seruez.

### 83. Tons marinez.

Habillez les, & coupez par tranches ou tronçons de l'espaisseur de trois doigts, les picquez de cloux, & les mettez dans vn pot auec du sel, poivre, vinaigre, & quelques fueilles de laurier. Couurez les bien, & lors que vous voudrez vous en seruir faites dessaller vos tronçons & en suite cuire auec du vin. Seruez les secs, ou auec vne sauce rousse assaisonnée de tout ce que vous voudrez.

### 84. Maquereaux salez.

Fendez les le long du ventre & les salez ; Pour vous en seruir faites les dessaler & cuire auec de l'eau : estant cuits seruez auec du persil, du vinaigre, & du poivre, vous y pouuez mettre de l'huile si vous voulez.

### Autre façon.

Estans cuits de mesme, faites y vne sauce auec beurre, oignon, vinaigre, poivre,

& moutarde, faites mitonner, & serués.

### 85. *Harans sallez.*

Les harans se sallent au sortir de la mer, & se vuident par l'ouyé, puis apres on les enfonce dans des tonnes. Lors que vous en aurés affaire, faites les dessaller, esgoutter, & essuyer ; apres quoy vous les ferez rostir, & seruirés auec de la moutarde, ou auec des pois.

### *Autre façon.*

Vous les pouués seruir à l'estuuée, les coupant par morceaux, & les faisant cuire auec de l'oignon & du beurre.

### 86. *Harans sorets.*

Estant à moitié sallés, enfilés les, & mettés enfumer à la cheminée ; lors que vous en aurés affaire, ouurés les, & les faites tremper dans du laict ; pour seruir, tirés les : & faites fort peu rostir sur le gril, & seruez si vous voulez auec de la moutarde.

### 87. *Truites communes.*

Habillez les par l'ouyé, faites les mariner ; estant marinées, ciselez les à proportion de leur grosseur, & faites cuire en suite tout à loisir au court boüillon, assaisonné de tout ce qui est necessaire, & dont vous trouuerez la façon en beaucoup d'endroits de seruice de poisson : & prenez garde qu'elles ne se descharnent : estant cuites, seruez les entieres auec persil, & vne seruiette ployée.

### 88. Pasté de lottes.

Vos lottes estant habillées, & bien blanchies, coupez-les par morceaux, & les mettez dans vne abbaisse de paste fine ou fueilletée, auec quelque garniture, comme laictances de carpes, capres, asperges rompuës, champignons, jaunes d'œufs, & assaisonnez le tout, puis seruez.

### 89. Pasté d'anguille.

Coupez-la par ruelle, & la mettez dans vostre abbaisse, bien assaisonnée auec jaunes d'œufs, persil, champignōs, asperges, laictances, verjus de grain, ou groseilles en la saison : & ne plaignez ny beurre, ny sel, ny poivre : couurez vostre pasté, & le dorez. Pour le soustenir, prenez des petites bandes de papier, & les beurrez, mettez-les autour, & les serrez doucement auec vn filet, faites le cuire, & estant cuit, delayez trois jaunes d'œufs auec vn filet de verjus, & vn peu de muscade, &

lors que vous ferez prest à seruir, mettez y vostre liaison & la meslez bien, ouurez le en suite, & le seruez garny au tour de la crouste coupée en quatre.

### 90. Pasté de grenost.

Habillez vostre grenost, ou plusieurs si vous les auez, & le découpez par dessus, faites vne abbaisse de paste fine, de telle façon que vous voudrez, dressez vostre pasté, & estant dressé mettez vostre poisson dedans garny de ce que vous aurez, cõme champignons, capres, persil aché, iaunes d'œufs durs, cus d'artichaux, & asperges rompuës, le tout bien assaisonné de beurre, sel, poivre, & muscade, puis couurez & dorez. S'il est dressé, bandez le auec du papier beurré, faites cuire, & n'oubliez pas de luy donner vent si tost qu'il aura pris crouste, car il en prendroit de soy-mesme, & possible par embas, & par ce moyen perdroit toute sa sauce, que vous ne pourriez plus remettre en la mesme sorte. Estant cuit faites vne liaison auec iaunes d'œufs crus & vn filet de verius, & la faites entrer dans vostre pasté par dessus auec vn entonnoir, & la meslez bien de tous costez en le remuant. Seruez le chaud, découuert, & garny au tour de sa crouste de dessus, coupée comme vous voudrez.

### 91. *Petits pastez de poisson.*

Desossez vne carpe & vne anguille, achez en la chair auec persil, vn petit brin de thin & du beurre, estant bien achée & assaisonnée auec muscade, faites vne paste fine, & dressez vos pastez de telle grandeur qu'il vous plaira, les emplissez, couurez & dorez; sur les grands vous pouuez mettre vn chapiteau. Estant cuits, seruez.

### 92. *Pasté de plies.*

Estant habillées, dressez vostre pasté en abbaisse de la grandeur de vos plies & les mettez dedans, decouppées seulement par dessus : & garnies de champignons, asperges, artichaux, capres & iaunes d'œufs durs, le tout bien assaisonné de beurre bien frais, sel, poivre, persil aché, & vne tranche de citron ou d'orange, couurez le & faites cuire. Estant cuit meslez y iaunes d'œufs delayez auec du verius, puis seruez.

### 93. *Tourte de laictances.*

Faites les bien blanchir & esgoutter, puis faites vostre abbaisse, & la garnissez de vos laictances de carpe, champignons, trufles, capres, jaunes d'œufs durs, asperges rompuës, cus d'artichaux, sel, poivre, persil & beurre frais: couurez-la, & faites cuire dans vn four, ou dans vne tourtiere, dorez auez des œufs si c'est en charnage: lors qu'elle a pris crouste, donnez luy vent, estant cuite descouurez-la bien proprement, coupez-le dessus en quatre, mettez-le au tour, & seruez.

---

## Table des œufs d'Entrée, qui se seruent à present.

| | |
|---|---|
| Oeufs farcis, | 1 |
| Oeufs au paix, | 2 |
| Oeufs au miroir, | 3 |
| Oeufs au beurre noir, | 4 |
| Oeufs au laict, | 5 |
| Oeufs à l'ozeille, | 6 |
| Oeufs fricassez en tranches, | 7 |
| Oeufs pochez à l'eau, | 8 |
| Oeufs à la cresme, | 9 |
| Omelette de cresme, | 10 |
| Omelette de persil, | 11 |
| Oeufs au verjus, | 12 |
| Oeufs aux anchois, | 13 |

Oeufs au fromage, 14
Oeufs brouillez, 15
Oeufs au miroirs, de cresme, 16
Oeufs faits dans des verres, 17
Omelettes farcies, 18
Oeufs à la neige, 19

---

*Manieres d'apprester les œufs, dont la Table est cy-deuant.*

### 1. Oeufs farcis.

Prenés de l'ozeille seule, si vous voulés, ou auec d'autres herbes ; laués les & les secoüés, puis les hachés bien menuës, & les mettés entre deux plats auec du beurre frais, ou les passés par la poêle ; Estant passés, mettés-les mitonner, & les assaisonnés. Vostre farce estant cuite prenés des œufs durs, fendés-les par la moitié, en trauers, ou en long, & en tirés les jaunes, & haché-les auec vostre farce, & le tout estant bien meslé ; faites-les mitonner sur le feu, & y mettés peu de muscade : & serués garny de vos blancs d'œufs, que vous pouués faire roussir dans la poêle auec du beurre roux.

### 2. Oeufs au pain.

Prenés du pain, émietés-le & le passés par vne couloire si vous voulés; faites fondre du beurre, & estant fondu, mettés-le auec vostre pain & du sucre, puis choisissés des œufs biē frais ce qu'il vous en faut, & les battés bien auec vostre pain, sucre, beurre, sel, & vn peu de laict. Pour les faire cuire, faites fondre vn morceau de beurre bien chaud, mettés vostre appareil dedans, & les faites cuire. Pour leur donner couleur, faites chauffer la paisle du feu toute rouge, passés la par dessus, & serués vos œufs sucrés. Ils se peuuent faire dans vn plat, ou dans vne tourtiere.

### 3. Oeufs au miroir.

Choisissés des œufs bien frais, faites fondre vn morceau de beurre dedans, aussi bien frais, mettés vos œufs, & vn peu de sel. Lors qu'ils sont cuits, mettés-y vn peu de muscade, & prenés garde que les moyeux ne soient creués, ny trop cuits, puis serués.

### 4. Oeufs au beurre noir.

Cassés vos œufs bien frais dans vn plat, & gardez que les moyeux ne se creuent, mettez-y du sel, faites roussir du beurre dans la poësle, & les y faites cuire. Estant cuits, iettez vn filet de vinaigre dans la poësle, le passez sur le feu, mettez-le sur vos œufs, & seruez.

### 5. Oeufs au laict.

Cassez vos œufs, salez-les, & succrez si vous voulez; battez-les bien, & y meslez vostre laict: pour les faire cuire, faites fondre vn peu de beurre frais dans vn plat; estant fondu, mettez vostre appareil dedans, faites-les cuire, & leur donnez couleur auec la paisle du feu. Estant cuits, seruez & sucrez.

### 6. Oeufs à l'ozeille.

Choisissés de l'ozeille bien jeune, estant bien nette & égoutée, metrés-la entre deux plats auec du beurre, du sel, & du poivre. Estant bien consommée, delayés-y vn jaune d'œuf, & la garnissés d'œufs coupés en quartiers, ou comme vous voudrés, & seruiés.

Pour tenir vos œufs tousiours bien frais, mettés-les dedans l'eau fraische.

### 7. Oeufs fricassez en tranches.

Faites les durcir, tirés-les de la coquille, & les coupés par tranches; puis les fricassés auec bon beurre, persil, siboules hachées, poivre, grozeilles, ou verjus de grain: Estant bien fricassés & assaisonnés mettés-les dans un plat auec un filet de vinaigre passé dans la poësle. Si la sauce est trop courte, mettés-y une goutte de bouillon, puis serués auec muscade. Si vous voulés, meslés-y capres, champignons, asperges rompuës, fricassees auant que les mesler, aussi bien que les champignons: car la cuisson n'en vaudroit rien.

### 8. Oeufs pochez à l'eau.

Choisissés les œufs les plus frais que vous pourrés, faites bouillir de l'eau, & lors qu'elle boult, cassés vos œufs dedans cette eau, laissés-les un peu cuire frapant sur la queuë du pocsson, de peur qu'ils ne s'attachent au fond, & qu'ils ne bruslent, puis tirés-les doucement, & les mettés égoutter. Pour seruir, faites une sauce rousse, ou verte, auec une poignee d'ozeille, dont vous tirerez le jus, puis faites fondre peu de beurre auec sel, muscade, & un jaune d'œuf, le tout bien assaisonné & delayé ensemble: apres quoy vous y mettez vostre jus, & les remuez, & seruez aussi-tost.

### 9. Oeufs à la cresme.

Cassez des œufs à proportion, ostés-en la moitié des jaunes, & les battez bien auec du sucre, & peu de sel; meslés-y voſtre creſme, & faites cuire tout dans vn poëſlon. Eſtant cuit, ſeruès ſur vne aſſiete, & ſucrés. Si vous voulés donner couleur, vous le pouués auec la paiſle du feu: & ſi vous aimés la ſenteur, vous y en pouués mettre.

### 10. *Omelette de creſme.*

Caſſés des œufs, oſtés-en la moitié des blancs, aſſaiſonnés-les de ſel & de creſme, & battés bien le tout enſemble ; faites chauffer du beurre vn peu plus qu'à l'ordinaire ; & eſtant cuite, ſeruès-la en carré, ou en équierre, ou en l'eſtat qu'elle eſt, & ſucrés-la bien ſi vous voulés.

### 11. *Omelette de perſil.*

Caſſés vos œufs, & aſſaiſonnés-les de ſel, perſil haché menu, & ſi boules, ſi vous voulés ; battés-les bien auec du beurre, & faites voſtre omelette : eſtant faite, vous la roulés ſi vous voulés, & la coupés par ruelles, garniſſés-en vne aſſiete ; ſucrés & ſeruès le plus promptement que faire ſe pourra.

### 12. *Oeufs au verjus.*

Apres auoir caſſé vos œufs, aſſaiſonnés-les de ſel, & les battés bien : oſtés-en les germes, & tirés de la braiſe, ſur laquelle vous les ferés tourner en mettant beurre

& verjus de grain battus & passés par la poësle. Estans cuits, seruez, mais prenez garde qu'ils ne soient trop liez.

### 13. Œufs aux anchois.

Nettoyez bien vos anchois, & les dessallez, les changeant souuent d'eau ou de vin: ostés leur l'arreste, & les mettés fondre auec du beurre bien frais dans vn plat. Estans fondus, cassez des œufs à proportion que vous auez de sauce; & estans cuits & broüillez, seruez-les auec vn peu de muscade.

### 14. Œufs au fromage.

Prenés beurre & fromage, & les faites fondre ensemble, ce que vous pourrez facilement faire en coupant vostre fromage fort delié. Lors qu'ils seront fondus, cassez des œufs à telle quantité que vous iugerez pouuoir cuire dans ce que vous aurez de fondu. Estans bien battus, mettez-les sur le feu, & à mesure qu'ils cuisent remuez-les; & estans cuits, sans estre trop liez, seruez auec vn peu de muscade.

### 15. Œufs broüillez.

Faites fondre du beurre auec des œufs dans vn plat, assaisonnés de sel & de muscade: lors qu'ils seront sur le feu remuez-les auec vne cuilliere, iufques à ce qu'ils foient cuits, & feruez.

### 16. *Oeufs au miroir, de crefme.*

Faites vn lict de beurre dans voftre plat, caffez vos œufs deffus. Eftans caffez affaifonnés-les de fel, puis y mettés de la crefme iufques à ce que les œufs foient cachés, ou du laict, pouruen qu'il foit bon : faites les cuire, & leur donnés couleur auec la paifle rouge, puis ferués.

### 17. *Oeufs faits dans des verres.*

Faites vn appareil femblable aux œufs de pain, & y adjouftés de la crefme, qui ne foit point aigre, & pour le refte, peu de fucre, & peu de mie de pain : prenés en fuite des verres de fouchere, mettés-les fur vne affiette proche le feu auec fort peu de beurre dedans : le beurre eftant fondu, mettés auffi voftre appareil dans ces verres : comme ils font deuant le feu, ils cuifent; mais à mefure qu'ils cuiront, tournés-les. Eftans cuits, renuerfés-les fur vne autre affiette, ils fortiront des verres la pointe en haut; ferués-les ainfi, & les garniffés de canelle & efcorce de citron confite.

### 18. *Omelette farcie.*

Cassés vos œufs, & y mettés plus de jaunes que de blancs : mettés-y quelque reste de farce si vous en aués, ou en faites vne exprés, auec toute sorte d'herbes selon vostre goust, & la faites cuire auant que de la mesler auec vos œufs, assaisonnés le tout de sel, & si vous voulés de sucre, battés-la bien, & faites cuire auec du beurre ou du lard, puis serués vostre omelette sucrée si vous voulés, & la ployés en carré, ou en equiere, ou la roulés pour la couper par tranches.

### 19. *Oeufs à la neige.*

Cassés des œufs ; separés les blancs d'auec ses jaunes, mettés les jaunes dans vn plat auec du beurre, & les assaisonnés de sel, posés-les sur de la cendre chaude, battés & fouëttés bien les blancs, & peu auant que de seruir, iettés-les sur les jaunes, auec vne goutte d'eau rose, & la paisle du feu par dessus, puis sucrés & serués.

### *Autre façon.*

Vous pouués mettre les jaunes au milieu de la neige, qui est faite de vos blancs fouëttés, & les faites cuire deuant le feu vn plat derriere.

## Table du second de Poisson.

| | |
|---|---|
| Turbots au court bouillon, | 1 |
| Barbuës au court bouillon, | 2 |
| Viues rosties sur le gril, | 3 |
| Solles frittes, | 4 |
| Saumon au court bouillon, | 5 |
| Esturgeon au court bouillon, | 6 |
| Grenots en Castrolle, | 7 |
| Bescard au court bouillon, | 8 |
| Marsoüin au court bouillon, | 9 |
| Marsoüin en ragoust, | 10 |
| Limandes frittes en ragoust, | 11 |
| Louxtre de mer au court bouillon, | 12 |
| Louxtre de mer sur le gril, | 13 |
| Raye fritte, | 14 |
| Tanches au court bouillon, | 15 |
| Alloze au court bouillon, | 16 |
| Alloze rostie, | 17 |
| Moruë fraische, | 18 |
| Breme rostie, | 19 |
| Brochet au bleu, | 20 |
| Brochet à la sauce, | 21 |
| Truittes au court bouillon, | 22 |
| Truittes saumonnées, | 23 |
| Perches au court bouillon, | 24 |

| | |
|---|---|
| Lottes, | 25 |
| Lotte en castrolle, | 26 |
| Carpe au bleu, | 27 |
| Carpe farcie, | 28 |
| Esperlans, | 29 |
| Plies, | 30 |
| Macreuse, | 31 |
| Macreuse en ragoust, | 32 |
| Barbuë en castrolle, | 33 |
| Brochet farcy & rosty, | 34 |
| Saumon à la sauce douce, | 35 |
| Lottes en ragoust, | 36 |
| Carpe au demy court boüillon, | 37 |
| Tanches frittes en ragoust, | 38 |
| Barbeaux en ragoust, | 39 |
| Barbeaux en castrolle, | 40 |
| Solles en ragoust, | 41 |
| Vilain en ragoust, | 42 |
| Vilain au court boüillon, | 43 |
| Hure de saumon, | 44 |
| Iambon de poisson, | 45 |
| Rouget, | 46 |
| Maquereaux frais, | 47 |
| Alloze rostie, | 48 |
| Harangs frais, | 49 |
| Sardines de Royant, | 50 |
| Lamproyes de toutes sortes, | 51 |
| Anguilles de toutes sortes, | 52 |

FRANÇOIS. 235
Aumare de toutes sortes, 53
Langouste au court boüillon, 54
Huistres rosties, 55
Carpe fritte, 56
Barbeaux à la sauce, 57
Plies rosties en ragoust, 58
Plies en castrolle. 59

*Discours & methode pour seruir le poisson, dont la Table precede immediatement.*

### 1. Turbost en castrolle.

Habillés le, & le vuidés par dessous le ventre, au moyen d'vne fente que vous y ferés bien proprement, ou autrement par l'ouye, mettés le dans vne poësle auec vin blanc iusques à ce qu'il trempe, & l'assaisonnés bien de sel, poivre, clou, fines herbes, comme romarin, thin & oygnon, & le laissés cuire tout à loisir, de peur qu'il ne se décharne ; estant cuit laissés-le reposer fort peu, de peur qu'il ne prenne le goust d'airain. Serués le garny de fleurs & persil.

Vous le pouués couper auant que de le faire cuire, de la mesme façon.

### 2. Barbuë au court boüillon.

Elle s'accommode de mesme sorte que le turbot, horsmis qu'il ne faut pas que le court bouïllon soit de si haut goust, parce qu'elle prend plustost sel, d'autant qu'elle est plus deliee. Estant cuite, serués la auec persil haché dessus.

### 3. Viues rosties sur le gril.

Les viues sont dangereuses à cause de certains picquans qu'elles ont proche la teste, c'est pourquoy lors que vous les habillerés, souuenés-vous de les ratisser, & de leur couper ces trois pointes, & la teste par les ouyes, par où aussi vous les vuiderés. Estant ainsi habillees & vuidées, découpés-les par dessus, & faites fondre du beurre, & en passés par les couppeures auec sel & clou, puis les mettés sur le gril, estant rosties, faites vne sauce rousse auec beurre frais, sel & poiure, persil haché, grozeilles ou verjus de grain, & vn filet de vinaigre, faites-les mitonner auec vostre sauce, & serués.

### 4. Solles frittes.

Estant habillees, essuyés-les, & si elles sont grosses, fendés-les le long du dos: farinés-les, & faites frire dans l'huile d'oliue, ou du beurre affiné: Estant frittes, poudrez les de sel par dessus, & serués auec orange.

### 5. Saumon au court boüillon.

Vuidez-le par l'ouye, le cizelés le long du dos, & le mettés dans vostre court bouïllon bien affaisonné Estant bien cuit seruez.

### 6. Esturgeon au court boüillon.

Il se peut seruir rosty sur le gril, mais au second, il le faut mettre au court boüillon, & le seruir de mesme que le saumon; à la reserue qu'estant cuit, vous prenez deux ou trois seruiettes ployées, & les mettez par dessus semees de persil, & ainsi vous seruez.

### 7. Grenost en castrolle.

Quoy qu'il se serue d'ordinaire au court boüillon, neantmoins au second il se peut seruir en castrolle, & pour cet effet, faut le mettre dans vn poëslon, le bien affaisonner & garnir de champignons & trufles, sur tout prenez garde qu'estant cuit il ne soit point décharné, & seruez.

### 8. Bescard au court bouillon.

Accommodez-le, & le seruez de mesme que l'esturgeon cy-deuant article 6. auec trois seruiettes semées de persil.

### 9. *Marsoüin au court boüillon.*

Il se sert & accommode de mesme sorte que l'Esturgeon & le Beccard, excepté que la cuisson en est bien plus longue. Estant cuit, seruez.

### 10. *Marsoüin en ragoust.*

Couppez-le par piece, & le faites rostir à la broche, en cuisant, arrosez-le de beurre, sel, vinaigre & poivre; estant bien cuit, arrosez-le d'vne autre sauce faite de beurre & oygnon haché, & puis meslez le tout ensemble, & le faites mitonner; meslez-y vn peu de farine, & seruez.

### 11. *Limandes frites en ragoust.*

Elles s'accommodent de mesme qu'au discours des entrées de poisson cy-deuãt.

### 12. *Louxtre de mer au court boüillon.*

Habillez-le & le preparez pour le mettre au court boüillon, lequel vous accommoderez de mesme sorte que celuy des barbeaux. Estant bien cuit, seruez-le sec auec persil dans vne seruiette par dessus.

### 13. *Louxtre de mer sur le gril.*

Habillez-le, & faites rostir; estant rosty, faites-y vne sauce telle que vous voudrez, pourueu qu'elle soit de haut goust; & d'autãt que ces grosses masses ont peine à prendre goust, fendez-le ou le découpez par dessus, faites-le mitonner auec sa sauce, tant à peu prés qu'il en soit imbu, puis seruez-le, & garnissez de ce que vous aurez.

### 14. *Raye fritte.*

Estant bien habillée & nettoyée, mettez-la mariner auec du vinaigre bien assaisonné : & peu auant que de seruir, faite-la frire auec du beurre affiné, ou de l'huile d'oliue : estant bien cuitte & rissollée, mettez-la égouter, & la sursemez de sel menu, puis la seruez entiere, ou les deux costez rassemblez, auec orange.

### 15. *Tanches au court boüillon.*

Apres les auoir bien échaudées, vous les pouuez mettre au court boüillon ainsi que dessus, & les seruir auec persil.

### 16. *Alloze au court boüillon.*

Vous pouuez aussi mettre l'alloze au court boüillon, la seruant auec son écaille, bien assaisonnée de persil, dans vne seruiette par dessus.

### 17. *Alloze rostie.*

Sortant du court boüillon mettez-la sur le gril ; estant rostie, faites vne sauce façon de sauce Robert, & faites mitonner le tout ensemble, mais fort peu, puis serués, & si vous voulés, mettés-y des capres.

### Autre façon.

Estant écaillée & habillée par l'ouye, bien nette & essuyée, passés-la dans du beurre frais, & la faites bien rostir, puis la fendés tout le long du dos, ostés toutes les arrestes qu'il y peut auoir, & la refermés: prenés la laicte, & auec quantité de bonnes herbes, faites vne sauce vn peu picquante, d'autant que ce poisson est doux de soy: faites-y entrer capres, anchois, champignons, & liés vostre sauce auec vn peu de chapelure de pain passé par la poësle.

Ou autrement faites vne farce auec de l'ozeille bien assaisonnée, & ayant bouïlli vn bouïllon, serués.

### 18. *Moruë fraische.*

Mettés-la en façon de court bouïllon, la laissés fort peu bouïllir, & la retirés: puis la laissés reposer, & couurés d'vne nape ou d'vne seruiette; & lors que vous voudrés seruir, mettés-la égouter, faites vne sauce liée, & serués auec persil.

### 19. *Breme rostie.*

Estant habillée, faites la rostir sur le gril, & la beurrés par dessus. Estant rostie,

rostie faites vne sauce auec beurre frais, persil & siboules, vinaigre, sel, & poivre, faites mitonner le tout ensemble, & seruez.

### Autre façon.

Vous la pouuez mettre au court boüillon, puis la faire rostir, & apres vne sauce auec beurre bien frais, persil & siboules achees, passer le tout par la poësle; lors que vous voudrez seruir meslez-y vn jus d'ozeille, & serués.

### 20. Brochet au bleu.

Habillés-le sortant de l'eau, & le coupez, ou le laissés entier; & en cette derniere eau, cizelés-le le long du dos, puis le mettés dans vn bassin, & prenés sel, vinaigre, oygnon, poivre, & escorce de citron, ou d'orange, à quantité, faites boüillir le tout ensemble vn seul boüillon, le iettés sur vostre broochet, & aussi-tost il deuient bleu: pour le cuire, faites boüillir vostre vin blanc bien assaisonné de sel, mettés-y vostre brochet, & le laissés cuire: gouttés à vostre court boüillon s'il est assés fort, & laissés-y reposer le brochet iusques à ce qu'il ait pris goust: prenés garde qu'il n'y soit trop long-temps, & en cas, ostez-le iusques à ce qu'il faille seruir : ce que vous ferés estant chaud, auec persil, en vne seruiette.

### 21. *Brochet à la sauce.*

Estant cuit de mesme façon que dessus, ostez-en la peau, & prenés vne goutte de vostre court bouïllon, mettez-le dans vn plat auec vn demy jaune d'œuf bien délayé, du beurre bien frais & muscade : faites que la sauce soit bien liée & bien assaisonnée de sel, siboules, écorce : & si vous voulés, ioignés-y des anchois ; mais prenés garde qu'elle ne soit tournée, & serués vostre brochet tout chaud.

### 22. *Truittes au court bouïllon.*

A proportion de leur grosseur cizelés-les, & donnés de la force à vostre court bouïllon. Auant que de les faire cuire habillés-les par l'ouye, & les faites mariner, puis les faites cuire tout à loisir, de peur qu'elles ne se décharnent. Estant cuites, serués-les auec persil dans vne seruiette ployée, que vous couurirez de fleurs s'il est saison.

### 23. *Truites saumonnées.*

Accommodés-les, & serués de mesme sorte que les communes cy-deuant.

### FRANÇOIS

#### 24. Perches au court bouillon.

Sortant de l'eau habillés-les par l'ouye, & les mettés dans un court bouillon de vin blanc, bien assaisonné de toutes sortes, comme poivre, sel, clou, écorce de citron ou d'orange, siboule & oygnon. Estant cuites, tirés-les, & leur ostés la peau, faisant une sauce d'une goutte de vostre court bouillon, delayé auec du vinaigre, un jaune d'œuf, ou oignon écartelé, beurre frais, sel, & fort peu de poivre blanc, meslés le tout ensemble promptement sur le feu, le mettés sur vos perches, & serués

#### 25. Lottes.

Faites tiedir de l'eau, les mettés dedans, peu apres tirés-les, ostés-leur le limon auec un cousteau, & par ainsi vous les rendrés toutes blanches. Habillés-les en suite, laués-les, mettés-les entre deux linges, & les essuyés. Celles qui sont grosses mettés-les à part, & les cizelés par dessus pour seruir à l'huile ou au beurre affiné, auec sel, & orange, puis serués.

#### 26. Lottes en castrolle.

Mettés vos lottes en castrolle, & les assaisonnés de beurre, sel, clou battu, poivre, écorce, un bouquet, verjus, un filet

Q ij

de vinaigre, & fort peu de bon bouïllon. Estant cuites, serués & garnissés si vous voulés d'anchois, capres, champignons, & de quelque autre garniture que vous aurez.

### 27. Carpe au bleu.

La meilleure sorte de carpes est la laittee. Prenés la viue & l'assaisonnés pour mettre au court bouïllon, de mesme sorte que le brochet cy-deuant article 20. Si elle est grosse, vous la pouués mettre en quatre, ou la cizeler le long du dos, & la mettre dans vn bassin & au bleu. Si vous la voulés faire cuire dans vn poissonnier, ayés vne fueille pour mettre au fonds, prenés vostre carpe auec vn linge, assaisonnés-la bien auec oygnon, poivre, sel, clouds, escorce, & le tout bien enueloppé dans vostre linge, mettés-la cuire la fueille dessous, de peur qu'à force de bouillir elle ne brusle; ou que le linge ne s'attache au poissonnier, faites en sorte que vostre court bouillon ne soit alteré d'aucune chose, mais bien assaisonné de tout ce qui est necessaire. Estant cuite tout à loisir, serués-la auec persil dans vne seruiette.

### 28 Carpe farcie.

Leués-en la peau par dessus le dos jusques au ventre, ostés toutes les petites arrestes, les tripes & laictances, & tirez de la teste les ouyes & la langue, puis faites vne farce auec peu de viande de carpe bien hachee, & assaisonnee d'autant de beurre que de chair: peu de persil, siboules, & vn brin de fines herbes: liés le tout auec vn œuf; ou meslés-y champignons, laictances, ou moules, capres, siboules, langues de carpes, & cus d'artichaux: mettés vostre farce dans voustre carpe tout du long, & laissés vn creux où vous mettrez ce que vous auez passé: assaisonnez bien le tout, & la fermés, faites-la cuire dans vn bassin, ou dans vne castrolle, qui est vne piece faite en façon de grande tourtiere, & comme vne espece de léchefritte, ou dans vn plat deuant le feu auec vn filet de verjus, & peu de boüillon, beurre, & ce que vous auez de reste de vos champignons, trufles, ou laictances, faites mitonner le tout ensemble tout à loisir, & de peur qu'il ne s'attache, mettez quelques siboules dessous auec peu de verjus, & quelques jaunes d'œufs, liés la sauce, & serués.

La carpe farcie de cette sorte, se peut mettre en paste fine ou fueilletée, & garnir de ce que vous aurés.

### 29. *Esperlans.*

Prenés-les bien frais, les enfilés & les essuyés bien, lors que vous serés prest à seruir, farinés-les & faites frire à l'huile ou au beurre, ostés la verge, les saupoudrés de sel menu, serués auec orange.

### 30. *Plies.*

Vous trouuerés cét article & tous les suiuans de la Table, au discours des Entrées de poisson, qu'il eust esté inutile de repeter, & superflu de cotter par articles & par pages, d'autant qu'ils paroistront à la premiere recherche. Cependant ie vous donne aduis, que ce que ie vous marque ne vous oblige, ny à plus ny à moins dans la rencontre de vos honnestes despenses ou emplois, mais bien le fais-je seulement pour vous faire souuenir de ce qui se peut seruir, sans oublier à vous dire, que vous pouués choisir ce qui vous agréera, & y entre-mesler pastez ou tourtes à proportion des plats que vous aurés, en obseruant de seruir pasté ou tourte apres six plats de seruice.

## Table de l'Entre-mets des iours maigres hors le temps de Caresme.

| | |
|---|---|
| Mousseron, | 1 |
| Champignon à la cresme, | 2 |
| Trufles, | 3 |
| Oeufs filez, | 4 |
| Nulles, | 5 |
| Oeufs mignons, | 6 |
| Tourte de franchipane, | 7 |
| Omelette à la cresme, | 8 |
| Baignets, | 9 |
| Pets de putain, | 10 |
| Paste filée, | 11 |
| Seruelats d'anguille, | 12 |
| Laictances de carpes frites, | 13 |
| Laictances en ragoust, | 14 |
| Foyes de lottes, | 15 |
| Gelée de poisson, | 16 |
| Blanc manger | 17 |
| Gelée verte, | 18 |
| Artichaux frits, | 19 |
| Asperges à la sauce blanche, | 20 |
| Asperges à la cresme, | 21 |
| Celerus, | 22 |

*Choux-fleurs,* 23
*Iambon de poisson,* 24
*Tortuës en ragoust,* 25
*Baignets de pommes,* 26
*Baignets d'artichaux,* 27
*Pasté d'amandes,* 28
*Ramequins de toutes sortes,* 29
*Oeufs à la cresme.* 30

---

*Methode d'accommoder l'Entre-mets des iours maigres, dont il est fait mention dans la Table, qui precede immediatement.*

### 1. *Mousseron.*

Prenez-le bien frais, ostez-en le granier, & le lauez auec de l'eau ou du vin blanc : puis le mettez dans vn plat auec du beurre bien frais, bien assaisonné de sel, poivre blanc, chapelure de pain, & vous prendrez garde qu'il ne brusle : estant cuit, mettez-y vn peu de muscade, vn jus d'orange ou citron, puis seruez.

## Autre façon.

Passez-le par la poësle auec du beurre bien frais, persil, vn bouquet, poivre, sel, & le laissez mitonner dans vn plat, ou vn pot, & lors que vous voudrez seruir, mettez-y de la cresme, ou vn jaune d'œuf, ou vn peu de chapelure de pain, peu de muscade, & seruez.

Vous en pouuez garnir ce que vous voudrez, à proportion de la quantité que vous en aurez.

### 2. Champignons à la cresme.

Prenez-les bien frais, & les plus petits, car ils sont les meilleurs; pelez les à sec, lauez-les auec de l'eau, & aussi-tost tirez-les, & les faites égoutter: coupez les plus gros, & ensemble auec les plus petits, fricassez-les auec du beurre frais, persil & siboules hachees bien menuës, sel, poivre, puis les faites mitonner dans vn petit pot, iusques à ce que vous soyez prest de seruir: & alors vous y pouuez mettre de la cresme, laquelle ayant boüilly trois ou quatre tours, & la sauce estant liée, vous les pouuez seruir.

### 3. Trufles.

Faites-les cuire au court boüillon:

estant cuites, serués-les dans vne seruiette ployée.

### Autre façon.

Serués-les de mesme sorte que le mousseron, & y mettés peu de boüillon, cresme, & quelque jus, estant coupées fort deliées, & cuites, serués.

### Autre façon.

Pelés-les & les coupés bien menuës & fort deliées, les passés en suite par la poësle, & les assaisonnés de fort peu de sel, parce qu'il faut qu'elles boüillent long-temps auec quelque boüillon que vous iugerés qu'il soit bon. Estant cuites dégraissés-les, & faites en sorte que la sauce soit vn peu liée par le moyen de quelque liaison ou de la chapelure de pain, puis serués.

### Autre façon.

Sortant du sable laués-les auec du vin blanc, & les faites cuire auec du gros vin, force sel & poivre : estant cuites serués-les auec vne seruiette ployée.

### 4. Oeufs filez.

Vous les trouuerés aux Entre-mets des jours gras, auec la façon de les seruir.

### 5. Nulles.

Prenés quatre ou cinq jaunes d'œufs,

de la cresme bien fraische, quantité de sucre, & vn grain de sel : battez bien le tout ensemble, & faites cuire sur vne assiette creuse ou vn plat, passés la paisle du feu rouge par dessus, l'arrosés d'eau de senteur, serués & sucrés de sucre musqué.

### 6. *Oeufs mignons.*

Vous trouuerés la façon de les faire & de les seruir aux Entre-mets des iours gras.

### 7. *Tourte de franchipane.*

Vous la trouuerés aux Discours & à la Table de la patisserie des iours gras.

### 8. *Omelette à la cresme.*

Prenés quantité de jaunes d'œufs, peu de blancs, & peu de cresme, du sel à proportion, battés le tout ensemble, & vn peu auant que de seruir, faites vostre omelette, & si vous voulés sucrés-la, & serués.

### 9. *Baignets.*

Prenés quatre fromages à petits choux, j'entends fromage blanc & mol, six œufs, vn demy litron de farine, & peu de sel, battés le tout ensemble, & l'essayez, car les fromages sont quelquefois trop mols, ou trop secs, &c.

### 10. *Pets de Putin.*

Faites-les de mesme, à la reserue qu'il y faut mettre vn peu de farine dauantage : tirez les fort menus auec vne queuë de cuilliere. Estant cuits, seruez les sucrez, & arrosez de fleurs d'oranges.

### 11. *Paste filée.*

Vous trouuerez la façon de l'accommoder & seruir aux iours gras.

### 12. *Seruelats d'Anguilles.*

Habillez vostre Anguille, & la fendez par la moitié, tirez-en l'areste, battez bien la chair, & l'assaisonnez, roulez-la & la liez. Estant liée, enueloppez-la dans vn petit linge, & la faites cuire dans vn pot auec du vin, sel, poivre, cloux, oygnon, fines herbes, & faites en sorte que la sauce se reduise à peu : Estant bien cuite, deueloppez-la, & coupez par tranches fort delices, puis seruez sec, ou auec de la sauce.

### 13. *Laictances de carpes frites.*

Nettoyez-les bien, faites les blanchir dans l'eau & les essuyés. Lors que vous voudrés seruir, farinez-les & les faites frire. Estant frites, serués auec sel & orange.

### 14. *Laittances en ragoust.*

Faites-les blanchir dans l'eau, & les mettés dans vn plat auec vn filet de vin blanc bien assaisonnees de beurre, sel, vn bousquet, poivre, quelque jus de champignons, peu de capres & anchois ; la sauce estant liee, serués auec jus d'orange ou de citron, & muscade.

### 15. *Foye de Lotte.*

Tirés-le du poisson, & le mettés dans vn plat auec du beurre bien frais, peu de fines herbes, persil haché bien menu, champignons aussi menus, du meilleur de vos bouïllons, capres hachees, & vn anchois. Estant bien cuit, & la sauce liee, serués.

### *Autre façon.*

Faites-le frire si vous voulés, & le serués auec sel, jus d'orange ou de citron.

### 16. *Gelée de poisson.*

Prenés des écailles de carpes, demy douzaine de tanches, & trois chopines de vin blanc, faites bien cuire le tout ensemble auec peu de sel & de canelle, & quatre cloux de girofle ; passés le tout dans vne seruiette, c'est à dire pressez-le pour en faire sortir le jus, & y mettez vne liure de sucre : prenés demy quarteron d'œufs, & en faites frire les blancs; tenés voftre chauffe prefte & bien nette, faites chauffer voftre gelée, & eftant prefto à boüillir, jettés-y le jus de cinq citrons & vos blancs d'œufs. Lors qu'elle commence à boüillir, jettés-la dans la chauffe, & la repaffés iufques à ce qu'elle foit bien claire; mettés-la au naturel fur vne affiette, ou dans vn plat & ferués.

### 17. *Blanc manger.*

Faites-le du refte de voftre gelée, & y mettés amendes pilées & vne goutte de laict : puis le paffés & tournés en blanc manger, & eftant froid, ferués.

### 18. *Gelée verte.*

Elle fe fait de mefme : paffés-la auec fort peu de jus de poirée, puis ferués froide.

### 19. *Artichaux frits.*

Coupés-les comme à la poivrade, coupés auffi les pointes, & les faites blanchir dans de l'eau chaude : ce qu'eftant fait, mettés-les feicher, & les farinés pour frire lors que vous en aurés befoin. Serués-les garnis de perfil frit.

### 20. *Afperges à la fauce blanche.*

Prenés afperges, les ratiffés, & les

coupés égales, faites-les cuire auec de l'eau & du sel, tirés les moins cuites que vous pourrés, c'est le meilleur, & les mettés égouter, puis faites vne sauce auec du beurre frais, vn jaune d'œuf, sel, muscade, vn petit filet de vinaigre : & le tout bien remué ensemble, & la sauce liée, serués.

21. *Asperges à la cresme.*

Coupés-les en trois, & les ayant fait blanchir, fricassez-les de mesme bien assaisonnées. Estant cuittes, mettez-y vostre cresme, & les faites mitonner auec. Si la sauce est trop claire, mettés-y jaunes d'œufs pour la lier, & serués.

22. *Celeris.*

Il se mange auec poivre & sel, ou auec huile, poivre & sel.

23. *Choux fleurs.*

Habillés-les & faites blanchir, les faites cuire auec beurre, eau, & sel, estans cuits mettés les égoutter, & faites vne sauce de mesme qu'aux asperges puis serués.

24. *Iambon de poisson.*

Prenés la chair de plusieurs carpes auec peu d'anguille, achés bien le tout ensemble, l'assaisonnés de beurre, & l'assemblés en forme de jambon : Emplissés-en vos peaux de carpes, les recousés & enueloppés auec vn linge fort gras: Faites-les cuire dans vn pot auec moitié vin, & moitié eau, bien assaisonnées de sel, &c. faites-bien consommer vostre sauce. Estant cuites, tirees-les, & les déueloppés toutes chaudes.

Vous les pouués seruir chaudes & froides, & en tout cas garnies comme vn jambon.

### 25. *Tortuës en ragoust.*

On les peut manger en tout temps, l'on en fait quelque liaison; & on s'en sert aux potages pour garnir, & à beaucoup d'autres choses.

### 26. *Baignets de pommes.*

Vous trouuerés cét article, & les quatre qui suiuent aux discours des iours gras, & de la façon des œufs, ayez recours à la Table.

*Table*

Table de ce qui se peut trouuer dans les jardins, dont on se peut ayder au besoin; & seruir aux Entrées & Entre-mets des iours maigres, & autres iours de charnage ou de Caresme.

| | |
|---|---:|
| Cheruis, | 1 |
| Boüillie de fleur de Bled, | 2 |
| Oubelon, | 3 |
| Laittuës, | 4 |
| Citroüilles de toutes sortes, | 5 |
| Panets, | 6 |
| Sercifis, | 7 |
| Carottes, | 8 |
| Bette-raues, | 9 |
| Toupinambours, | 10 |
| Concombres de toutes sortes, | 11 |
| Nauets, | 12 |
| Pommes fricaßées, | 13 |
| Carottes rouges, | 14 |
| Asperges fricaßées, | 15 |
| Cicorée blanche, | 16 |
| Cardes de poirée, | 17 |

R

| | |
|---|---:|
| Cardes d'Artichaux, | 18 |
| Pois passez, | 19 |
| Trufles d'Entrée, | 20 |

### Methode pour apprester le contenu en la Table precedente.

#### 1. Cheruis.

Faites les boüillir fort peu, puis les pelez & faites frire dans du beurre roux, estant frits, seruez.

#### Autre façon.

Pour le charnage, faites vne paste assés liquide auec des œufs, peu de sel, & peu de farine ; pour la rendre plus delicate, meslés y du fromage à petits choux trempez dedans vos cheruis, faites les frire, & seruez.

#### Autre façon.

Pour les frire en Caresme, detrempés vostre farine auec peu de laict ou verjus, & peu de sel : moüillés vos cheruis dans cét appareil, & les faites frire dans du beurre affiné pour estre meilleurs. Si vous voulés garnissés les de persil frit, pour lequel frire, vous le jettés dans vostre friture bien chaude, bien net & bien sec, aussi tost sortés le & le mettés deuant le feu, en sorte qu'il soit bien verd. Seruésvos cheruis, le persil autour.

### 2. *Bouillie de fleur de bled.*

Elle se fait de mesme que celle de fleur de riz, & veulent cuire autant l'vne que l'autre. Pour les faire, delayés les auec fort peu de laict & sel, mettés y hors le Caresme, iaunes d'œufs, peu de beurre, & du sucre ; laissés la cuire à loisir, en sorte qu'il se fasse vn gratin, serués & sucrés.

### 3. *Oubelon.*

Nettoyés le bien, & ne laissés que le verd, faites le bouillir vn bouillon dans de l'eau, puis l'égouttés & le mettés dans vn plat auec peu de beurre, vn filet de vinaigre, vn peu de vostre meilleur bouillon, sel & muscade : faites le mitonner pour vous en seruir à garnir, ou à autre chose.

### 4. *Laittuës.*

Pour en garnir toutes sortes de potages, soit de poulets, de pigeons, de purée, d'herbes, ou de santé, faites les bien blanchir, & les laués : mettés les mitonner dans vn pot auec du meilleur de vos boüillons. Aux iours gras assaisonnez les de gras; aux iours maigres, mettez y du beurre, & lors qu'elles seronr cuites, fendez les par la moitié, en garnissez vos potages, & seruez.

### 5. Citroüille.

Découpés la fort deliée, & la fricassés auec du beurre; estant bien colorée, faites la mitonner entre deux plats auec vn oygnon ou vne siboule picquée de clou, sel, poiure & verjus de grain, si vous en auez. Estant cuite, seruez.

### Autre façon.

Vous la pouuez mettre auec de la cresme.

### Autre façon.

Coupez la par gros morceaux & la faites boüillir dans vn pot auec de l'eau, estant bien cuite ostés l'eau, passés vostre citroüille & fricassés auec du beurre, & vn oygnon aché bien menu; assaisonnez la d'vn filet de verjus, de muscade, & seruez.

### Autre façon.

Estant passée comme dessus, mettez-la auec du beurre bien frais, & le faites fondre auec citroüille, sucre & amende, mettez vostre appareil dans vne abbaisse

FRANÇOIS. 261

de paste fine, en façon de tourte, & la faite cuire. Estant cuite sucrez la, & seruez.

Beaucoup de personnes y veulent du poiure; mettez y fort peu de sel, & la pouuez garnir d'escorce de citron confite couppée par tranches.

### 6. Panets.

Couppez en les filets, lauez les bien & les faites cuire, estans cuits pelez les & les coupez comme vous voudrez. Mettez les dans vn plat auec beurre bien frais, sel, muscade, & vne goutte de boüillon, ou vn filet de vinaigre ou de verjus, faites mitonner le tout ensemble, & le remuez bien. Ce faisant vous trouuerez vostre sauce liée, puis seruez.

*Autre façon.*

Faites les cuire de mesme sorte que les cheruis cy-deuant article 1. & les serués auec jus d'orange ou verjus, & vn peu de sel.

### 7. Serfifis.

Faites les cuire comme les panets. Estant cuits, faites la sauce de mesme, & seruez.

Vous les pouués seruir frits.

R iij

### 8. Carottes.

Nettoyés les & faites cuire : estant cuittes, pelés les, & les couppés par ruelles fort deliées, fricassés les auec du beurre frais, vn oygnon aché, sel, poivre & vinaigre, puis serués.

### 9. Betteraues.

Estant bien nettes & bien cuites dans de l'eau, ou dans la braise, pelés les & coupés par ruelles, fricassés les auec vn oygnon aché, bien assaisonnées d'vn filet de vinaigre, & de bon beurre frais; estant bien fricassées, serués.

### Autre façon.

Estant cuites, coupés les de mesme sorte, & mettés les auec de l'huile, vinaigre & sel, puis serués.

### 10. Taupinambours.

Faites les cuire dans la braise : estant bien cuits, pelés les & coupés par ruelles; fricassés les auec beurre bien frais; vn oygnon, sel, poivre, vinaigre. Estant bien fricassés, serués auec vn peu de muscade.

### 11. Concombres.

Pelés les, & les coupés par ruelles, fricassés les auec du beurre bien frais : estant fricassés, mettés y vn oygnon, sel & poiure, & les laissez bien mitonner sur le rechaut, puis seruez auec jaunes d'œufs, si vous voulez.

### Autre façon.

Pour les confire, prenez les fort ieunes & forts petits : faites les blanchir dans de l'eau fraische, & égouter; puis les mettez dans vn pot auec du sel, poivre & vinaigre. Couurés les bien, & n'y oubliés pas des cloux de girofle.

### Autre façon.

Faites les confire d'autre façon, & pour cét effet, coupés les fort deliés, puis les mettés auec oygnon, sel, poivre, & vinaigre : estant bien confits égouttés les, & pour les seruir mettés y de l'huile, & les serués en salade.

### 1. Nauets.

Ratissés les, les faites blanchir, & les mettés cuire auec de l'eau, du beurre, & du sel. Estant cuits, mettés les dans vn plat auec du beurre bien frais : Vous y pouués mettre de la moutarde, serués auec muscade.

### 13. Pommes fricassées.

Pelés les, les coupés par ruelles, & les fricassés auec du beurre bien frais. Estant fricassées serués, faisant vn bouillon auec vn peu de muscade.

### Autre façon.

Couppez les par la moitié, ostez les pepins & tout ce qui est autour, seruez les sous la peau, & les mettez dans vn plat auec du beurre, du succre, de l'eau, & vn peu de canelle, faites les cuire ainsi, estant cuittes seruez les succrées.

### 14. Carottes rouges.

Elles se preparent de mesme façon que les blanches.

### 15. Asperges fricassées.

Rompez les par petits morceaux, puis les lauez bien, estant égouttées, fricassez les auec du beurre bien frais, & les assaisonnez de sel, poiure, & persil aché; estant fricassées, mettez les mittonner sur le rechaut auec vn oygnon picqué de clou & vne goutte de boüillon, puis seruez auec muscade.

Vous y pouuez aussi mettre de la cresme si vous voulez.

### 16. Chicorée blanche.

Faites la bien blanchir dans l'eau, & la mettez égoutter, puis la liez, & la mettez cuire dans vn pot auec de l'eau, du beurre & du sel, estant bien cuitte, tirez la & la faites de rechef égoutter, apres quoy vous la mettrez mittonner sur le rechaut auec du beurre, sel, muscade, & vn filet de vinaigre : lors que vous serez prest de seruir faites y vne sauce liée, & seruez.

### Autre façon.

Estant blanchie, preparez la en salade auec sel, vinaigre, & sucre, puis seruez.

17. *Cardes de poirée.*

Ostez les filets, & les faites blanchir dans l'eau fraische, puis les mettez cuire dans vn pot ou dans vne chaudiere auec de l'eau, du beurre, vne crouste de pain, & du sel. Estant bien cuites tirez les, & les laissez mittonner dans vn plat auec du beurre iusques à ce que vous en ayez affaire : & alors faites les chauffer & les appropriez sur vne assiette, puis faites vne sauce liée auec du beurre bien frais, vn filet de vinaigre, & de la muscade, puis seruez.

18. *Cardes d'artichaux.*

Choisissez les plus blanches, en ostez les filets, puis les faites blanchir : estant blanchies, mettez les cuire auec du sel & de l'eau, vn morceau de beurre, & vne crouste de pain : estant bien cuites, garnissez vostre plat, faites y vne sauce blanche, & seruez.

### 19. Pois passez.

Faites tremper vos pois, laués les bien, & les faites cuire dans l'eau chaude, & les remplissés. Estant cuits broyés les & les passés par vne passoire : prenés de la purée la plus espaisse, & la faites mitonner sur le rechaut auec du beurre, du sel, & vn oygnon entier picqué de clou, puis serués.

Vous pouués seruir & fricasser des pois entiers auec beurre bien frais, sel, oygnon aché, poivre & vinaigre. En Caresme garnissés de harans.

### 20. Trufles d'entrée.

Nettoyés les bien, pelés les, & fricassés auec du beurre bien frais, vn oygnon picqué de cloux, peu de persil aché, & vne goutte de bouillon : faites les mitonner entre deux plats, & la sauce estant vn peu liée, serués.

---

*Table pour la Patisserie de poisson, à manger chaud, contenant les pastez & tourtes.*

| | |
|---|---|
| Pasté de saumon, | 1 |
| Pasté de truitte. | 2 |

| | |
|---|---|
| Pasté de becare, | 3 |
| Pasté de carpe, | 4 |
| Pasté d'esturgeon, | 5 |
| Pasté de barbuë, | 6 |
| Pasté de turbost, | 7 |
| Pasté de truitte, | 8 |
| Pasté de plies, | 9 |
| Pasté d'anguilles, | 10 |
| Pasté de moruë fraische, | 11 |
| Pasté de carpe desossée, | 12 |
| Pasté à la Cardinale, | 13 |
| Pasté de limandes, | 14 |
| Pasté de grenost, | 15 |
| Pasté de solles, | 16 |
| Pasté de solles moitié frittes, | 17 |
| Pasté dressé de hachis d'anguille, | 18 |
| Tourte de limandes, | 19 |
| Tourte d'huistres fraisches, | 20 |
| Tourte de foye de lottes, | 21 |
| Tourte de laictances de carpes, | 22 |
| Tourte de lottes, | 23 |
| Tourte de carpes, | 24 |
| Tourtes d'escreuisses, | 25 |
| Tourte de grenoüilles, | 26 |
| Tourte de tanches, | 27 |
| Tourte de beurre, | 28 |
| Tourte d'espinars, | 29 |
| Tourte de melon, | 30 |

*Tourte de pistaches,* 31
*Tourte d'amendes,* 32
*Tourte de citroüille,* 33
*Tourte de poires,* 34
*Tourte de cresme,* 35
*Tourte de pommes,* 36
*Tourte de franchipanne,* 37
*Tourte de blancs d'œufs,* 38
*Tourte de jaunes d'œufs,* 39
*Tourte de massepin,* 40

---

*Instruction pour apprester la Patisserie de Poisson, cy-deuant deduite par Table.*

Auant que de passer outre à vous dis-courir des moyens de l'apprester, d'autant qu'il y sera parlé souuent de differentes sortes de pastez, i'ay iugé à propos de vous donner quelque petit enseignement pour la dresser.

Pour cét effet, vous sçaurez que la paste feuilletée se fait prenant quatre liures de fleur, détrempée auec de l'eau & du sel, fort douce neantmoins: estant vn peu reposée vous l'estendez auec la quantité de deux liures de beurre : joignés les ensemble, & laiſſez la troiſieſme partie de voſtre paſte vuide pour la ployer en trois, & voſtre beurre eſtant fermé, vous eſtendez encore voſtre paſte bien carrée pour la ployer en quatre. Cela fait; vous faites encore trois autres tours de meſme, apres quoy, vous la poſez en lieu frais pour vous en ſeruir lors que vous en aurez affaire; puis vous eſtendez voſtre paſte à proportion du paſté ou de la tourte que vous voulez faire, & remarquez que cette paſte eſt plus mal aiſée à nourrir que pas vne autre, afin que vous ne vous y trompiez pas.

La paſte fine ſe fait de quatre liures de fleur, & vne liure & demie que vous delayez bien fort enſemble auec du ſel; apres quoy vous la laiſſez repoſer iuſques à ce que vous en ayez affaire, & en faites paſtez ou tourtes.

La paſte d'eau chaude ſe fait de meſme hormis que vous faites chauffer l'eau & le beurre : eſtant faite laiſſez la repoſer plus que l'autre, & la maniez fort peu de peur qu'elle ne ſe bruſle : faites en paſté ou tourte.

La paſte biſe ſe fait de farine de ſeigle

auec de l'eau & peu de beurre. Vous y pouuez mettre si vous voulés du sel & du poivre : estant bien forte & reposée faites en pasté de venaison.

Toutes sortes de pastés gras ou maigres qui se mangent chauds, s'assaisonnent de mesme façon, suiuant les sortes de viandes. Vous y pouués mettre mesme garniture de iardin, comme champignons, trufles, asperges, iaunes d'œufs, cus d'artichaux, capres, cardes, pistaches.

Aux pastés de chair, outre les garnitures de iardin, vous y faites entrer riz de veau, roignons, crestes, &c.

Les pastés de viande garnis, & de viande fort tendre, ne veulent estre au four que deux heures & demie. Ceux de poisson, gros ou petit, de mesme grandeur, autant.

Il y a de la difference au pasté de levraut, lequel quoy qu'il s'assaisonne de mesme, ne veut estre au four que deux heures, soit qu'il soit en paste feuïlletée ou autre. Il se sert chaud & descouuert.

Les pastez que vous voulez garder il faut qu'ils soient de plus haut goust que ceux que vous faites pour manger chauds. Si vous les faites porter loing, il faut que la paste soit vn peu bise : & si elle est fine, il faut faire vn panier exprés pour les porter.

Vous lardés vos pastés maigres auec anguilles ou carpes bien assaisonnees de poiure, sel, vinaigre, clou battu, faites vostre paste fine ou autrement, & assaisonnés vostre pasté de clou, sel, poiure, fines herbes, & vne chalotte; estant fait, dorés le en charnage d'vn jaune d'œuf, en Caresme d'œufs de brochet delayés dans de l'eau, & le mettés au four, peu apres le percés.

Apres ce mot d'aduis, qui n'est pas inutile, comme ie croy, venons au detail des façons de pastisseries qui se seruent chauds aux iours gras ou maigres.

### 1. *Pasté de saumon.*

Vostre poisson estant habillé, lardés le d'anguille ou carpe, assaisonné de poiure, sel, & clou battu, puis le mettés sur la paste, & par dessus vne feuille de laurier, & bon beurre frais ou lard battu, selon le iour que vous voulés vous en seruir : arrosés le de lard auec vn filet de vinaigre, & le fermés à la forme du poisson : estant cuit, serués le chaud ou froid.

### 2. *Pasté de truittes.*

Il se fait & assaisonne de mesme.

### 3. *Pasté de Becare.*

Il se fait de mesme.

### 4. *Pasté de carpe.*

Il se fait de mesme.

### 5. *Pasté d'esturgeons.*

Aussi de mesme.

### 6. *Pasté de barbuë.*

Habillez vostre barbuë, & la cizelez par dessus: Si vous voulez lardez la d'anguille bien assaisonnée, puis dressez vostre paste à la grandeur de vostre barbuë, & la mettez dedans bien assaisonnée de sel, poivre, clou, fines herbes, champignons, morilles, peu de persil passé auec du beurre frais, mousserons, cus d'artichaux, ou asperges rompuës, & bon beurre frais, le couurez à iour; & si vous voulez enjoliuez le de quelques façons: faites le cuire, estant cuit & bien nourry seruez le auec vne sauce faite de verjus de grain & jaunes d'œufs.

### 7. *Pasté de turbosts.*

Il se fait de mesme façon.

### 8. *Pasté de truitte.*

De mesme.

### 9. *Pasté de plie.*

Aussi de mesme.

10. Pasté

### 10. *Pasté d'anguilles.*

Habillez les, coupez les par ruelles, & les assaisonnez: dressez vostre pasté, & l'emplissez d'anguilles, de jaunes d'œufs durs, champignons, trufles, si vous en auez, cus d'artichaux, & bon beurre frais. Seruez le descouuert auec vne sauce blanche composée de jaunes d'œufs delayez dans du verjus: de peur qu'il ne s'abatte liez le auec du papier beurré & vn filet; estant cuit ostez le papier.

### 11. *Pasté de moruë fraische.*

Faites le comme celuy de barbuë, & seruez chaud.

### 12. *Pasté de carpe desossée.*

Farcissez la de mesme façon que pour vne entrée, & dressez vostre pasté, mettez la dedans garnie de tout ce que vous voudrez: faites le cuire couuert; ayant cuit deux heures, seruez le descouuert auec vne sauce blanche.

### *Autre façon.*

Coupez vostre carpe par morceaux, & la mettez en paste dressée & assaisonnée de ce que vous aurez: faites cuire vostre pasté, & le seruez descouuert auec vne sauce blanche.

### 13. Pasté à la Cardinale.

Prenés chair de carpe & d'anguille, les achés bien auec du beurre, & les assaisonnés de sel, poivre, fines herbes, & peu de champignons, puis dressés vos pastés les plus petits que vous pourrés, emplissés les, couurés, dorés, & faites cuire, puis serués.

### 14. Pasté de limandes

Estant habillées, cizelés les, & mettés dans vostre abaisse, & assaisonnés de sel, poivre, clou battu, champignons passés par la poësle auec du beurre roux, beurre frais, & de tout ce que vous aurés, couvrés le, le faites cuire, & le bandés de papier beurré. Estant cuit serués auec vne sauce blanche, muscade, vne chalotte, jus & tranches de citron ou d'orange.

### 15. Pasté de grenost.

Estant habillé, cizelés le, & le mettés dans vostre abaisse assaisonné de sel, poivre, beurre frais, champignons, trufles, mousserons, morilles, persil passé, & cus d'artichaux. Le pasté dressé, couuert & bandé de papier beurré, faites le cuire, estant cuit, serués le descouuert auec vne sauce blanche, ou quelque autre liaison que vous aurés.

### 16. *Pasté de solles.*

Il se fait de mesme que celuy de barbuë, d'autant qu'il est d'vne mesme espece de chair. Il se mange chaud.

### 17. *Pasté de solles moitié frittes.*

Passés les à moitié par la poësle auec du beurre, leuez l'arreste, & les farcissez de tout ce que vous voudrés, comme champignons, capres, trufles, mousserons, cus d'artichaux, beurre frais, le tout passé par la poësle auec persil & siboules achées bien menuës: mettez les en paste dressée, ou dans vne abaisse fueilletée, que vous mettrés dans vne tourtiere, & par dessus le reste de vostre farce en guise de garniture, auec jaunes d'œufs & beurre bien frais: Couurez vostre pasté, & le percés quelque temps apres qu'il sera au four. Estant cuit seruez le auec telle sauce que vous voudrez.

### 18. *Pasté dressé de achis d'anguille.*

Il se fait de mesme que celuy de carpe, à la reserue que la chair d'anguille estant plus grasse que celle de carpe, il ne la faut delayer auec beurre comme celle de carpe; seulement meslez les ensemble & les assaisonnez bien de sel, poivre, & peu de fines herbes, puis en faites vn lict : Et dessus celuy-cy vous mettrés champignons, morilles, trufles, & peu de persil aché passé dans la poësle auec du beurre, & au dessus de tout cela le reste de vostre achis, puis fermés vostre pasté & le faites cuire, estant cuit serués le auec vne sauce blanche.

### 19. *Tourte de limandes.*

Elle se fait de mesme que le pasté de limandes, dont vous aués l'instruction cy-deuant, article 14.

### 20. *Tourte d'huistres fraisches.*

Vos huistres estant nettoyées & blanchies dans l'eau chaude, passés les par la poësle auec beurre bien frais, persil, & siboules achées, & champignons, le tout bien assaisonné : mettés le tout dans vne abaisse de telle paste que vous voudrés, & garnissés de jaunes d'œufs durs, cus d'artichaux, morilles, asperges rompuës, le tout bien passé, couurés vostre tourte & la faites cuire. Estant cuite serués auec bonne sauce, que vous ferés passant par la poësle auec du beurre, deux ou trois siboules entieres, sel, poivre, vn filet de verjus ou de vinaigre, puis estant rousse meslés y deux jaunes d'œufs bien delayez auec verjus, ostez la siboule, &

mettez voſtre ſauce boüillante dans voſtre tourte auec vn peu de muſcade, puis la remuez tant ſoit peu, & ſeruez deſcouuerte.

21. *Tourte de foye de lottes.*

Eſtant fort peu blanchy dans l'eau chaude bien net & eſſuyé, mettez le dans vos abaiſſes, puis paſſés mouſſerons, morilles, truſles, aſperges rompuës, peu de perſil aché, cus d'artichaux, cardons ou cardes cuites, & jaunes d'œufs, le tout bien aſſaiſonné, & à telle proportion que voſtre tourte ne puiſſe changer ſon nom, & que la garniture n'excede le principal, faites la cuire, eſtant cuite ſeruez.

22. *Tourte de laictances de carpes.*

Elle ſe fait de meſme que celle de lottes cy-deſſous article ſuiuant, auec telle garniture que vous aurez.

23. *Tourte de lottes.*

Faites la bien blanchir auec de l'eau aſſez chaude pour en oſter le limon, iuſques à ce qu'elle ſoit blanche, puis coupez la par ruelles iuſqu'à moitié la teſte mettez la dans vne abaiſſe auec ſel, poivre, clou battu, capres, champignons, iaunes d'œufs durs, cus d'artichaux, perſil, ſiboules bien achées, & par deſſus beurre bien frais, fermés la d'vne abaiſſe de paſte fueilletée ſi vous en aués. Eſtant cuite, ſeruès la découuerte auec vne ſauce blanche, & garnie de ſon deſſus coupé en quatre.

### 24. *Tourte de carpe.*

Elle ſe fait & aſſaiſonne de meſme que celle de lotte, cy-deuant article immediatement precedent, hormis qu'il ne faut l'eſchauder, mais bien l'eſcailler.

### 25. *Tourte d'eſcreuiſſes.*

Faites les cuire auec ſel, poivre & fort peu de vinaigre, oſtés leur les pieds & le derriere, puis les habillés & les paſſés par la poëſle auec beurre bien frais, champignons & tout ce que vous auès à y mettre, ſans oublier du perſil aché: aſſaiſonnés bien le tout & le mettés en telle paſte que vous voudrés, fine ou fueilletée: Eſtant cuite, ſeruès la auec vne ſauce rouge, que vous ferés ſi vous pillés des oſſemens d'eſcreuiſſes: & apres les auoir paſſés dans vn linge, meſlés les auec quelques boüillons, quelques jaunes d'œufs, vn filet de verjus & peu de muſcade; mettés cette ſauce dans voſtre tourte ſortant du four & preſte à ſeruir, puis la ſeruès découuerte.

### 26. *Tourte de grenouïlles.*

Coupés en les grosses cuisses, & les passés par la poësle auec bon beurre bien frais, champignons, persil, artichaux cuits coupés, & capres, le tout bien assaisonné, mettés le dans vne abaisse fine ou fueilletée & le faites cuire. Estant cuit, serués descouuert auec vne sauce blanche.

### 27. *Tourte de tanches.*

Eschaudés les & les faites deuenir blanches, puis les habillés & coupés par ruelles, mettés les dans vostre abaisse de tourte ou de pasté, dressés les, & garnissés de tout ce que vous aurés, comme beurre bien frais, capres & persil aché, faites les cuire. Estant cuites, serués auec sauce blanche, & peu de muscade.

### 28. *Tourte de beurre.*

Faites fondre vn morceau de beurre, estant fondu, mettés y du sucre & des amendes pillées, auec vn peu de cresme ou de laict delayé auec de la farine cuite, puis foncés vne abaisse de paste fine ou fueilletée, mettés y vostre appareil, la bordés, la faites cuire, & la serués sucrée, & auec de l'eau de senteur, si vous en aués.

### 29. Tourte d'espinars.

Prenez des fueilles d'espinars, nettoyez les & faites blanchir. Estant blanchies, faites les égouter, & les achez bien menuës : estans achées delayez les auec du beurre fondu, du sel, du sucre, & le poids d'vn macaron d'amendes pillées, puis mettez le tout dans vostre abaisse, & la faites cuire : estant cuite, seruez la sucrée, & si vous voulez garnie autour du plat d'écorce de citron confite.

### 30. Tourte de melon.

Rapés vostre melon, & le pillez dans vn mortier : faites fondre du beurre & le mettez auec du sucre, vn brin de poivre, sel, & vn macaron, meslez le tout ensemble, & garnissez vostre abaisse, faites la cuire, & seruez sucrée.

### 31. Tourte de pistaches.

Vos pistaches estant mondées, faites les battre, & de peur qu'elles ne s'huilent arrosés les auec eau de fleurs d'orange ou autres de senteur : faites fondre autant de beurre que de pistaches, & prenez autant de sucre, peu de sel & de mie de pain blanc passé, ou vne goute de laict : puis le tout estant bien delayé ensemble mettez le dans vne abaisse de paste bien fine la tourte & l'abbaisse fort deliée : faites la cuire, sucrez la, & la seruez chaude, & l'arrosez de telle eau de senteur que vous voudrez.

### 32. *Tourte d'amandes.*

Elle se fait de mesme sorte, hormis que pour l'arroser vous y mettez du laict au lieu d'eau de senteurs.

### 33. *Tourte de citrouille.*

Faites la bouillir auec de bon laict, la passez dans vne passoire fort espaisse, puis la meslez auec sucre, beurre, peu de sel, & si vous voulez vn peu d'amandes pillées, que le tout soit fort delié : mettez le dans vostre abbaisse, & la faites cuire, estant cuite, arrosez la de sucre, & seruez.

### 34. *Tourte de poires.*

Pelez vos poires, & les coupez fort deliées, faites les cuire auec eau & sucre. Estant bien cuites, mettez y peu de beurre bien frais, battez le tout ensemble, & le mettez dans vostre abaisse fort deliée, bandez la si vous voulez, & la faites cuire : estant cuite arrosez la d'eau de senteurs, la sucrez & seruez.

### 35. *Tourte de cresme.*

Prenez de la cresme bien fraische, & la

delayé auec vn peu d'amendes battuës, du sucre, & vn peu de boüillie faite auec du laict, & bien cuite; faites boüillir le tout ensemble vn bouillon, & lors que tout cét appareil sera froid, mettés le dans vostre abaisse, faites la cuire. Estant cuite, sucrés la bien, & si vous voulés la musqués, & serués.

### 36. *Tourte de pommes.*

Elle se fait & se sert de mesme sorte que celle de poire art. 34.

### 37. *Tourte de franchipanne.*

Prenés de la plus belle fleur que vous pourrés trouuer, & la détrempés auec des blancs d'œufs; au mesme instant prenés la douziesme partie de vostre paste, & l'estendés iusques à ce que vous voyés le jour au trauers; beurrés vostre assiette ou tourtiere, estendés cette premiere abaisse, la foncés, puis la beurrés par dessus, & en faites de mesme iusques au nombre de six; puis mettés telle cresme que vous voudrés, & faites le dessus de mesme que le dessous, iusques au nombre de six abbaisses; faites cuire vostre tourte à loisir, estant cuite arrosés la d'eau de fleurs, sucrés la bien, & serués.

Prenés garde à mettre vostre paste en

œuure si tost qu'elle est faite, parce qu'elle se seiche plutost que vous ne pensés, & estant seiche, elle est hors de seruice, d'autant qu'il faut que vos abaisses soient deliées comme toille d'arraignée, c'est pourquoy pour bien faire choisisés vn lieu frais.    38. *Tourte de blancs d'œufs.*

Apres qu'ils sont bien battus, assaisonnés les de sel & de sucre, faites fondre du beurre frais auec du laict, meslés le tout ensemble, puis mettés vostre appareil dans vostre abaisse de paste fine, faites la cuire, estant cuite seruès la chaude & sucrée.    39. *Tourte de jaunes d'œufs.*

Delayés cinq jaunes d'œufs auec du beurre, sucre, deux macarons, peu de sel & laict, en formés vostre tourte, & la faites cuire, estant cuite seruès la sucrée, auec écorce de citron fort deliée par dessus.

40. *Tourte de massepin.*

Pour la faire remplie, glacée & large comme vne assiette, prenés vne demie liure d'amendes & vn quarteron de sucre; battés vos amendes & y mettés du sucre; estendés vostre paste, la dressés asés bas & la faites cuire sur vne assiette creuse à petit feu, faites vne cresme de laict dont vous trouuerés la façon cy-apres, emplissez en cette paste enuiron l'épaisseur d'vn demy doigt, la faites cuire, & passez la paisle du feu par dessus : mettez cerises ou fraises, framboises ou groseilles, ou verjus, ou abricots confits par dessus peu plus de la moitié. Estant pleine remettez la au four, & faites vne glace auec la moitié d'vn blanc d'œuf, & six fois autant de sucre, bien battus ensemble. Estant preste à seruir jettez la par dessus vostre tourte, & luy donnez le feu vif & peu, puis seruez sur l'assiette.

Pour faire la cresme dont est fait mention cy-dessus, delayez fort peu de farine auec vne chopine de laict, faites la bien cuire, & fort claire : mettez y en suite peu de beurre, quatre iaunes d'œufs, & deux blancs bien battus, tournez bien le tout sur le feu, & y meslez fort peu de sel & de sucre enuiron la moitié d'autant que vous aurez de cresme. Pour la faire verte mettez y des pistaches battuës, ou de la rapelure d'écorce de citron confite.

Vous pouuez seruir vostre tourte glacée sans confitures, & au fruict comme à l'entre-mets.

*Table de plusieurs sortes de racines, herbes, & autres choses propres à confire, pour garder dans le mesnage de maison, ou de cabaret.*

| | |
|---|---|
| *Beurre fondu,* | 1 |
| *Artichaux,* | 2 |
| *Concombres,* | 3 |
| *Pourpier,* | 4 |
| *Laittuës,* | 5 |
| *Trufles,* | 6 |
| *Bette-raues,* | 7 |
| *Asperges,* | 8 |
| *Pois verts,* | 9 |
| *Chicorée,* | 10 |
| *Champignons,* | 11 |
| *Choux,* | 12 |
| *Solles,* | 13 |
| *Huistres,* | 14 |
| *Crestes sallées,* | 15 |

## Maniere de confire toutes ces sortes, pour les rendre de garde.

### 1. *Beurre fondu.*

Quand il est à bon prix vous en pouuez achepter quantité, & le faire fondre pour vous en seruir au besoin. Pour ce faire mettés le dans vne poësle, le faites fondre à loisir, iusques à ce que la cresme aille au fonds, & qu'il deuienne clair au dessus : empottez le, & estant froid gardez le pour vous en seruir.

### 2. *Artichaux.*

Coupez leur le foing, & ce qui est trop dur tout autour (cela s'appelle artichaux en cus) mettez les tremper dans de l'eau fraische pour blanchir, les faites égouter & les essuyez : apres quoy vous les mettrez dans vn pot auec sel, poivre, vinaigre, beurre fondu, clou, & quelque fueille de laurier : couurez les bien & les gardés iusques à ce que vous en ayés affaire, & alors faites les dessaller dans de l'eau tiede, faites les cuire estant dessallés auec du beurre, ou quelque morceau de lard ou de graisse. Estant cuits serués les auec vne sauce blanche ou garnie.

### 3. Concombres.

Prenés les fort petits, faites les blanchir dans l'eau fraische, & les picqués de clou, puis les mettés dans vn pot auec sel, poivre, vinaigre, & fueilles de laurier; couurés les si bien qu'il n'y entre point d'air, & les seruès en salade.

### 4. Pourpier.

Il se fait de mesme que le concombre, & vous les pouués seruir ensemble.

### 5. Laictuës.

Choisissés les plus pommées, en ostés les grandes fueilles, faites les blanchir dans de l'eau fraische, & égouter. Estant esgouttées, picqués les de clou, & les assaisonnés de sel, poivre, vinaigre, & fueilles de laurier, couurés les bien, & lors que vous les voudrés seruir faites les dessaller, puis apres cuire, & vous en seruès en garniture, ou en sallade.

### 6. Trufles.

Faites les boüillir auec de bon gros vin, sel, poivre & clou, puis les tirés & les empottés auec sel, poivre, vinaigre, clous, & quelques fueilles de laurier, & les couurés bien: Lors que vous voudrés vous en seruir, faites les dessaller & cuire auec du vin, & les seruez dans vne seruiette ployée.

### 7. *Bette-raues.*

Lauez les bien nettes, & les faites cuire : estant bien cuites, pelez les, & les mettez dans vn pot auec sel, poiure, & vinaigre, pour vous en seruir quand vous voudrez.

### 8. *Asperges.*

Pour les garder, mettés les dans vn pot auec du beurre fondu, vinaigre, sel, poiure & cloux; couurés les bien, & pour vous en seruir faites les dessaller; estant dessallées, faites les cuire dans de l'eau chaude : estant cuites, serués les auec vne sauce blanche, ou pour garnir potages, ou en salade, ou en patisserie.

### 9. *Pois verts.*

Prenés les sortant de la cosse, passés les auec du beurre, & les assaisonnés comme si vous les vouliés manger à l'heure mesme, mais ne les fricassés pas tant : metrés les en suitte dans vn pot de terre, les assaisonnés de rechef, & les couurés bien : mettés les dans vn lieu frais, & lors que vous voudrés vous en seruir, faites les dessaller, & les passés par la poësle comme auparauant.

### 10. *Chicorée*

FRANÇOIS. 289

### 10. Chicorée.

Faites la blanchir liée, dans du sable: lors que vous croyrez qu'elle se puisse garder, nettoyez la bien & la mettez dans vn pot auec sel, poivre, peu de vinaigre & romarin. Lors que vous en aurez affaire, faites la dessaller pour seruir en salade, ou pour la faire cuire pour garnir, ou pour farcir.

### 11. Champignons.

Choisissez les plus fermes & les plus rouges qui se trouuent, fricassez les entiers auec du beurre, comme pour manger presentement. Estans fricassez & bien assaisonnez, mettez les dans vn pot auec plus d'assaisonnement, du beurre, & vn filet de vinaigre, iusques à ce qu'ils trempent, couurez-les en sorte qu'il n'y ait point d'air: pour vous en seruir faites les tremper dans plusieurs eaux tiedes, puis apres les fricassez comme s'ils sortoient de terre.

### Autre façon.

Prenez les plus grands & les plus larges, les faites blanchir dans leur eau entre deux plats, & esgoutter. Apres cela marinez les auec vinaigre, sel, poivre, & écorce de citron ou d'orange. Estans marinez

T

quelques temps, sortés les, & les faites fuire auec du beurre affiné & peu de farine. Estans frits, mettés les dans vne autre marinade, si vous les voulés garder long temps.

Vous les pouués faire seruir à garnir ou en baignets, ou farcis.

### 12. Choux.

Prenés les plus pommés & les incisés en quatre du costé de la queuë, puis les faites blanchir dans l'eau fraische & essuyer: mettés les dans vn salloir ou dans vn pot auec du sel, poivre, vinaigre, & feuilles de laurier, ou vn peu de romarin. Vous les pouués picquer de clou, & lors que vous voudrés vous en seruir, faites les dessaller dans de l'eau tiede, pour les mettre au potage, & non en salade. Estant cuits serués.

### 13. Solles.

Prenés les bien fraisches, & les faites nettoyer: Si elles sont grosses, vous les cizelés par dessus, & les farinés apres les auoir essuyées. Apres quoy faites les frire à moitié auec du beurre ou de l'huile, & les mettés proprement dans vn pot, auec sel, poivre, clou battu, escorce d'orange ou de citron, & vinaigre: couurés les bien, & pour vous en seruir, sortés les du pot, & les faites tremper dans de l'eau. Estans dessalées, faites les frire auec du beurre, ou de l'huille pour ceux qui l'ayment : N'oubliés pas de les bien fariner, & serués les auec oranges ou citron, ou si vous voulés, apres les auoir passées par la poësle, ouurés l'arreste, & les mettés en ragoust ; pour quoy faire mettés dedans des capres, anchois, champignons, trousses, & tout ce que vous pourrés auoir, puis les faites mitonner, & serués auec sauce liée, & auec vn jus de citron ou d'orange.

### 14. *Huistres.*

Sortés les de la coquille & les faites blanchir, ou comme elles sont sortant du panier, mettés les dans vn pot, & les assaisonnés de sel, poivre, clou battu, & quelque feuille de laurier : couurés les bien, ou si vous voulés vous les pourrés enfoncer dans vn baril. Lors que vous voudrés vous en seruir faites les dessaler dedans l'eau tiede. Estans dessalées, vous en pouués garnir, ou faire des baignets, ou fricasser.

### 15. *Crestes sallées.*

Il leur faut bien oster le sang, & les mettre dans vn pot auec sel fondu, poivre, clou, vn filet de vinaigre, & quelque feuille de laurier: couurés les bien, & les mettés en vn lieu qui ne soit ny froid ny chaud. Lors que vous voudrés vous en seruir, prenés en ce qu'il vous en faut, les mettés dessaller dans de l'eau tiede, & les changés fort souuent. Estant bien dessallées faites bouillir de l'eau & les eschaudés: estant bien nettes faites les cuire auec du bouïllon ou de l'eau; estant presque cuites mettés y vn bouquet, du beurre ou du lard, & vne tranche de citron : Estant bien cuites, serués vous en pour garnir tout ce que vous voudrés.

*Autre Table de choses à saller & garder, particulierement pour vn Pastissier.*

| | |
|---|---|
| Cardes d'artichaux, | 1 |
| Palets de bœuf, | 2 |
| Langues de mouton, | 3 |
| Poulets marinez, | 4 |
| Roignons de belier, | 5 |
| Pigeonneaux, | 6 |
| Beurre salé, | 7 |

## Methode.

### 1. Cardes d'artichaux.

Choisissez les pieds les plus blancs, coupez les de longueur de demy pied, leur ostez bien les filets, les mettez tremper dans de l'eau fraische, & les changez deux ou trois fois: faites les blanchir & esgoutter, essuvez les, les mettez dans vn pot & les sallez: estant sallez faites fondre & affiner vne liure de beurre, & la jettez par-dessus, pour les serrer, & vous en seruir au besoin.

### 2. Palets de bœuf.

Sallez les sortans de la teste, & les serrez iusques à ce que vous en ayez affaire: alors faites les dessaller, estant dessallez faites les cuire, & ostés la peau de dessus & les barbillons, puis les decoupés par morceaux ou par tranches, les mettés en ragoust, ou en garnissés tout ce que vous aurés besoin, mesme de la patisserie, à quoy ils vous peuuent beaucoup seruir.

### 3. Langues de mouton.

Estans tirées de la teste sallés les, lors que vous en aurés affaire, estans dessallées faites les cuire. Estans cuites, habillés les proprement, les fendés & les mettés sur le gril auec mie de pain & sel. Estans rosties, faites vne sauce auec verjus, vn filet de vinaigre, persil haché, chapeleure de pain, peu de bouillon du pot, & les faites mitonner, puis serués.

### 4. *Poulets marinez.*

Estans habillés, fendés les par la moitié, & les essuyés bien : farinés les, & les faites frire à moitié, puis les mettés dans vn pot auec sel, poiure, vinaigre, & fines herbes: couurés les iusques à ce que vous en ayés affaire, & alors faites les dessaler auec de l'eau fraische ou tiede, qui sera bien la meilleure. Estans dessallés, essuyés les & farinés, puis les faites frire. Estans frits serués: & si vous voulés qu'ils paroissent, faites y vne liaison auec des œufs & farine, les faites frire, & les mettés en sauce auec vn jus d'orange.

### 5. *Roignons de belier.*

Ostés leur la premiere robbe, & les découpés pardessus pour leur faire prendre sel, les mettés dans vn pot, & en lieu frais. Pour vous en seruir faites les dessaler &

cuire, puis vous en feruez à tout ce que vous voudrez.

### 6. *Pigeonneaux.*

Apres les auoir bien applatis, essuyez les, les farinez & faites frire, puis les mettés dans vn pot auec vinaigre, poiure, clou, & fines herbes. Lors que vous voudrés vous en feruir faites les deffaller, & les mettés en ragouft ou en potage, ou en pafte, ou pour les feruir marinez.

### 7. *Beurre fallé.*

Laués le bien en eau fraifche & l'efgouttés, puis le mettés dans vne terrine, & le peftriffés auec fel blanc, clou de girofle, quelque feuïlles de laurier, & anis pillé, fi vous voulés. Apres quoy mettés le dans vn pot & le couurés bien auec papier ou parchemin, apres auoir ofté l'eau qui en fort; mettés le à la caue & vous en ferués.

*Methode instructiue pour faire en Caresme les boüillons de Poisson, de purée aux herbes, & d'amandes.*

### Boüillon de Poisson.

Faites vostre bouillon moitié eau moitié purée; prenés des ossemens de carpes, ou d'autre poisson, auec vn oygnon picqué de clou, vn bouquet, & du sel: faites bien cuire le tout ensemble auec mie de pain & du beurre, puis le passés, & vous en seruez pour tel bouillon que vous voudrés, excepté les herbes, la purée, & beaucoup de potages qui sont sans poisson.

Vous pouués vous en seruir au potage d'escreuisses, le faisant bouïllir vn bouïllon auec les coquilles de vos escreuisses pilées & passées par vn linge par le moyen dequoy vostre bouïllon deuiendra rouge, apres quoy vous passerés le tout, l'assaisonnerés, le dresserés, & ferés mitonner.

### Purée.

Pour faire purée claire, & qui soit

bonne, faites tremper vos pois du iour au lendemain apres les auoir bien espluchez, puis les mettez cuire auec de l'eau de riuiere ou de fontaine, estant tiede. Estans presque cuits tirez vostre purée, & vous en seruez à tout ce que vous voudrez.

### Bouillon aux herbes.

Vous le trouuerés dans les potages des iours maigres, & comme il est commun, il n'est pas besoin de le repeter.

### Bouillon d'amandes.

Pelés bien vos amendes dans de l'eau bien chaude, & les pilés dãs vn mortier: à mesure que voꝰ les pilerés arrosés les d'eau fraische. Estant bien pilées mettés les auec du bouillon de poisson & mie de pain, puis faites bouïllir le tout auec sel, beurre, vn oygnon picqué, & vne escorce de citron, dont la peau de dessus soit ostée. Estant cuit passés le par vne estamine, & le mettés dans vn pot iusques à ce que vous en ayés affaire.

Pour faire vostre bouillon d'amendes au laict, pelés bien vos amendes, battés les, & en les battant de fois à autre arrosés les auec du laict. Estant bien pilées, mettés les auec du laict bien frais, de la mie de pain, du sel, peu de clou & de canelle; faites boüillir le tout vn boüillon, & le passés apres par l'estamine; quand vous serés prest à seruir mettés-le boüillir auec du sucre, & seruez.

Tous les potages de Caresme se font & assaisonnent comme ceux des iours maigres, horsmis que vous n'y mettés point d'œufs: mais aux vns vous y meslés de la purée, aux autres que vous voulés seruir blancs ou marbrés, vous mettés du boüillon d'amendes; faites les mitonner comme les autres, & les garnissés de mesme. Ensuite de la Table il sera dit ausquels il faut mettre boüillon d'amendes, & ausquels de la purée.

## Table des Potages de Caresme.

| | |
|---|---|
| Potage d'escreuisses, | 1 |
| Potage d'achis de carpes, | 2 |
| potage aux herbes, | 3 |
| Potage de tanches farcies aux nauets. | 4 |
| Potage à la Reyne, | 5 |
| Potage à la Princesse, | 6 |

# FRANÇOIS.

Potage de tortuës, 7
Potage de Champignons, 8
Potage de solles, 9
Potage d'esperlans, 10
Potage d'asperges, 11
Potage d'attreaux, 12
Potage de laictuës, 13
Potage de choux au laict, 14
Potage de choux à la purée, 15
Potage de citrouille, 16
Potage de citrouille au laict, 17
Potage de nauets au bouillon blanc, 18
Potage de nauets frits, 19
Potage de purée, 20
Potage sans beurre, 21
Potage de profiteolles, 22
Potage à l'oygnon, 23
Potage de moules, 24
Potage de grenouilles, 25
Potage de grenosts, 26
Potage de saumon à la sauce douce, 27
Potage de son, 28
Potage de grenouilles aux amandes, 29
Potage d'oubelon, 30
Potage de panets, 31
Potage de poireaux au laict, 32
Potage d'asperges rompuës, 33
Potage de choux fleurs, 34

Potage de fidele, 35
Potage de riz, 36
Potage de tailliadin, 37
Potage de macreuse en ragoust, 38
Potage de macreuse aux nauets, 39
Potage de poireaux à la purée, 40
Potage de limandes, 41
Potage de rouget, 42
Potage de lentilles, 43

## Discours des Potages de Caresme.

#### 1. Potage d'escreuisses.

Serués le auec de la purée.

#### 2. Potage d'achis de carpes.

Auec purée & amendes.

#### 3. Potage aux herbes.

Auec fort peu de purée.

#### 4. Potage de tanches farcies aux nauets.

Auec fleur fritte, & peu de purée.

#### 5. Potage à la Reyne.

Auec du bouillon de carpes ou d'autre poisson, meslé de purée & d'amendes.

#### 6. Potage à la Princesse.

Il se fait de purée, que vous faites cuire auec des ossemens de carpes.

### 7. Potage de tortuës.
Auec peu de purée.

### 8. Potage de champignons.
Auec purée.

### 9. Potage de folles.
Auec purée.

### 10. Potage d'efperlans.
Bon boüillon meflé d'amendes.

### 11. Potage d'afperges.
Purée & herbes.

### 12. Potage d'attereaux.
Tirez le du meilleur boüillon.

### 13. Potage de laictuës.
Auec purée.

### 14. Potage de choux au laict.
Peu de purée & force beurre.

### 14. Potage de choux au pain frit.
Peu de purée.

### 15. Potage de choux à la purée.
Mettez dans voftre purée vn oygnon picqué de clou, poivre & fel, eftant cuire feruez la bien garnie de vos choux, & quelque morceau de pain frit, que vous aurez fait cuire auec.

### 16. Potage de citroüille.
Faites bien cuire voftre citroüille, en forte qu'elle foit plus liée qu'à l'ordinaire, puis fricaflez vne fiboule auec de

beurre, & la mettés dedans auec du sel, puis seruez poivrée.

#### 17. *Potage de citrouille au laict.*

Estant bien cuite passez la par vne passoire, & n'y laissez tant de bouillon à cause du laict qu'il y faut mettre. Estant bien assaisonnée auec laict & peu de beurre faites mitonner vostre pain, & seruez poivrée si vous voulez.

#### 18. *Potage de nauets au bouillon blanc.*

Ratissez vos nauets & les mettez dans vn pot auec de l'eau : estans bien cuits assaisonnez les de sel & d'vn bouquet. Lors que vous voudrez dresser ostez les de dessus le feu, y mettez du beurre bien frais, & le remuez hors du feu sans plus l'y remettre : puis seruez auec peu de bouillon d'amendes par dessus.

#### 19. *Potage de nauets frits.*

Ratissez les & les coupez en deux, ou autrement, faites les blanchir, & les farinez. Estant essuyez faites les frire, & les mettez cuire auec de l'eau, peu de poivre & vn oygnon picqué de clou : lors que vous voudrés dresser si vostre bouillon n'est lié, vous y pouués mettre peu de farine fritte auec vn filet de vinaigre, puis serués.

### 20. *Potage de purée.*

Prenez la plus claire & la méttez dans vn pot, puis passez de l'ozeille, du cerfueil, & peu de persil, auec du beurre, mettez le tout dans vn pot, faites le bien cuire, & l'assaisonnez bien, faites mitonner voſtre potage, & le seruez de racines de persil cuites auec.

### 21. *Potage sans beurre.*

Il se fait à force d'herbes bien assaisonnées, & cuites auec vne crouste de pain, faites mitonner, & seruez.

### 22. *Potage de profiteolles.*

Tirez le de plusieurs boüillons, puis ouurez des pains au nombre de six, que vous aurez fait faire exprés: faites vn trou par deſſus, & en oſtez la mie; paſſez les auec du beurre, & les empliſſez de laictances de carpes, champignons, aſperges rompuës, & remarquez qu'il faut qu'ils soient cuits auant que de les emplir. Eſtant pleins mettez les mitonner tout à loiſir ſur voſtre potage, que vous garnirez de laictances, champignons, aſperges rompuës, & seruez.

### 23. *Potage à l'oygnon.*

Il se fait de meſme sorte qu'hors le Careſme. Voyez aux potages maigres.

### 24. Potage de moules.

Il se fait aussi de mesme sorte; hors le Caresme vous y pouuez mettre des œufs, & y pouuez mettre bouillon d'amandes, ou de quelque ragoust. Seruez le garny de moules.

### 25. Potage de grenouille.

Rompez les os, & les noüez, puis les faites blanchir & esgoutter : mettez les dans vn plat iusques à ce que vous ayez fait vn boüillon de purée : passez y peu de persil haché auec du beurre; ayant boüilly, mettés les dans vostre boüillon, & aussi tost les tirez ; delayez peu de saffran, & les mettez dans vostre pot : faites mitonner vostre pain, le garnissez de vos grenouilles, & seruez.

### 26. Potage de grenosts.

Il se fait de mesme façon qu'aux iours maigres de charnage, vous l'y trouuerez.

### 27. Potage de saumon à la sauce douce.

Coupez-le par tranches, & le mettez mariner, passez vos tranches par la poësle auec du beurre, picquez les de clou & les mettez entre deux plats auec du beurre, vn bouquet, sucre, vin, peu de sel & poivre bien battu, faites les mitonner, puis

puis seicher vostre pain, & aussi mitonner auec quelque autre boüillon, garnissez le en suite de vos tranches de saumon, la sauce par dessus, & garny si vous voulez de figues, ou prunes de brugnolles.

28. *Potage de son.*

Il se fait de mesme sorte qu'aux iours maigres, horsmis que vous n'y mettez point d'œufs.

29. *Potage de grenoüilles aux amendes.*

Vous le trouuerez aussi aux potages des iours maigres, faites le de mesme, mais n'y mettez point d'œufs.

30. *Potage d'oubelon.*

Faites vn boüillon de purée, & le mettez boüillir, passez peu de bonnes herbes bien achées par la poësle, & les mettez dans vostre pot : faites y cuire vostre oubelon, apres qu'il sera blanchy, peu deuant que de seruir, tirez le, & le mettez auec du beurre, sel, muscade, vinaigre, & fort peu de boüillon. Estant bien assaisonné faites mitonner vostre pain, le garnissez de vostre oubelon, emplissez vostre plat, & seruez.

31. *Potage de panets.*

De mesme qu'aux iours maigres, horsmis que vous le faites auec de la purée, &

n'y mettez point d'œufs.

### 32. *Potage de poireaux au laict.*

Coupez vos poireaux fort menus, faites les blanchir, les essuyez, & les faites cuire auec de la purée claire. Estant cuits, mettez y du laict, poivre, sel, & clou : faites mitonner vostre pain & le garnissez de vos poireaux, puis seruez.

### 33. *Potages d'asperges rompuës.*

Rompez vos asperges, ou les coupez, & les fricassez auec bon beurre, sel, poivre, persil & siboules achées ; faites bien mitonner le tout ensemble, puis faites vn boüillon de purée ou de potage aux herbes, que vous passerez ; faites aussi mitonner vostre pain, & le garnissez de vos asperges, puis seruez.

Vous y pouuez mettre ius de champignons, & champignons en ragoust.

### 34. *Potage de choux fleurs.*

Habillez les, & les faites blanchir dans l'eau fraische, puis les mettez dans vn pot auec de bon boüillon ou de la purée, bien assaisonnée de beurre, sel, & vn oygnon picqué de clou : estant cuits, en sorte qu'ils ne soient pas rompus, faites mitonner vostre pain, garnissez le de vos choux, & seruez.

Vous y pouuez mettre du laict & du poivre.

### 35. *Potages de fideles.*

Faites les cuire auec de l'eau ou du laict. Estant cuites & bien assaisonnées tirez en vne partie pour fricasser, & du reste faites en vn potage auec beurre, sel, poiure, oygnon picqué, puis dressez & seruez.

### 36. *Potage de riz.*

Il se fait de mesme que celuy de fideles, faites le cuire iusques à ce qu'il soit bien creué, puis seruez.

### 37. *Potage de tailladins.*

Il se fait de mesme, horsmis qu'estant cuits vous y pouuez mettre fort peu de saffran, & du beurre bien frais. Vous y pouuez mettre aussi du laict pour les faire liquides : & le tout estant bien assaisonné, seruez.

### 38. *Potage de macreuse en ragoust.*

Vous le trouuerez aux potages maigres, le ferez de mesme façon, mais vous n'y mettez point d'œufs.

### 39. *Potage de macreuse aux nauets.*

Estant habillée lardez la d'anguille, & luy donnez vn tour de broche, ou la passez par la poësle auec du beurre, puis la mettez dans vn pot auec de l'eau, de la purée, & vn bouquet. Estant presque cuite, passez des nauets par la poësle, mettez les auec vostre macreuse, & l'assaisonnez bien.

Pour lier vostre potage, passez vn peu de farine par la poësle iusques à ce qu'elle soit rousse, & la delayez auec vn filet de vinaigre; mettez la dans vostre pot, & ayant bouilly vn bouillon, faites mitonner vostre pain auec vostre garniture, & seruez.

40. *Potage de poireaux à la purée.*

Estans blanchis dans l'eau fraische, mettez les auec vostre purée, capres, & les assaisonnez bien. Estant cuits faites mitonner vostre pain, le garnissez de vos poireaux, & seruez.

41. *Potage de limandes.*

Faites mitonner vostre pain auec de vos meilleurs boüillons, & le garnissez de vos limandes, que vous aurez frittes dans la poësle & mises en ragoust, ensemble de champignons, capres, & asperges rompuës, puis seruez.

42 *Potage de rougets.*

Habillez les & les mettez dans vn poëslon auec vn bouquet, peu de vin blanc,

& bien assaisonné : faites mitonner vostre pain d'autre boüillon, & le garnissez de vos rougets auec leur sauce, puis seruez.

### 43 *Potage de lentilles.*

Estant bien cuites & assaisonnées de beurre, sel, & vn bouquet, dressez, & seruez.

Vous les pouuez mettre sur le potage auec de l'huile, estant sallées.

---

*Table des Entrées qui se font en Caresme, & où il n'entre point d'œufs.*

*Solle,*
*Brochet,*
*Tanches farcies,*
*Tanches frittes,*
*Carpe à l'estuuée,*
*Carpe farcie,*
*Carpe rostie,*
*Carpe fritte & mise en ragoust,*
*Saumon,*
*Achis de carpe,*
*Saumon à l'estuuée,*
*Lotte,*

Lotte à l'estuuée,
Carpe au demy court boüillon,
Huistres,
Huistres en ragoust,
Huistres à l'escaille sur le gril,
Vilain en ragoust,
Vilain au court boüillon, & rosty,
La soif,
Barbeaux,
Barbuës,
Limandes en castrolles,
Limandes frittes,
Limandes rosties,
Plies en ragoust,
Plies frittes,
Macreuse,
Macreuse au court boüillon,
Macreuse rostie,
Aloze rostie,
Aloze au court boüillon rostie,
Lamproye,
Lamproye sur le gril,
Lamproye à la sauce douce,
Lamproye à l'estuuée,
Anguille en ce uelast,
Anguille en façon d'estuuée,
Anguille au demy court boüillon,
Anguille de mer à l'estuuée,

Anguille de mer fritte, à l'estuuée,
Aumare au court boüillon,
Aumare en fricaßée à la sauce blanche,
Langouste au court bouillon,
Langouste à la sauce blanche,
Brochet farcy,
Brochet farcy & rosty à la broche,
Maquereaux frais rostis,
Harangs frais rostis,
Harangs frais à la sauce rousse,
Sardines de Royant,
Rouget,
Grenost,
Moruë fraische rostie,
Moruë fraische au demy court boüillon,
Moruë de terre neufve,
Soupresse de poisson,
Iambon de poisson,
Moulles,
Raye fritte,
Raye au court boüillon,
Raye fritte en ragoust,
Esperlans,
Tripes de moruë,
Seiches,
Merluche fritte,
Merluche à l'huile,
Merluche fricaßée,

Saumon à la sauſſe rouſſe,
Saumon à l'huile, oygnon & vinaigre: ou ſalade, ſi vous voulez,
Maquereaux ſalez,
Harangs à l'eſtuuée,
Harangs ſorets,
Harangs ſalez,
Pois. Purée,
Bettes raues,
Nauets,
Carottes,
Panets,
Taupinambours,
Serſifis,
Cheruis,
Cardes de poirée,
Lentilles,
Eſpinars,
Pommes fricaſſées,
Pommes au ſucre,
Pruneaux.

## ADVIS.

Cette Table ne ſembloit pas beaucoup neceſſaire, non plus que les ſuiuantes, d'autant que ce qui y eſt cotté s'accommode de meſme qu'en autre temps, excepté toutesfois qu'il ne s'y met point d'œufs, ny pour lier, ny pour autre chose: mais au lieu d'œufs pour lier, vous pouuez prendre chair de carpe ou d'anguille, auec beurre, qui lie beaucoup mieux que non pas les œufs, c'est pourquoy i'en ay obmis le Discours, à la reserue des cinq derniers articles, dont n'ayant point encore fait mention, i'ay trouué à propos de les inserer icy.

### Lentilles.

Estant bien cuites, passez les par la poësle auec beurre frais, sel, poivre, peu de fines herbes & siboules: estant bien fricassées, seruez les.

Elles se peuuent seruir en purée, à la façon de celle de pois: Si vous auez de la peine à les passer, battez les dans vn mortier.

Elles peuuent aussi estre seruies auec huile d'oliue passées dans la poësle.

### Espinars.

Prenez les plus blonds, & ne vous seruez des plus verds qu'à faute d'autres; nettoyez les bien, & les lauez plusieurs fois, les faites égoutter & ietter leur eau entre deux plats: assaisonnez les auec la moitié autant de beurre que d'espinars, sel, poivre, vne siboule ou vn oygnon piqué de cloux : paſſez le tout par la poëſle, & le faites mitonner dans vn plat couuert. Eſtant preſt à ſeruir vous y pouuez mettre muſcade & creſme, ſinon ſeruez les comme ils ſont.

Pluſieurs les font boüillir auec de l'eau, mais ils ne ſont pas ſi bons, quoy qu'en ſuite vous les accommodiez de meſme.

### Pommes fricaſſées.

Pelez vos pommes & les coupez par ruelles iuſques au cœur : faites rouſſir du beurre, & les fricaſſez auec peu de ſel & de poivre. Si vous auez de la creſme vous y en pouuez mettre, & les ſeruir apres qu'elles auront boüilly vn boüillon.

### Pommes au ſucre.

Prenez des pommes, fendez les en deux, oſtez en le cœur, & les picquez par deſſus auec la pointe du couſteau, empliſſez en voſtre plat à moitié, auec vn peu d'eau, canelle, beurre, & quantité de ſucre : faites les cuire à loiſir auec vn couuercle de four ou vne tourtiere. Eſtant cuites, ſeruez les ſucrées.

### Pruneaux.

Prenez les de Tours ou communs, les lauez & nettoyez bien, eſtant bien nets faites les cuire à loiſir dans vn pot : lors qu'ils seront à moitié cuits, mettez y du sucre, & le bouillon estant prest de faire syrop, seruez.

Si vous n'y voulez mettre du sucre en cuisant, le syrop estant bien lié, parsemez les de sucre, & seruez.

## ADVIS.

Il y a beaucoup de personnes qui ne veulent manger que de l'huile, il les faut seruir à leur mode. Or pour empescher que l'huile ne sente, faites la bouïllir auec vne crouste de pain bruslée, apres quoy vous pouuez librement seruir comme de beurre.

---

### Table du Second de Caresme.

Turbost,
Barbuës,
Barbuës en castrolle,
Viues,
Solles,
Solles en ragoust,
Saumon,
Saumon à la sauce douce,

Grenost,
Marsoüin,
Becare,
Loux,
Truite saumonnée,
Raye,
Esperlan,
Maquereaux,
Sardine,
Rouget,
Brochet,
Brochet à la sauce,
Brochet farcy,
Carpe,
Carpe farcie de laittances,
Lotte,
Lotte en ragoust,
Perches,
Tanches,
Alozes,
Moruë fraische,
Bresme rostie,
Plies,
Macreuse,
Carpe au demy court boüillon,
Tanches frittes en ragoust,
Barbeaux en ragoust,
Vilain en ragoust,

Dorasde au court bouillon,
Dorasde rostie,
Harangs frais.

---

## ADVIS.

Toutes ces viandes du Second de Caresme se seruent de mesme sorte, & auec le mesme assaisonnement qu'aux iours maigres du reste de l'année.

Pour la Patisserie de Caresme, vous la trouuerez aux iours maigres, & l'accommoderez de mesme façon & auec mesme assaisonnement, horsmis que vous n'y mettrez point de iaunes d'œufs. Vous dorerez vostre patisserie auec œufs de brochet pilez, ou auec du beurre fondu, car le saffran n'y vaut rien.

---

*Table des Entre-mets de Caresme.*

Champignons,
Cardons,
Cardes,
Cheruis,

Trufles en ragoust,
Blanc manger,
Artichaux frits,
Champignons frits,
Tortuës,
Paste filée,
Asperges,
Tourte de franchipane,
Seruelast d'anguille,
Iambon de poisson,
Laictances frittes,
Laictances en ragoust,
Foye de lotte,
Gelée de toutes sortes de poissons,
Celeris,
Ramequins de toutes sortes,
Champignons à l'oliuier,
Morilles,
Pruneaux,
Brugnolles,
Sersifis,
Cheruis,
Petite tourte de cresme musquée,
Tourte d'espinars,
Rissolles,
Lottes frittes,
Asperges en pois verds,
Foye de lotte fritte.

*Escreuisses fricassées,*
*Escreuisses en ragoust,*
*Baignets de grenouïlles,*
*Grenouïlles en ragoust,*
*Nulle de laittances,*

Vous trouuerez aux iours maigres la façon d'accommoder tout le Second du Caresme, à la reserue des articles suiuans que i'ay adjoustez.

### *Rissolles.*

Prenez quelque reste d'achis de carpe, de champignons & de laittances, achez le tout ensemble, bien nourry de beurre & de cresme si vous en auez : assaisonnez le d'vn bouquet, & le faites bouïllir vn bouillon pour le mieux lier, & vous en seruir à faire vos rissolles, pour lesquelles bien accommoder, prenez paste fueilletée, estendez la, & y mettez de vostre appareil à proportion de la grosseur que vous leur voulez donner : mouïllez les autour, les couurez & dorez auec du beurre, faute d'œufs de brochet, le saffran n'y vaut rien. Estant dorées, mettez les au four, & estant cuites, seruez.

Les petites rissolles se font de paste

fine, & y en doit moins auoir qu'à vn petit pasté : vos abbaisses estant faites, emplissez les à proportion ; mouillez les autour, & les fermez, puis les iettez dans du beurre affiné bien chaud, iusques à ce qu'elles soient cuites & iaunes. Tirez les aussi tost, & puis les seruez.

Si vous sucrez le dedans il faut aussi sucrer le dessus en seruant.

### Baignets de grenoüilles.

Choisissez les plus belles & les plus grosses, mettez les en cerises, c'est à dire, ratissez les cuisses de vos grenoüilles en sorte que l'os soit net par vn bout, les faites fort peu blanchir, & les essuyez ; faites vne paste auec farine, sel, laict, fromage blanc, & de tout fort peu : battez le tout dans vn mortier, & le rendez liquide, iusques à ce qu'il soit comme vne paste de baignets : prenez vos grenoüilles par la queuë, les trempez dans vostre appareil, & les iettez dans du beurre bien chaud, faites les frire comme des baignets, & seruez garny de persil frit.

*Memoire*

*Memoire de ce qui se peut seruir au Vendredy Sainct.*

Potage de santé, que vous ferez d'oseille, laictuë, poirée, pourpier, & vn bouquet : faite cuire le tout auec sel, beurre, & vne entameure de pain, faites mitonner & seruez.

Potage de purée fort claire, que vous ferez y mettant peu d'herbes, des capres, vn bouquet, & vn oygnon picqué de cloux. Estant bien cuit, seruez garny de pain frit.

Potage de laict d'amendes; pour lequel faire vous trouuerez la maniere aux Potages du Caresme.

Potage de nauets.
Potage de panets.
Potage d'asperges.
Potage de citrouïlles.
Potage de profiteolles. Pour le faire prenez cinq ou six petits pains, ouurez les par dessus & en ostez la mie ; puis les faites seicher prés du feu, ou roussir dans la poësle auec du beurre frais : faites les

X

mitonner auec vn bouillon fait exprés, champignons, purée, oygnon picqué, le tout bien aſſaiſonné & paſſé auparauant par la poëſle. Seruez vous de ce bouillon pour faire voſtre potage, & garniſſez voſtre plat de voſtre pain ſec, puis l'empliſſez de petits ragouſts, comme trufles, artichaux, aſperges, & champignons frits, garniſſez le tour du plat de citron & de grenade, arroſez ſi vous voulez voſtre potage de jus de champignons, puis ſeruez.

Potage de Brocolis: Ce ſont des rejettons de choux verds; faites les cuire auec de l'eau, du ſel, purée, beurre, oygnon picqué, & peu de poivre: faites mitonner voſtre crouſte, la garniſſez de vos brocolis, & en empliſſez voſtre plat, puis ſeruez.

Le meſme potage ſe peut faire de laict, & garnir de meſme ſorte.

Le potage d'oubelon ſe fait de meſme que le potage de brocolis, & ſe garnit de meſme.

Le potage à la Reyne ſe fait de meſme ſorte que celuy de Careſme, horſmis que vous faites vn achis de champignons pour garnir voſtre pain. Eſtant emply, &

plusieurs fois passé par la poësle, garnissez par dessus de pistaches, grenades, & citrons coupez.

Vous trouuerez à la Table du Caresme & aux iours maigres la façon de faire vn potage de ius d'herbes sans beurre, vous pouuez vous en seruir si vous voulez.
Potage à la Princesse garny de fleurons, ce sont de petits pastons fueilletez.

 Potage de laict,

 Potage d'oygnon roux,

 Potage de purée, garny de laictuës, & asperges rompuës,

 Potage de fideles ou tailladins garny de paste fritte,

 Potage de choux fleurs,

 Potage de riz garny d'vn pain seiché.

 Potage de pois verds. Pour le seruir, faites les fort peu cuire, puis les battez dans vn mortier, & les passez & assaisonnez comme les autres, puis seruez.

*Entrée pour le Vendredy Sainct.*

Bette-raues en dez au beurre roux, auec sel.
Bette-raues au beurre blanc,
Bette-raues passées,
Carottes rouges frittes, auec vne sauce rousse par dessus,
Carottes rouges pilées & passées par la poësle auec oygnon, mie de pain, amendes, champignons & beurre frais, le tout bien lié & assaisonné,
Carottes rouges fricassées au beurre roux, auec oygnon,
Carottes rouges en ruelles à la sauce blanche, auec beurre, sel, muscade, siboules, & peu de vinaigre,
Carottes blanches fricassées,
Carottes en paste fritte,
Carottes achées en ragoust, auec champignons,
Tourte de pistaches,
Tourte d'herbes,
Tourte de beurre,

Tourte d'amendes,
Panets à la sauce blanche, auec beurre,
Panets frits,
Sesisis à la sauce blanche, auec beurre,
Sersisis frits en paste,
Espinars,
Pommes au beurre,
Pommes fricassées,
Boulie de farine,
Boulie de ris & d'amendes passées,
Pruneaux,
Asperges rompuës fricassées,
Rissoles d'achis de champignons, carottes & pistaches, bien nourries de beurre, seruies chaudes, sucrées, & auec fleur d'orange,
Cheruis frits en paste,
Cheruis à la sauce blâche, auec beurre,
Cardes de poirée,
Cardons,
Citroüille fricassée,
Taupinambours,
Artichaux entiers,
Fideles,
Riz au laict bien sucré,
Plusieurs le font percer ou creuer à l'eau quand il est bien net, & puis y mettent le laict.

D'autres le font cuire auec vn pot double.

Pour moy qui l'ay esprouué de toutes façons, ie trouue pour le plus expedient, qu'estant bien laué & bien net vous le fassiez seicher deuant le feu, estant bien sec vous le fassiez mitonner auec du laict bien frais, & preniez garde de le noyer: le ferez cuire à petit feu, & le remuërez souuent de peur qu'il ne brusle, & à mesure y mettiez du laict.

Champignons en ragoust,
Champignons à la cresme,
Mousserons en ragoust, garnis de pistaches,
Trufles coupées en ragoust, & garnies de grenades,
Asperges à la sauce blanche,
Trufles au court boüillon,
Salade de citron,
Salade cuite, soit chicorée ou laictuës,
Morilles en ragoust,
Morilles farcies,
Morilles à la cresme,
Cresme de pistaches,
Tourte de cresme d'amendes,
Gasteaux d'amendes,
Gasteaux fueilletez,

Artichaux frits.

Ie n'ay point inseré icy de Discours pour les façons de ces seruices, d'autant qu'ils sont aisés à trouuer dans les Discours des iours maigres & du Caresme, ayant recours à la Table Alphabetique, adjoustée en cette impression, pour plus commodement & à toute occasion trouuer ce dont vous aurez besoin : Et le memoire precedent n'est que pour vous donner aduis de ce qui se peut seruir à ce iour, auquel d'ordinaire on sert fort peu de poisson, principalement sur les tables des Grands.

## F I N.

# INSTRVCTION METHODIQVE.

## POVR FAIRE DIVERSES sortes de Confitures seiches & liquides, auec quelques autres petites curiositez & delicatesses de bouche.

### Abricots liquides.

Faites boüillir de l'eau & y meslez de la grauelée, à proportion d'vne poignée ou enuiron pour vn cent d'abricots: Lesquels vous mettez dans cette eau bouillante, & les remuez auec vne cueilliere, iusqu'à ce que vous vous apperceuiez qu'ils se pellent sur le pouce: apres quoy tirez les, mettez les dans de l'eau fraische, & les pelez bien nets. Faites derechef boüillir de l'eau, mettez y vos abricots, & les y laissez quatre ou cinq boüillons. Faites les rauerdir dans l'eau & picquer sur la queuë: prenez du sucre à proportion, trempez dedans vos abricots, & les faites cuire autant qu'il est necessaire.

*Autre façon d'Abricots meurs, liquides.*
Prenez telle quantité d'abricots que vous voudrez, pelez les le mieux & le plus proprement que vous pourrez, faites boüillir de l'eau, iettez y vos abricots, & leur donnez vn petit bouillon : Ostez les en suite, & les mettez dans de l'eau fraische, faites cuire vostre sucre en façon de conserue, passez dedans vos abricots, & les faites bouïllir vn bouillon ou deux : Mettez les en l'estuue, & les y laissez iusques au lendemain matin, entretenant tousiours vn petit feu dessous.

*Abricots secs.*
Mettez les esgouter, & les tournez en oreilles ou en rond, puis les parsemez de sucre en poudre, & les mettez seicher à l'estuue.

*Autre façon d'Abricots secs.*
Prenez les plus fermes, & les mettez égoutter; puis faites cuire du sucre en conserue, mettez vos abricots dedans cette cuisson vn peu plus forte: faites les bouïllir dessus le feu, & les tirez : apres quoy vous les glacerez & mettrez sur de la

paille : s'ils ne sont pas bien secs, parsemez les de sucre en poudre, & les faites seicher deuant le feu.

*Conserue de Roses.*

Prenez des roses de Prouins, les plus rouges qui se pourront rencontrer, faites les seicher le plus que vous pourrez dans vne vaisselle d'argent à petit feu, & les remuez souuent à la main : estant bien seiches battez les dans vn mortier, & apres les passez dans vn tamy bien delié, puis les destrampez auec vn ius de citron, au dessus duquel vous mettrez vne demie once de roses battuës en poudre : & à faute de ius de citron prenez du verjus. Prenez du sucre, & le faites cuire iusques à la plume : estant cuit ostez le de dessus le feu, & le faites blanchir auec l'espature : puis mettez vos roses dedans, tant que vostre conserue ait pris couleur, que si par hazard vostre sucre estoit trop cuit, meslez y vn jus ou demy jus de citron, à proportion de ce que vous iugerez necessaire : Laissez en suite vn peu refroidir vostre conserue & la tirez.

*Conserue de citron.*

Prenez vn citron & le rapez, mettez en la rapure dans l'eau, & apres quelqu

temps l'en oſtez, & la faites ſeicher me-
diocrement deuant le feu. Prenez du ſucre, & le faites cuire : la premiere plume
qu'il fera oſtez le de deſſus le feu, & mettez voſtre rapure de citron dedans, & le
faites blanchir auec l'eſpature, & y mettez vn peu de ius de citron, lequel y eſt
neceſſaire, puis dreſſez voſtre conſerue.

### Conſerue de Grenade.

Prenez vne grenade, & la preſſez pour
en tirer le jus : puis le mettez deſſus vne
aſſiette d'argent, & le faites deſſeicher à
petit feu ou ſur vn peu de cendre chaude,
faites cuire voſtre ſucre à la plume, &
plus fort que les autres. Eſtant bien cuit
oſtez le de deſſus le feu, & le faites blanchir. Mettez y apres voſtre ius, & tirez
voſtre conſerue.

### Conſerue de Piſtaches.

Prenez des piſtaches & les pillez : faites
cuire du ſucre à la plume, & apres blanchir; ce qu'eſtant fait mettez vos piſtaches dedans, & les y remuez : apres quoy
tirez voſtre conſerue ſur du papier.

### Conſerue de fruicts.

Prenez de l'écorce de citron, des piſtaches, des abricots, & des ceriſes, coupez
les par petits morceaux : parſemez les de

sucre en poudre, & les faites desseicher auprès & à petit feu, prenez du sucre & le faites cuire à la plume vn peu fort : puis sans l'oster de dessus le feu, vous mettrez vos fruits dedans, & lors que vous apperceuerez la mesme plume, ostez le & le faites blanchir, apres quoy quand vous verrez s'y former la petite glace, vous tirerez vostre conserue auec cueilliere.

### Tranche de Iambon.

Prenez des pistaches pilées, d'vne part, de la poudre de rose de Prouins destrampée auec vn ius de citron, d'autre, & des amendes pilées en paste, encore d'autre part, & les ayant ainsi separées, faites cuire enuiron vne liure & demie de sucre en cuisson de conserue; lequel estant cuit, vous le separerés en trois parties, desquelles vous en mettrez & conseruerez deux sur la cendre chaude, & dans l'autre vous verserez vos roses, & apres les auoir bien delayées dans ce sucre, vous verserez le tout ensemble dans vne fueille de papier double, laquelle vous replirez de deux doigts de hauteur aux quatre costez, & attacherez les quatre coins auec des espingles, apres quoy, & lors que ce premier sucre versé sera à moitié froid &

ainsi coloré, vous prendrez de vos amendes, les meslerez dans vne des parties de sucre laissées sur la cendre chaude, & les verserez dessus cét appareil, & ferez aussi de mesme des pistaches. Puis, quand le tout sera en estat d'estre coupé au cousteau, abbattez les bords de la fueille de papier, & coupez ce sucre par tranches de l'épaisseur d'vn quart d'escu.

### Fenoüil blanc.

Prenez du fenoüil en branche, & le nettoyez bien. Faites le seicher, & estant sec, prenez vn blanc d'œuf, & de l'eau de fleur d'orange : battez le tout ensemble, & trempez le fenoüil dedans, puis mettez du sucre en poudre par dessus, & le faites seicher auprès du feu sur des fueilles de papier.

### Pour faire du Fenoüil rouge.

Prenez du ius de grenade auec vn blanc d'œuf, battez le tout ensemble & y trempez vostre fenoüil, mettez y du sucre en poudre comme à l'autre, & le faites seicher au Soleil.

### Pour faire du Fenoüil bleu.

Prenez du tourne-sol, & le rapez dans de l'eau, mettez y vn peu de poudre d'Iris & du blanc d'œuf. Battez le tout ensemble, & trempez vostre fenoüil dans cette eau, apres quoy vous y mettez du sucre en poudre, & le faites seicher comme l'autre.

*Pour blanchir des œillets, des roses, & des violettes.*

Prenez vn blanc d'œuf, auec vne petite goutte d'eau de fleur d'orange, battez les ensemble, & mettez tremper vos fleurs dedans : puis les tirez, & en les retirant secoüez les, mettez du sucre en poudre par dessus, & les seichez aupres du feu.

Vous pouuez vous seruir de la mesme façon pour faire blanchir groseilles rouges, cerises, framboises & fraises, sans qu'il soit besoin de faire vn article particulier pour chacune de ces choses, n'y ayant aucune difference, & se pouuant seicher de mesme au feu, ou au Soleil.

*Cerises liquides.*

Prenez les plus belles que vous pourrez, & leur ostez le noyau : du sucre à proportion de vos cerises, & les faites boüillir ensemble, tant que le syrop soit bien fait, & cuit autant que vous iugerez necessaire. Si vous en voulez tirer de seiches à l'heure mesme, faites égoutter vne partie de ces mesmes cerises, & prenez du sucre, que vous ferez cuire en conserue: mettez vos cerises dedans, les faites boüillir, & les tirez.

### Prunes de toutes sortes, liquides.

Prenez des prunes, & les picquez: apres quoy vous les ietterez dans vn bassin d'eau boüillante, & leur donnerez tout doucement vn boüillon ou deux: Faites les rauerdir, les mettez dans de l'eau fraische, & les faites égouter: puis faites cuire fort peu vostre sucre, iettez y vos prunes, & les y faites bouillir cinq ou six bouillons. Mettez les en suite dans l'estuue, si bon vous semble; ou bien si vous ne les trouuez pas assez cuites, faites rebouillir vostre syrop cinq ou six bouillons, remettez vos prunes dedans, & leur donnez encor vn bouillon ou deux.

### Amendes vertes.

Il les faut accommoder de mesme que les abricots.

### Verjus liquide.

Prenez le plus beau qu'il se pourra, & en ostez tous les pepins: faites bouillir de l'eau, & y faites vn peu rauerdir vostre verjus, puis le remettez dans du sucre vn peu cuit, & le faites bouillir sept ou huict gros bouillons, & le tirez.

### Verjus sec.

Faites le bien égoutter, faites cuire du sucre en conserue, & y jettez vostre verjus, mettez le sur le feu, & luy faites prendre la mesme cuisson qu'il auoit lors que vous l'auez meslé, en sorte que la plume en soit bien forte.

### Cus d'artichaux.

Prenez des cus d'artichaux, telle quantité que vous voudrez, pelez les tout à fait, & en ostez soigneusement le foin; faites en suite bouillir de l'eau, iettez y vos artichaux, & les y laissez iusques à ce qu'ils soient bien cuits. Apres quoy vous les mettrez dans le sucre, les y ferez aussi boüillir quatre ou cinq boüillons, & les y laisserez reposer, puis les mettrez égouter & les tirerez.

### Boutons de roses secs.

Prenez des boutons de roses, les picquez de 5. ou 6. coups de cousteau, & les faites bouillir 10. ou 12. bouillons dedans de l'eau. Apres quoy prenez du sucre, faites le fondre, mettez vos boutós de roses dedãs, & leur laissez encore prendre 8. ou 10. bouillons. Pour les mettre à sec, accommodés les comme les oranges, dont vous auez la façon vn peu plus bas.

### Ponsif.

### Ponsif.

Prenez bon ponsif, coupez le par tranches, & les mettez dans de l'eau fraîche auec vne poignée de sel blanc. Laissez les tremper cinq ou six heures, & en suite faites les bouillir dans de l'eau iusques à ce qu'elles soyent cuites. Tirez les & les faites égouter, puis prenez du sucre, le faites bouillir, & y iettez vos tranches de ponsif: Faites les cuire de rechef dans le sucre à proportion, & les tirez.

### Citrons entiers.

Pelez les au blanc, & les coupez par la pointe, faites bouillir de l'eau, & les mettez dedans, iusques à ce qu'ils soient à moitié cuits. Vuidez les & les remettez dans autre eau bouillante à gros bouillons, & les y acheuez de cuire. Tirez les & les remettez dans de l'eau fraîche, puis faites fondre du sucre, & y trempez vos citrons.

### Oranges.

Prenez les plus rouges & les plus vnies, ou les plus iaunes. Pelez les, les fendez par la pointe, & les laissez tremper deux iours entiers dans de l'eau fraîche, que vous changerez deux fois par iour. Faites bouillir de l'eau dedans vn bassin, mettez y vos oranges, & les laissez cuire à moitié

Y

vuidez les, & acheuez de cuire dans vne autre eau boüillante, apres quoy mettez les égoutter, & prenez du sucre à proportion de vos oranges auec autant d'eau, faites boüillir le tout à gros boüillons auec vos oranges, puis les retirez & faites égoutter.

*Pour faire des noix blanches.*

Prenez des noix, les pelez au blanc, & les mettez tremper dans de l'eau six iours durant, mais ne manqués pas de les changer d'eau deux fois tous les iours : faites les cuire apres aussi dans de l'eau, & lors qu'elles seront cuites lardez les d'vn clou de girofle, de canelle, & vn lardon de citron confit : en suite de quoy prenez du sucre & le faites cuire, mettez vos noix dedans, & les y laissez pendant dix ou douze boüillons, puis les tirez, les mettez égoutter, & faites seicher.

*Paste d'Abricots.*

Prenez les bien meurs, & les pelez, puis les mettez dans vn poëslon sans eau, & les remuez souuent auec vne escumoire iusques à ce qu'ils soient bien secs. Ostez les de dessus le feu & les meslez auec autant de sucre cuit en conserue comme vous aurez de paste.

### Paste de Cerises.

Prenez des cerises, apres les auoir fait bouillir dans de l'eau passez les dans vn tamy. Sur vne pinte de riz de cerises mettez quatre onces de riz de pommes, que vous ferez cuire, & passerez de mesme. Brouïllez le tout ensemble, le faites seicher, & apprestez comme cy-dessus.

### Pastes de Groseilles & de Verjus.

Elles se preparent & façonnent de mesme que celle de cerises, cy-deuant.

### Paste de Coings.

Prenez des coings, faites les cuire tous entiers dans l'eau, & les passez dans vn gros tamy, puis les faites seicher dans vn poëslon sur le feu, comme les precedentes. Vous les meslerez auec le sucre & leur donnerez cinq ou six tours sur le feu, pourueu qu'ils ne bouïllent point, dressez les à moitié froids, & ainsi des autres.

### Pour faire du Massepin

Prenez des amandes & les pelez, mettez les tremper dans de l'eau, & les changez iusques à ce que la derniere en paroisse toute claire. Battez les auec vn blanc d'œuf & de l'eau de fleur d'orange, puis les desseichez auec vn peu de sucre sur le feu. En suite dequoy vous les pilerez de quatre ou cinq coups de mortier, & les trauaillerez comme vous l'entendrez.

*Pour faire des gasteaux de Cerises, d'Abricots, de Pistaches, & d'Amendes.*

Prenez des cerises ou des abricots ce que vous desirerez, battez les dans vn mortier auec du sucre en poudre, tant qu'ils soient assez fermes pour estre mis en œuure: faites les cuire auant que de les glacer, & les glacez dessus & dessous. Les pistaches & les amendes s'accommodent plus facilement, & sont plus aisez à faire gasteaux.

Pour en faire les abbaisses, mettez tremper de la gomme dans de l'eau de fleur d'orange, pilez vos amandes ou vos pistaches dans le mortier auec vn morceau de gomme, delayez le tout ensemble auec du sucre en poudre, puis faites & dressez vne paste comme vous l'entendrez.

Vous pouuez de cette mesme paste faire vne glace fort claire, y meslant vn peu de musque, & soignez à la bien nettoyer par dessus, puis la coupez en long, en rond, ou en quelque autre façon.

Pour la faire cuire, il faut vn grand soin

& vne grande circonspection, vous la mettrez dans le four, ou dans la tourtiere auec du feu dessus & dessous, mais vn peu moins dessus.

*Pour faire autres pastes legeres.*

Prenez vn blanc d'œuf, battez le bien auec vn peu d'eau de fleur d'orange, & le deslayez auec vn peu de pistaches ou d'amandes, ce que vous voudrez. Maniez les tres-bien auec du sucre en poudre, & y mettez vn peu de musque. Faites cuire vostre appareil dans vne tourtiere auec vn peu de cendre chaude tant dessus que dessous.

*Pour faire vne tourte à la Combalet.*

Il faut prendre trois iaunes d'œufs sans aucun meslange de blancs, demy liure d'escorce de citron, auec de l'eau de fleur d'orange & du musque. Battez vne escorce de citron, meslez le tout ensemble, & le desseichez auec vne poignée de sucre en le battant. Mettez aussi le tout en suite dans vn poëslon, & luy faites faire trois ou quatre tours sur le feu. Formez vne tourte & la mettez dans la tourtiere auec du sucre en poudre dessus & dessous, & la fermez, & entourrez de feu. Lors qu'elle sera à moitié cuite, leuez la, & la mettez

Y iij

seicher dans le four.

*Pour faire des petites abbaisses glacées.*

Prenez de toutes sortes de fruits secs, & les pilez auec eau de fleur d'orange, emplissez vos abbaisses de ces fruits, qui formeront vne certaine espaisseur capable & propre pour les glacer, laissez en vn peu dessus, & faites cuire dans la tourtiere, tant que la glace soit leuée Pour ce faire mettez du feu dessus, & point dessous.

*Pour faire du syrop de Cerises.*

Prenez des cerises, pressez les, & en tirez le ius, passez le, & le mettez sur le feu deux ou trois bouillons, puis y mettez du sucre à proportion de trois quarterons pour vne pinte de ius.

Le syrop de framboise se fait de mesme.

*Pour faire de la limonade.*

Elle se fait diuersement, selon la diuersité des ingrediens. Pour la faire auec du jasmin, il en faut prendre enuiron plein les deux mains, le mettre infuser dans deux ou trois pintes d'eau, & l'y laisser pendant huict ou dix heures, apres quoy sur vne pinte d'eau vous mettrez six onces de sucre. Celles de fleurs d'orange, de roses muscades, & d'œillets se font de mesme. Pour faire celle de citron, prenez des citrons, les coupez, & en tirez le jus, mettez le parmy l'eau comme dessus; pelez vn autre citron, le coupez par tranches, le mettez parmy ce ius, & du sucre à proportion.

Celle d'orange se fait de mesme.

*Pour faire des Coings secs.*

Prenez des coings, pelez les, & les faites boüillir dans l'eau, tirez les & les remettez dans du sucre boüillant: où estans cuits vous les tirerez derechef, & les renuerserez dans du sucre cuit, d'où vous les retirerez & ferez seicher, comme les oranges & les autres fruits, dont il a esté parlé cy-deuant.

*Pour faire Hypocras blanc.*

Prenez trois pintes du meilleur vin blanc, vne liure & demie de sucre, plus ou moins, vne once de canelle, deux ou trois feuïlles de marjolaines, deux grains de poivre sans piler, passez le tout dans vne chausse auec vn petit grain de musque, & deux ou trois morceaux de citron, apres quoy vous laisserez infuser le tout ensemble pendant trois ou quatre heures.

Le clairet se fait de vin clairet, auec les mesmes ingrediens & appareil.

### Pour faire cresme foüettée.

Prenez vne pinte de laict, & le mettez dans vne terrine, auec enuiron vn quarteron de sucre. Prenez aussi vne chopine de cresme douce, que vous meslerez parmy vostre laict, à mesure que vous le fouetterez auec des verges vous osterez à mesure l'escume de dessus & la mettrez dans vn plat en forme de pyramide.

### Pour faire de la cresme cuite.

Prenez de la cresme douce auec vne pinte ou deux d'amendes bien battuës, puis meslez le tout dans vn poëslon, le remuerez, & ferez cuire à petit feu : & lors que vous vous apperceurez qu'elle deuient espaisse, prenez deux iaunes d'œufs les delayez auec vn peu de sucre en poudre, iettez les dans vostre cresme, & la tournez encore quatre ou cinq fois.

### Pour faire cresme d'Angleterre.

Prenez de la cresme douce & la faites vn peu tiedir dans la vaisselle dans laquelle vous la voulez seruir, puis apres prenez la grosseur d'vn grain de bled de presure, & vous la delayerez auec vn peu de laict.

### Pour faire gelée de Groseilles.

Prenez des groseilles, pressez les & les

passez dans vne seruiette : mesurez vostre jus, & à peu pres mettez trois quarterons de sucre sur vne pinte de ius, faites le cuire auant que de le mesler, & recuire ensemble ; estant meslez essayez en sur vne assiette, & vous connoistrez qu'elle est cuite lors qu'elle se leue.

Celle de framboises se fait aussi de mesme.

*Pour faire gelée de Verjus.*

Prenez du verjus & luy donnez vn boüillon dedans l'eau, passez le par vn gros linge, & faites cuire des pommes, dont vous y meslerez de la decoction, & le reste comme dessus.

La gelée de cerises se fait de mesme sorte.

*Pour faire gelée de pommes.*

Faites vne decoction de vos pommes, la passez dans vne seruiette, & y meslez trois quarterons de sucre ou enuiron sur vne pinte de decoction, &c.

*Pour faire gelée de coings.*

Faites pareillement vne decoction de vos coings, & la faites aussi vn peu rougir, la passez dans vne seruiette, & la mettez au sucre commes les autres.

### Pour faire du Biscuit.

Prenez huict œufs, vne liure de sucre en poudre, auec trois quarterons de farine, broüillez bien le tout ensemble, & par ce moyen il ne sera ny trop mol, ny trop dur.

### Pour faire du Macaron.

Prenez vn liure d'amandes pelées, les mettez tremper dans de l'eau fraische, & les lauez iusques à l'eau claire, faites les égoutter, & les pilez dans vn mortier: arrosez les de trois blancs d'œufs au lieu d'eau de fleur d'orange, mettez y vn quarteron de sucre en poudre, & faites vostre paste, laquelle vous taillerez sur le papier en forme de macaron, faites le cuire, mais gardez vous de luy donner le feu trop chaud. Estant cuit tirez le du four, & le serrez en lieu chaud & sec.

### Pour faire du Cotignac d'Orleans.

Prenez quinze liures de coings, trois liures de sucre, & deux pintes d'eau, faites bouïllir le tout ensemble: estãt bien cuit passez le peu à peu dans vne seruiette, & en tirez ce que vous pourrez; mettez en suite vostre decoction dans vn bassin auec quatre liures de sucre, faites la cuire: pour sçauoir si elle est cuite essayez en sur vne aſſiette, & ſi elle ſe leue haſtez vous de la retirer de deſſus le feu, & la ſerrez dans des boëttes ou ailleurs.

### Pour faire des fraiſes.

Prenez de la paſte de maſſepin, la roulez dans vos mains en forme de fraiſes, apres quoy vous les tremperez dans du jus d'Epine-vinette ou de Groſeille rouge, & les remurez fort. Ce qu'ayant fait, mettez les dans vn plat & les faites ſeicher deuant le feu, & lors qu'elles ſeront ſeiches retrempez les de nouueau par trois ou quatre fois dans le meſme jus.

### Pour faire le Caramel.

Faites fondre du ſucre auec vn peu d'eau, en ſorte que la cuiſſon en ſoit plus forte que celle de conſerue. Mettez y du ſyrop de capilaire, & iettez le tout dans l'eau fraiſche.

### Pour faire le Muſcadin.

Prenez de la poudre de ſucre, vn peu de gomme adragan, que vous aurez fait tremper dans de l'eau de fleur d'orange & du muſque, pilez le tout enſemble, faite le en muſcadin, & ſeicher de loing au feu ou au Soleil.

### Pour faire paſte de neige.

Prenez de la poudre de ſucre, & de la

gomme adragan à proportion. Pilez le tout enfemble, & y adiouftez quelque bonne eau, puis faites voftre abbaiffe.

*Pour faire gafteaux de Piftaches.*

Prenez vne demie liure de poudre de fucre, vn quarteron de piftaches, pour vn fol de gomme adragan, & vne goutte d'eau de fenteur, pilez le tout enfemble, & la pafte faite faites vos gafteaux de l'efpaiffeur d'vn tefton, & les faites cuire au four.

*Framboifes confites.*

Faites voftre fyrop auec la decoction de pomme, eftant bien cuit iettez vos framboifes dedans, leur donnez feulement vn boüillon, les retirez, & les mettez où vous voudrez pour les conferuer.

*Coings liquides.*

Prenez les bien iaunes & fans taches: coupez les par quartiers, & les faites cuire dans de l'eau iufques à ce qu'ils foient bien mols. Cela fait, mettez les égouter, & iettez voftre fucre dans la mefme eau, que vous ferez cuire vn peu plus que fyrop. Remettez y vos coings, & y iettez leurs pepins que vous aurez feparez & noüez dans vn linge pour leur donner couleur: Lors qu'ils feront cuits tirez les.

### Pour faire une composte de pommes.

Prenez des pommes de renette & les pelez bien vnies & sans tache: si elles sont grosses mettez les en quatre, si elles sont petites coupez les par la moitié, & ostez aux vnes & aux autres les pepins & autres superfluites. A mesure que vous les pelerez iettez les dans de l'eau, puis quãd elles y seront toutes, mettez l'eau & les pommes dans vn poëslon auec du sucre à proportion, d'vn quarteron & demy pour huict grosses pommes, & vn peu de canelle; en temps d'hyuer que les pommes ont moins de suc vous y pourrez mettre vn verre de vin blanc. Faites boüillir le tout iusques à ce que vos pommes soient molles sous les doigts. En suite prenez les par morceaux, espreignez les entre deux cuillieres, & les arrangez sur vne assiette, puis passez vostre syrop dans vne seruiete en double. Estant passé remettez le dans le poëslon pour en faire vne gelée, laquelle vous connoistrez estre cuitte si vous en prenez dans vne petite cueilliere, & voyez que ce qui en degoutte tombe comme des petits glaçons. Alors tirez la de dessus le feu, & estant à moitié froide mettez la sur vos pommes arrangées sur vne assiette.

*Composte de pommes de Calvile.*

Elle se fait de mesme, horsmis qu'il n'en faut pas oster la peau.

*Pour faire Marmelade de pommes.*

Prenez dix ou douze pommes, pelez les & les coupez à mesure iusques au troignon, & les mettez dans de l'eau claire. Prenez en suite & les pommes & l'eau dans laquelle elles trempent, auec demy liure de sucre, ou moins si vous voulez, iettez les dans vn poëslon & les faites cuire, & en cuisant écrasez les de peur qu'elles ne bruslent, & lors qu'il n'y aura presque plus d'eau passés le tout par le tamy. Reprenez ce que vous aurez passé, & le remettez dans le mesme poëslon auec la rapeure d'vn demy citron, ou orange trempée auparauant enuiron vn demy quart d'heure dans vn peu d'eau chaude, & passée dans vn linge, pour connoistre & en oster l'amertume : en cuisant remuez tousiours crainte que vostre Marmelade ne brusle : vous sçaurez qu'elle est cuite lors qu'elle sera comme en gelée, & fera paroistre moins d'humidité. Et lors qu'elle le sera comme il faut, tirez la de dessus le feu, & l'estendez auec vn cousteau à l'espoisseur de deux testons.

*Pour faire composte de poires.*

Prenez telles poires que vous voudrez, pourueu qu'elles soient bonnes, pelez les & en ostez les pepins, la dureté qui est à l'œil de la poire, & les autres superfluités, comme vous faites aux pommes. Si elles sont grosses coupez les par moitié ou par quartiers; si elles sont petites, par tiers: Puis les mettez dans vn poëslon auec de l'eau, du sucre, & de la canelle; lors qu'elles seront à moitié cuites versez y vn verre de gros vin rouge, & les tenés toûjours bien couuertes, d'autant que cela les fait rougir. Donnez leur enuiron autant de cuisson, que vous feriez au syrop d'autres confitures.

*Autre façon.*

Faites cuire des poires dans les cendres chaudes, estans cuites pelez les, les coupez par moitié ou par quartiers, selõ leur grosseur, & en ostez le dedans. Faites vn syrop auec du sucre & vn jus de citron, ou de l'eau de fleur d'orange; versez vos poires dans ce syrop, & leur donnez vn bouillon, puis mettez sur vne assiette.

*Pour faire des marons à la Limosine.*

Faites cuire des marons à l'ordinaire,

estant cuits pelez-les, & en les pelant les applatissez vn peu entre les mains : accommodez les sur vne assiette, & prenez de l'eau, du sucre, vn ius de citron, ou de l'eau de fleur d'orange, faites en vn syrop, lequel estant fait vous le verserez tout boüillant sur vos marons, & les seruirez chauds ou froids.

### Autre façon.

Si vous les voulez blanchir, prenez vn blanc d'œuf & de l'eau de fleur d'orange, battez les ensemble, trempez y vos marons, & les mettez dans vn plat auec de la poudre de sucre. Roullez les tant qu'ils en soient couuerts, puis faites les seicher auprès du feu.

### Pour faire composte de citron.

Faites vne gelée de pommes, & la faites cuire, estant cuite ayez vn gros citron, pelez le bien espais, & proche du ius : coupez le par la moitié, & en long, & diuisez ces deux parties en plusieurs tranches ; ostez en les grains, & iettez ces tranches dans vostre gelée : donnez luy encore dix ou douze bouillons, tant que vostre gelée ait encore sa premiere cuisson. Tirez la hors du feu, & la laissez froidir à moitié : chargez vne assiette de tranches

tranches de citron, & les couurez de vostre gelée.

### Pour faire paste de citron.

Prenés du sucre en poudre & des blancs d'œufs, auec peu de rapeure de chair de citron, pilez le tout ensemble dans vn mortier, & si d'aduanture il y auoit trop d'œufs mettez y de la farine de sucre, si bien qu'en battant vous rendiez ce qui est dans vostre mortier en paste maniable. Trauaillez-la à guise de l'ordinaire, & faites vos gasteaux comme vous voudrez, à l'espoisseur d'vn demy doigt, ou moins si vous voulez. Faites les cuire dans le four sur du papier, ou dans vne tourtiere, auec feu dessus & dessous auec mediocrité. Prenez garde qu'ils ne iaunissent, & si tost que vous vous apperceurez qu'ils commenceront à prendre cette couleur tirez les, car dés lors ils sont cuits.

### Pour faire biscuit de Sauoye.

Prenez six jaunes & huict blancs d'œufs, auec vne liure de sucre en poudre, trois quarterons de bonne farine faite de bon froment, auec de l'anis: Battez le tout ensemble, & le faites bien boüillir; Faites vne paste ny trop molle ny trop dure, si elle est trop molle vous y pouuez mesler

Z

de la farine de sucre pour l'affermir. Estant bien proportionnée, mettez la dans des moules de fer blanc faits exprés, & ensuite les faites cuire à demy dans le four: estans demy cuits retirez les & remoüillez par dessus de jaunes d'œufs; apres quoy remettez les au four cuire entierement. Estans cuits auec proportion, en sorte qu'ils ne soient ny trop bruslez ny trop mols, tirez les & serrez en lieu qui ne soit ny trop frais ny trop sec.

## FIN.

# TABLE GENERALE

des Viandes grasses, dont les façons & methodes d'apprester sont en ce Liure, dirigée par ordre Alphabetique.

## A

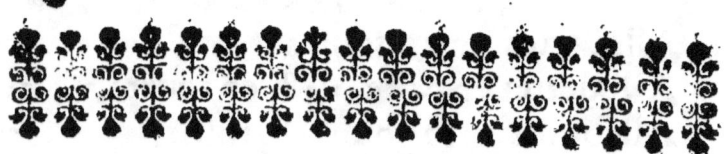

Bbatis d'Agneaux en potage, page 17. Desossez farcis en potage, 28. en ragoust, 45

Abbatis d'Agneaux en ragoust, 105

Abbatis de poulets d'Inde, 0

Achis de viande rostie, 64. de viande creuë, 65

Achis de perdrix, 108

Agneau en ragoust, 45

Agneau rosty, 76

Agneau en paste, 150

Alloüettes au roux en potage, 11

Alloüettes à la sauce douce en potage, 17. en ragoust, 50

Alloüettes rosties à la broche, 90

Z ij

TABLE GENERALE

| | |
|---|---|
| Alloüettes en ragoust, | 105 |
| Alloüettes en paste, 148. en tourte, | 155 |
| Allebrans en ragoust, 58. rostis, | 75 |
| Aloyau rosty, | 86 |
| Andoüilles, | 39 |
| Arbolade, | 130 |
| Artichaux fricassez, | 118 |
| Artichaux frits, | 119 |
| Artichaux à la poivrade, | ibid. |
| Artichaux en cus, | ibid. |
| Asperges à la sauce blanche, | 126 |
| Asperges en ragoust, | ibid. |
| Asperges à la cresme, | ibid. |
| Attereaux, | 65 |

### B

| | |
|---|---|
| Baignets de moëlle, | 109 |
| Baignets de pommes, | 110 |
| Baignets d'artichaux, | ibid. |
| Batteurs de paué en ragoust, | 89 |
| Beatilles en potage, | 12 |
| Beatilles en ragoust, | 116 |
| Beatilles en tourte, | 155 |
| Beccasses rosties en potage, | 22 |
| Beccasses & Beccassines rosties à la broche, | 79 |
| Beccasses en paste, | 150 |
| Bizet rosty, | 76 |
| Bisque de pigeonneaux, | 4 |

## DES VIANDES GRASSES.

Demy Bisque, 25
Blanc manger, 108
trumeau de Bœuf en potage, 19. en potage au tailladin, 20
piece de Bœuf à l'Angloise, ou Chalonnoise, 41. à la Daube, 46. à la Marotte, 47. au Naturel, 48
Bœuf à la Mode, 55. à l'Estoffade, 56
Langue de Bœuf en ragoust, 43
Boudin blanc, 38
Boüillon pour nourrir les pots, 1

## C

Cailles marbrées en potage, 7
Cailles rosties, 74
Cailles en paste, 149
Cailleteaux rostis, 78
Canards en potage, aux nauets, 6
Canards farcis en potage, 26
Canards en ragoust, 37
Canard sauuage en ragoust, 90
Canard en paste, 150
Cardons d'Espagne, 125
Champignons en ragoust, 120
Champignons farcis, ibid.
Champignons frits, ibid.
Champignons à l'oliuier, 121
Chapon au ris en potage, 20
Chapon farcy en potage, 24. en regoust,

Z iij

TABLE GENERALE

50. aux huiſtres, 57. roſty, 75. roſty au creſſon, 81
Chapon en potage, 144
Cuiſſeaux de Chevreuil, 60
Choux-fleurs, 105
Ciué de Liévre, 45
Cochon de laict en potage, 19. à la daube, 48
Cochon farcy, 61
Cochon picqué, 80
Cochon de laict au naturel, 81
Coſtelettes de mouton en ragouſt, 55
Creſme de piſtache, 103
Creſme à la Mazarine, 125
Cus blancs, ou Thiaſtias, roſtis, 81

### D

Indonneaux roſtis, 78
menus Droicts de Cerf, 97

### E

Au, ou ius de mouton, veau ou chapon, 138. Autre façon, ib. & 139
Eau de poulet, 139
Eſpaule de mouton en ragouſt, 54
Eſpaule de veau en ragouſt, ib.
Eſpaule de veau roſtie, 90
Eſpaule de Sanglier roſtie, 82
Eſpaule de Sanglier en ragouſt, 60
Eſtudeaux en potage, 11

## DES VIANDES GRASSES.

Estudeaux desossés farcis en potage, 25.
   rostis, 76

### F

Faon de Biche rosty, 83
Faon de Chevreuil rosty, 84
Faisan rosty, 74
Filet de Cerf rosty, 78
Filet de Chevreuil rosty, 84
Fricandeaux en potage, 7
Fricandeaux en ragoust, 53
Fricassée de veau, ibid.
Foye de Cheureuil en ragoust, 101. En omelette, ibid.
Foye de veau fricassé, 21. en ragoust, 58. picqué, 59
Foye de veau rosty à la broche, 90
Foye gras en ragoust, 115
Foye gras sur le gril, ibid.
Foye gras cuit dans la cendre, ib.
Foye gras frit en baignets, 116

### G

Garnitures de pistaches, de citrons, & de grenades, 157
Gaudiueaux en paste, 145
Gelée commune, 105. & 106
Gelée de corne de Cerf, 106
Gelée verte, rouge, iaune, violette, & bleuë, 107

Z iiij

Genillotte rostie, 74
Grasdouble en ragoust, 52
Griues rosties, 79
Griues en ragoust, 131

## H

Haut costé de veau en ragoust, 46
Haut costé de mouton en ragoust, 85
Heron rosty, 82

## I

Iambon en ragoust, 103
Iambon rosty, ib.
Iambon en tranche, 104
Iambons de Mayence, & methode pour les faire, 132
Iambon en paste, 146
Iaret de veau en potage, 17
Iarets de veau farcis en potage, 27
Iaret de veau à l'epigramme, 36
Ius de champignons, 156
Ius de bœuf ou de mouton, ib.
Ius ou eau de mouton, veau ou chapon, 138. 139

## L

Langue de bœuf en ragoust, 43. Autre façon, 114
Langue de bœuf fraische, 87
Langue de porc en ragoust, 43. 113
Langue de porc parfumée, 114

## DES VIANDES GRASSES.

| | |
|---|---|
| Langue de porc grillée en ragoust, | ibid. |
| Langues de mouton en ragoust, | 43.127. |
| frites en ragoust & en baignets, 58. rosties, | 63 |
| Langues de mouton picquées, ibid. | & 127 |
| Langues de mouton sur le gril, | ibid. |
| Langues de mouton en paste, | 151 |
| Lapreaux en potage, | 16 |
| Lapreaux en ragoust, | 56 |
| Lapreaux rostis, | 77 |
| Lapreaux en paste, | 148 |
| Levraut rosty, | 74 |
| Liaisons, | 134 |
| Liaisons d'amandes, de champignons, & de farine, | ibid. |
| Liaisons de trufles, | 135 |
| Longe de veau à la marinade, 37. en ragoust, 50. rostie, | 80 |
| Longe de Cerf rostie, | 78 |
| Longe de Cheureuil en ragoust, 55. rostie, | 78 |
| Longe de mouton en ragoust, | 86 |

### M

| | |
|---|---|
| Macreuse au lard en paste, | 150 |
| Marcassin rosty, | 77 |
| Mauuiettes en potage, 18. rosties, | 77 |
| Mauuiettes en ragoust, | 104 |
| Merles en paste, | 150 |

Manche d'espaules de mouton à l'oliuier, 4
Manche d'espaules de mouton en ragoust en potage, 22
Membre de mouton en potage, 29. à la Cardinale, 36. à la Daube, 44. à la Logate, 46. farcy, 88. en paté, 142
Mouton aché en potage, 19. frit en potage aux naueaux, 21

## N

Nulle, 117
Nulle ambrée, 118
Nulle verte, ibid.

## O

Oeufs à la Portugaise, 122. Autre façon, 123
Oeufs mignons, ibid.
Oeufs filez, ibid. & 124
Oeufs à la Varenne, 124. Autre façon, ibid.
Oeufs à la neige, ibid. & 125
Oeufs à la huguenotte, 125
Omelette de beatilles, 99
Omelette de jambon, 121
Oreilles & pieds de Porc en ragoust, 97
Ortolans rostis, 79
Ortolans en ragoust, 113
Oyson en potage à la purée, 14
petite Oye d'Oyson en potage, ibid.

## DES VIANDES GRASSES.

| | |
|---|---|
| Oyson aux pois verds, | 15 |
| Oye sallée à la purée, | ibid. |
| Oysons farcis en potage, | 29 |
| Oye à la daube, 48. en ragoust, | 49 |
| Oyson rosty, | 76 |
| Oye sauuage & priuée rostie, | 80 |

### P

| | |
|---|---|
| Palets de bœuf, 130. sallez pour garder, | 293 |
| Pasnade, 140. Autre façon, | ibid. |
| Paste filée, | 110 |
| Paste de Citron, Paste d'Amandes, Paste de Pistaches, | 111 |
| Pastez de Chapon desossé, de gaudiueau, & d'assiette, | 68 |
| Pastés à la Marotte, & à l'Angloise, | 69 |
| Pasté à la Cardinale, | 70 |
| Pasté de Venaison, | 98 |
| Pasté de jambon, | ibid. |
| Pasté de venaison, | 142 |
| Pasté de membre de mouton, | ibid. |
| Pasté à l'Angloise, | 143 |
| Pasté de gaudiueaux, | 145 |
| Pasté de perdrix, | ibid. |
| Pasté de jambon, | 146 |
| Pasté de poitrine de veau, | ibid. |
| Pasté d'assiette, | 147 |
| Pasté à la Cardinale, | ibid. |

## TABLE GENERALE

| | |
|---|---|
| Pasté à la marotte, | ibid. |
| Pasté de lapreaux, | 148 |
| Pasté de poulets, | ibid. |
| Pasté d'alloüettes, | ibid. |
| Pasté de veau, | 149 |
| Pasté de cailles, | ibid. |
| Pasté de beccasses, | 150 |
| Pasté de merles, | ibid. |
| Pasté de canards, | ibid. |
| Pasté de macreuse au lard, | ibid. |
| Pasté d'agneau, | ibid. |
| Pasté de langues de mouton, | ibid. |
| Pasté de cheureau, chaud, | 152 |
| Pasté d'oyson, | ibid. |
| Pasté de manches d'espaules, | ibid. |
| Perdrix en paste, | 145 |
| Perdrix aux choux en potage, | 5 |
| Perdrix marbrées en potage, | 7 |
| Perdrix desossées farcies en potage, | 30 |
| Perdrix en ragoust, 42. à l'estoffade, | 57. |
| rosties, | 74 |
| Perdreaux rostis, | 78 |
| Perdreaux en ragoust, | 131 |
| Pets de putain, | 110 |
| Pieds de veau en ragoust, 51. fricassez, | 62 |
| Pieds de mouton en ragoust, | 51 |
| Pigeonneaux en bisque, 4. en potage, 12. | |

## DES VIANDES GRASSES.

| | |
|---|---|
| roſtis en potage, | 13 |
| Pigeons en potage aux pois verds, | 16 |
| Pigeons ramiers, | 80 |
| Pigeonneaux farcis en potage, | 26 |
| Pigeonneaux en ragouſt, 26. 114. fricaſſez, 52. roſtis, 75. 130. & 131 | |
| Pigeonneaux ſallez pour garder, | 311 |
| Pluuier roſty, | 78 |
| Poitrine de veau en potage, 17. farcie en potage, 27. à l'eſtoffade, 42. frite en ragouſt, | 54 |
| Poitrine de veau en paſte, | 146 |
| Poitrine de mouton en aricot, | 45 |
| Porc priué, | 83 |
| Potage de ſanté, | 5 |
| Potage à la Reyne, | 9 |
| Potage à la Princeſſe, | 10 |
| Potage à la Iacobine, | 10. 23 |
| Potage de marmite, | 21 |
| Poularde en ragouſt, | 38 |
| Poularde graſſe farcie, | 88. 89 |
| Poulets en potage garny d'aſperges, 6. en potage aux choux-fleurs, & en ragouſt, 13. en potage aux poids verds, 16. en potage au riz, | 20 |
| Poulets farcis en potage, | 25 |
| Poulets marinez, 40. fricaſſez, 52. à l'eſtuuée, | 59 |

## TABLE GENERALE

| | |
|---|---|
| Pasté à la marotte, | ibid. |
| Pasté de lapreaux, | 148 |
| Pasté de poulets, | ibid. |
| Pasté d'allouettes, | ibid. |
| Pasté de veau, | 149 |
| Pasté de cailles, | ibid. |
| Pasté de beccasses, | 150 |
| Pasté de merles, | ibid. |
| Pasté de canards, | ibid. |
| Pasté de macreuse au lard, | ibid. |
| Pasté d'agneau, | ibid. |
| Pasté de langues de mouton, | ibid. |
| Pasté de cheureau, chaud, | 152 |
| Pasté d'oyson, | ibid. |
| Pasté de manches d'espaules, | ibid. |
| Perdrix en paste, | 145 |
| Perdrix aux choux en potage, | 5 |
| Perdrix marbrées en potage, | 7 |
| Perdrix desossées farcies en potage, | 30 |
| Perdrix en ragoust, 42. à l'estoffade, 57. rosties, | 74 |
| Perdreaux rostis, | 78 |
| Perdreaux en ragoust, | 131 |
| Pets de putain, | 110 |
| Pieds de veau en ragoust, 51. fricassez, | 62 |
| Pieds de mouton en ragoust, | 51 |
| Pigeonneaux en bisque, 4. en potage, 12. | |

## DES VIANDES GRASSES.

| | |
|---|---|
| roſtis en potage, | 13 |
| Pigeons en potage aux pois verds, | 16 |
| Pigeons ramiers, | 80 |
| Pigeonneaux farcis en potage, | 26 |
| Pigeonneaux en ragouſt, 26. 114. fricaſſez, 52. roſtis, | 75. 130. & 131 |
| Pigeonneaux ſallez pour garder, | 311 |
| Pluuier roſty, | 78 |
| Poitrine de veau en potage, 17. farcie en potage, 27. à l'eſtoffade, 42. frite en ragouſt, | 54 |
| Poitrine de veau en paſte, | 146 |
| Poitrine de mouton en aricot, | 45 |
| Porc priué, | 83 |
| Potage de ſanté, | 5 |
| Potage à la Reyne, | 9 |
| Potage à la Princeſſe, | 10 |
| Potage à la Iacobine, | 10. 23 |
| Potage de marmite, | 21 |
| Poularde en ragouſt, | 38 |
| Poularde graſſe farcie, | 88. 89 |
| Poulets en potage garny d'aſperges, 6. en potage aux choux-fleurs, & en ragouſt, 13. en potage aux poids verds, 16. en potage au riz, | 20 |
| Poulets farcis en potage, | 25 |
| Poulets marinez, 40. fricaſſez, 52. à l'eſtuuée, | 59 |

TABLE GENERALE

Poulets de grain rostis, 75
Poulets marinez, 104. & 194
Poulet d'Inde farcy en potage, 30. à la Framboise, 35. à la Daube, 44. en ragoust, 49
Poulet d'Inde rosty, 75
Poulet d'Inde en paste, 144
Poulette d'eau rostie, 80
Profiteolles en potage, 8

## Q

Veuë de Mouton en ragoust, 44
Queuë de Mouton rostie, 47
Queuë de Mouton au naturel, 48

## R

Rable de Lievre rosty, 82
Ralle rostie, 77
Ramequin de roignon, 111
Ramequin de chair, Ramequin de fromage, Ramequin de suye de cheminée, & Ramequin d'oygnon, 110
Ramequin d'aulx, 113
Ramiers en potage, 7. rostis, 70
Rissoles frites, 108
Rissoles feuilletées, 109
Roignons de Belier, 129. autre façon, 130
Roignons de Belier sallez pour garder, 294
Riz de veau frits, 100

### DES VIANDES GRASSES.

| | |
|---|---|
| Riz de veau picquez & en ragoust, | ibid. |
| Riz de veau en tourte, | 156 |
| Rouge rosty, | 74 |
| Ruelle de veau en ragoust, | 53 |

### S

| | |
|---|---|
| Salade de citron, | 108 |
| Salade de grenade, | 127 |
| Sallé aux pois en potage, | 16 |
| Sarcelles à l'hypocras en potage, 11. en potage au suc de nauets, 12. en ragoust, 49. | |
| rosties, | 76 |
| Sauce de poivrade, | 91 |
| Sauce verte, | ibid. |
| Sauce au Lapreau, | ibid. |
| Saucisses de blanc de Perdrix, | 39 |
| Seruelats, | 40 |

### T

| | |
|---|---|
| Testes d'Agneaux desossées farcies, | 28 |
| Teste de veau frite en potage, | 21 |
| Teste de veau desossée, farcie en patage, | 28 |
| Teste de veau frite en ragoust, | 59 |
| Tetine de Chevreuil, | 101 |
| Tetine de vache, | 102 |
| Tortuës en potage, | 18 |
| Tortuës en ragoust, | 121 |
| Tourte de lard, | 66. & 154 |

TABLE GENERALE, &c.

| | |
|---|---|
| Tourte de moëlle, | 154 |
| Tourte de pigeonneaux, | 67. & 154 |
| Tourte de veau, | 67. & 152 |
| Tourte de franchipanne, | 116 |
| Tourte de pistaches, | 122 |
| Tourte de beatilles, | 155 |
| Tourte de moineaux, | ibid. |
| Tourte d'alloüettes, | 155-156 |
| Tourte de rits de veau, | 156 |
| Tourte de blancs de chapon, | ibid. |
| Tourte rostie, | 74 |
| Tranche de pasté, | 98 |
| Tranche de hure, | 128 |
| Tranche de hure en ragoust, | ibid. |
| Trufles en ragoust, | 99 |
| Trufles seiches, | ibid. |
| Trufles au naturel, | ibid. |
| Trumeau de bœuf au tailladin, en potage, | 19. 42 |

## V

| | |
|---|---|
| Veau en paste, | 14 |
| Venaison en paste, | 142 |

TABLE

# TABLE GENERALE

des *Viandes maigres*, des diuerses sortes d'œufs, & des façons d'apprester toutes sortes de legumes, à seruir sur le champ, ou à garder ; ensemble de quantité d'autres petites curiositez de bouche, contenuës en ce Liure, dirigées par ordre alphabetique.

### A

| | |
|---|---:|
| Achis de Carpes, | 196 |
| Achis d'Anguille en paste, | 275 |
| Allozes rosties en ragoust, & au court bouillon, | 206 |
| Alloze à l'estuuée, | 207 |
| Alloze au court bouillon, & rostie en ragoust, | 239. & 240 |
| Amandes en tourte, | 281 |
| Anguille rostie à la sauce verte, | 281 |
| Anguille à l'estuuée & au seruelast, | 208 |
| Anguille en ragoust, | 209 |
| Anguille de mer, | ibid. |
| Anguille de mer à l'estuuée, & frite en ragoust, | 210 |

Aa

## TABLE GENERALE

| | |
|---|---|
| Anguilles en paste, | 221. 273 |
| Artichaux frits, | 254 |
| Artichaux à garder, | 384 |
| Asperges en potage, | 176 |
| Asperges rompuës en potage, | 181 |
| Asperges à la sauce blanche, | 254 |
| Asperges à la cresme, | 255 |
| Asperges fricassées, | 264 |
| Asperges à garder, | 288 |
| Attereaux de poisson en potage, | 168 |
| Aumar au court bouillon, & à la sauce blanche, | 210 |

### B

| | |
|---|---|
| Baignets, | 251 |
| Baignets de pommes, | 256 |
| Baignets de grenouilles, | 320 |
| Barbeaux en ragoust, | 202 |
| Barbeaux rostis, au court bouillon, & au demy court bouillon, | 203 |
| Barbeaux à l'estuuée, | 204 |
| Barbuës en castrolle, | ibid. |
| Barbuës au court bouillon, | 246 |
| Barbuës en paste, | 272 |
| Bescard au court bouillon, | 237 |
| Bescard en paste, | ibid. |
| Bette-raues, | 262 |
| Bette-raues à garder, | 288 |
| Beurre à garder | 286. 295 |

## DES VIANDES MAIGRES.

| | |
|---|---|
| Blanc manger, | 254 |
| Boüillie de fleur de bled, | 259 |
| Boüillons maigres de plusieurs façons, | 296. 297 |
| Bresme en ragoust, | 197 |
| Bresme rostie, | 240. 241 |
| Brochet en ragoust, | 193 |
| Brochet farcy, | 211 |
| Brochet rosty à la broche, | ib. |
| Brochet au bleu, | 241 |
| Brochet à la sauce, | 242 |

## C

| | |
|---|---|
| Cardes de poirée & d'artichaux, | 265. & 266 |
| Cardes d'artichaux salées pour garder, | 293 |
| Carottes, | 262 |
| Carottes rouges, | 264 |
| Carpe en potage, | 161 |
| Carpes farcies en potage, | 162 |
| Carpes rosties en potage, | 163 |
| Carpe à l'estuuée, farcie en ragoust, & frite en ragoust, | 195 |
| Carpe rostie en ragoust, & au demy court bouillon, | 196 |
| Carpe au bleu, | 244 |
| Carpe farcie, | 245 |
| Carpe en paste, | 272. 273 |

Aa ij

## TABLE GENERALE

| | |
|---|---|
| Carpe en tourte, | 278 |
| Celeris, | 213 |
| Champignons farcis en potage, | 165. 188 |
| Champignons à la cresme, | 249 |
| Champignons à garder, | 289. 290 |
| Cheruis, | 260 |
| Chicorée blanche, | 264 265 |
| Chicorée à garder, | 289 |
| Choux en potage au laict, | 169 |
| Choux en potage au pain frit, | 170 |
| Choux en potage de purée, | ib. |
| Choux fleurs en potage, | 181 |
| Choux pour seruir à l'entre-mets, | 255 |
| Choux à garder, | 290 |
| Citroüille au beurre en potage, | 170 |
| Citrouille au laict en potage, | ib. 260. 261 |
| Citrouille en tourte, | 281 |
| Concombres farcis en potage, | 174. 262. 263 |
| Concombres à garder, | 285 |

### E

| | |
|---|---|
| Entre-mets de Caresme, | 317 |
| Escreuisses en potage, | 161 |
| Escreuisses en tourte, | 278 |
| Esperlans en potage, | 167 |
| Esperlans en ragoust, | 217 |
| Esperlans frits, | 246 |

## DES VIANDES MAIGRES.

| | |
|---|---:|
| Espinars en tourte, | 80 |
| Espinars d'entrée, | 313 |
| Esturgeon au court bouillon, | 237 |
| Esturgeon en paste, | 272 |

### F

| | |
|---|---:|
| Fidelles en potage, | 181 |
| Foye de lotte, | 253 |
| Foye de lotte en tourte, | 277 |
| Framboises en potage, | 163 |

### G

| | |
|---|---:|
| Gelée de poisson, | 253 |
| Gelée verte, | 254 |
| Grenost en potage, | 176 |
| Grenost en ragoust, | 213 |
| Grenost en paste, | 222. 274 |
| Grenost en castrolle, | 237 |
| Grenoüilles au saffran, en potage, | 177 |
| Grenoüilles en tourte, | 279 |

### H

| | |
|---|---:|
| Harangs frais rostis, & à la sauce rousse, | 212 |
| Harangs salez & sorets, | 220 |
| Huistres en potage, | 176 |
| Huistres au demy court bouillon, salées, | 199 |
| Huistres en ragoust, en baignets, & rosties, | 200. & 201 |
| Huistres fraisches en tourte, | 176 |

Aa iij

## TABLE GENERALE

| | |
|---|---|
| Huistres salées pour garder, | 291 |
| Hure de saumon à la sauce rousse, | 218 |
| Hure de saumon en salade, | 219 |

### I

| | |
|---|---|
| Iambon de poisson, | 215. 255 |

### L

| | |
|---|---|
| Laict auec jaunes d'œufs en potage, | 171 |
| Laict d'amendes en potage, | 188 |
| Laittances de carpes frites, | 252 |
| Littances en ragoust, | 253 |
| Laittances de carpes en tourte, | 277 |
| Laittuës farcies en potage, | 169. 259 |
| Laittuës à garder, | 287 |
| Lamproye en ragoust, sur le gril en ragoust, & à la sauce douce, | 207 |
| Langouste au court bouillon, | 210 |
| Langouste à la sauce blanche, | 211 |
| Lentilles en potage, | 209 |
| Lentilles d'entrée, | 313 |
| Limandes en potage, | 185 |
| Limandes en castrolle, frites & rosties, | 204 |
| Limandes frites en ragoust, | 238 |
| Limandes en paste, | 274 |
| Limandes en tourte, | 276 |
| Losches en potage, | 186 |

## DES VIANDES MAIGRES.

Lottes en potage, 180
Lottes en ragoust, & frites en ragoust, 198. & 199. en paste, 221
Lottes en castrolle, 243
Lottes en tourte, 278
Loustre de mer au court bouillon, & sur le gril, 238

## M

Macreuse farcie en potage, 180
Macreuse aux nauets en potage, 184
Macreuse en potage, garny, *ibid.*
Macreuse en ragoust & au court bouillon, 205
Macreuse rostie en ragoust, & desossée farcie, 206
Macreaux frais rostis, 212
Macreaux salez, 219. & 220
Marsouin au court bouillon & en ragoust, 238
Melon en tourte, 280
Merluche frite & à la sauce Robert, 218
Moules en potage, 175
Moules de poisson, 216
Moruë fraîsche rostie en ragoust, 213
Moruë au demy court bouillon, 214
Moruë fraîsche en ragoust, *ibid.*
Moruë de terre-neufve, 215

TABLE GENERALE

Poulets de grain rostis, 75
Poulets marinez, 104. & 194
Poulet d'Inde farcy en potage, 36. à la Framboise, 35. à la Daube, 44. en ragoust, 49
Poulet d'Inde rosty, 75
Poulet d'Inde en paste, 144
Poulette d'eau rostie, 80
Profiteolles en potage, 8

## Q

Veuë de Mouton en ragoust, 44
Queuë de Mouton rostie, 47
Queuë de Mouton au naturel, 48

## R

Able de Lievre rosty, 82
Ralle rostie, 77
Ramequin de roignon, 111
Ramequin de chair, Ramequin de fromage, Ramequin de suye de cheminée, & Ramequin d'oygnon, 110
Ramequin d'aulx, 113
Ramiers en potage, 7. rostis, 70
Rissoles frites, 108
Rissoles feuilletées, 109
Roignons de Belier, 129. autre façon, 130
Roignons de Belier sallez pour garder, 294
Riz de veau frits, 100

### DES VIANDES GRASSES.

| | |
|---|---|
| Riz de veau picquez & en ragoust, | ibid. |
| Riz de veau en tourte, | 156 |
| Rouge rosty, | 74 |
| Ruelle de veau en ragoust, | 53 |

### S

| | |
|---|---|
| Salade de citron, | 108 |
| Salade de grenade, | 127 |
| Sallé aux pois en potage, | 16 |
| Sarcelles à l'hypocras en potage, 11. en potage au suc de nauets, 12. en ragoust, 49. | |
| rosties, | 76 |
| Sauce de poivrade, | 91 |
| Sauce verte, | ibid. |
| Sauce au Lapreau, | ibid. |
| Saucisses de blanc de Perdrix, | 39 |
| Seruelats, | 40 |

### T

| | |
|---|---|
| Testes d'Agneaux desossées farcies, | 28 |
| Teste de veau frite en potage, | 21 |
| Teste de veau desossée, farcie en patage, | 28 |
| Teste de veau frite en ragoust, | 59 |
| Tetine de Chevreuil, | 101 |
| Tetine de vache, | 102 |
| Tortuës en potage, | 18 |
| Tortuës en ragoust, | 121 |
| Tourte de lard, | 66. & 154 |

Tourte de moëlle, 154
Tourte de pigeonneaux, 67. & 154
Tourte de veau, 67. & 152
Tourte de franchipanne, 116
Tourte de pistaches, 122
Tourte de beatilles, 155
Tourte de moineaux, ibid.
Tourte d'alloüettes, 155. 156
Tourte de rits de veau, 156
Tourte de blancs de chapon, ibid.
Tourte rostie, 74
Tranche de pasté, 98
Tranche de hure, 128
Tranche de hure en ragoust, ibid.
Trufles en ragoust, 99
Trufles seiches, ibid.
Trufles au naturel, ibid.
Trumeau de bœuf au tailladin, en potage, 19. 42

## V

Veau en paste, 14
Venaison en paste, 142

# TABLE GENERALE

*des Viandes maigres, des diuerses sortes d'œufs, & des façons d'apprester toutes sortes de legumes, à seruir sur le champ, ou à garder; ensemble de quantité d'autres petites curiositez de bouche, contenuës en ce Liure, dirigées par ordre alphabetique.*

### A

Achis de Carpes, 196
Achis d'Anguille en paste, 275
Allozes rosties en ragoust, & au court bouillon, 206
Alloze à l'estuuée, 207
Alloze au court bouillon, & rostie en ragoust, 239. & 240
Amandes en tourte, 281
Anguille rostie à la sauce verte, 281
Anguille à l'estuuée & au seruelast, 208
Anguille en ragoust, 209
Anguille de mer, ibid.
Anguille de mer à l'estuuée, & frite en ragoust, 210

Aa

## TABLE GENERALE

| | |
|---|---|
| Anguilles en paste, | 221. 273 |
| Artichaux frits, | 254 |
| Artichaux à garder, | 384 |
| Asperges en potage, | 176 |
| Asperges rompuës en potage, | 181 |
| Asperges à la sauce blanche, | 254 |
| Asperges à la cresme, | 255 |
| Asperges fricassées, | 264 |
| Asperges à garder, | 288 |
| Attereaux de poisson en potage, | 168 |
| Aumar au court bouillon, & à la sauce blanche, | 210 |

### B

| | |
|---|---|
| Baignets, | 251 |
| Baignets de pommes, | 256 |
| Baignets de grenouilles, | 320 |
| Barbeaux en ragoust, | 202 |
| Barbeaux rostis, au court bouillon, & au demy court bouillon, | 203 |
| Barbeaux à l'estuuée, | 204 |
| Barbuës en castrolle, | ibid. |
| Barbuës au court bouillon, | 246 |
| Barbuës en paste, | 272 |
| Bescard au court bouillon, | 237 |
| Bescard en paste, | ibid. |
| Bette-raues, | 262 |
| Bette-raues à garder, | 288 |
| Beurre à garder | 286. 295 |

## DES VIANDES MAIGRES.

Blanc manger, 254
Boüillie de fleur de bled, 259
Boüillons maigres de plusieurs façons, 296. 297
Bresme en ragoust, 197
Bresme rostie, 240. 241
Brochet en ragoust, 193
Brochet farcy, 211
Brochet rosty à la broche, ib.
Brochet au bleu, 241
Brochet à la sauce, 242

### C

Cardes de poirée & d'artichaux, 265. & 266
Cardes d'artichaux salées pour garder, 293
Carottes, 262
Carottes rouges, 264
Carpe en potage, 161
Carpes farcies en potage, 162
Carpes rosties en potage, 163
Carpe à l'estuuée, farcie en ragoust, & frite en ragoust, 195
Carpe rostie en ragoust, & au demy court bouillon, 196
Carpe au bleu, 244
Carpe farcie, 245
Carpe en paste, 272. 273

Aa ij

## TABLE GENERALE

| | |
|---|---|
| Carpe en tourte, | 278 |
| Celeris, | 213 |
| Champignons farcis en potage, | 165. 188 |
| Champignons à la cresme, | 249 |
| Champignons à garder, | 289. 290 |
| Cherüis, | 260 |
| Chicorée blanche, | 264 265 |
| Chicorée à garder, | 289 |
| Choux en potage au laict, | 169 |
| Choux en potage au pain frit, | 170 |
| Choux en potage de purée, | ib. |
| Choux fleurs en potage, | 181 |
| Choux pour seruir à l'entre-mets, | 255 |
| Choux à garder, | 290 |
| Citroüille au beurre en potage, | 170 |
| Citrouille au laict en potage, | ib. 260. 261 |
| Citrouille en tourte, | 281 |
| Concombres farcis en potage, | 174. 262. 263 |
| Concombres à garder, | 285 |

### E

| | |
|---|---|
| Entre-mets de Caresme, | 317 |
| Escreuisses en potage, | 161 |
| Escreuisses en tourte, | 278 |
| Esperlans en potage, | 167 |
| Esperlans en ragoust, | 217 |
| Esperlans frits, | 246 |

## DES VIANDES MAIGRES.

| | |
|---|---|
| Espinars en tourte, | 80 |
| Espinars d'entrée, | 313 |
| Esturgeon au court bouillon, | 237 |
| Esturgeon en paste, | 272 |

### F
| | |
|---|---|
| Fidelles en potage, | 181 |
| Foye de lotte, | 253 |
| Foye de lotte en tourte, | 277 |
| Framboises en potage, | 163 |

### G
| | |
|---|---|
| Gelée de poisson, | 253 |
| Gelée verte, | 254 |
| Grenost en potage, | 176 |
| Grenost en ragoust, | 213 |
| Grenost en paste, | 222. 274 |
| Grenost en castrolle, | 237 |
| Grenoüilles au saffran, en potage, | 177 |
| Grenoüilles en tourte, | 279 |

### H
| | |
|---|---|
| Harangs frais rostis, & à la sauce rousse, | 212 |
| Harangs salez & forets, | 220 |
| Huistres en potage, | 176 |
| Huistres au demy court bouillon, salées, | 199 |
| Huistres en ragoust, en baignets, & rosties, | 200. & 201 |
| Huistres fraisches en tourte, | 176 |

A a iij

Huiſtres ſalées pour garder, 291
Hure de ſaumon à la ſauce rouſſe, 218
Hure de ſaumon en ſalade, 219

## I

IAmbon de poiſſon, 215. 255

## L

LAict auec jaunes d'œufs en potage, 171
Laict d'amendes en potage, 188
Laittances de carpes frites, 252
Littances en ragouſt, 253
Laittances de carpes en tourte, 277
Laittuës farcies en potage, 169. 259
Laittuës à garder, 287
Lamproye en ragouſt, ſur le gril en ragouſt, & à la ſauce douce, 107
Langouſte au court bouillon, 210
Langouſte à la ſauce blanche, 211
Lentilles en potage, 209
Lentilles d'entrée, 313
Limandes en potage, 185
Limandes en caſtrolle, frites & roſties, 204
Limandes frites en ragouſt, 238
Limandes en paſte, 274
Limandes en tourte, 276
Loſches en potage, 186

## DES VIANDES MAIGRES.

Lottes en potage, 180
Lottes en ragoust, & frites en ragoust, 198. & 199. en paste, 221
Lottes en castrolle, 243
Lottes en tourte, 278
Louſtre de mer au court bouillon, & ſur le gril, 238

## M

Macreuſe farcie en potage, 180
Macreuſe aux nauets en potage, 184
Macreuſe en potage, garny, *ibid.*
Macreuſe en ragouſt & au court bouillon, 205
Macreuſe roſtie en ragouſt, & deſoſſée farcie, 206
Macreaux frais roſtis, 212
Macreaux ſalez, 219. & 220
Marſouin au court bouillon & en ragouſt, 238
Melon en tourte, 280
Merluche frite & à la ſauce Robert, 218
Moules en potage, 175
Moules de poiſſon, 216
Moruë fraiſche roſtie en ragouſt, 213
Moruë au demy court bouillon, 214
Moruë fraiſche en ragouſt, *ibid.*
Moruë de terre-neufve, 215

## TABLE GENERALE

Moruë fraische en paste, 273
Mousseron, 238. 239

### N

Nauets frits en potage, 171. 263
Nulles, 250. 251.

### O

Oeufs de toutes façons, depuis la page 225. iusques à la page 233.
Oygnon en potage, 174. auec du laict, 186
Oubelon en potage, 178. & 259

### P

Panets en potage, 279. & 261
Paste filée, 252. Autres façons de paste, 269
Pastez de toutes façons, depuis la page 271. iusques à la page 276
Perches au court bouïllon, 243
Petits pastez de poisson, 223
Pets de putain, 252
Pistaches en tourte, 280
Plies en castrolle, & rosties, 205
Plies en paste, 223
Poireaux en potage, 179
Poireaux à la purée & en potage, 185
Poires en tourte, 281
Pois verts en potage, 183
Pois passez, 266
Pois verts à garder, 288

## DES VIANDES MAIGRES.

| | |
|---|---|
| Pommes fricassées, | 263 |
| Pommes au sucre, | 364 |
| Pommes en tourte, | 282 |
| Potage aux herbes, | 160 |
| Potage à la Reyne, | 164 |
| Potage à la Princesse, | ib. |
| Potage de profiteolles, | 172 |
| Potage d'herbes sans beurre, | 173 |
| Potage de neige, | 174 |
| Potage de moules aux œufs, | 175 |
| Potage de son, | 178 |
| Potage de riz, | 182 |
| Potage de tailladins, | 181 |
| Potage de purée aux pois verts, | 183 |
| Potages aux herbes garny de concombres, | 186 |
| Potages de Caresme, & la maniere de les seruir diuersement & d'autre façon que ceux des iours maigres ordinaires, 300 & suiuant, iusques à 309 | |
| Pourpier à garder, | 287 |
| Pruneaux, | 314 |
| Purée verte en potage, | 183 |

### R

| | |
|---|---|
| Raye frite en ragoust, | 216 |
| Raye frite, | 239 |
| Rissolles, | 319 |
| Rouget en potage, | 308 |

TABLE GENERALE

Rouget en ragoust, 213

### S

Sardines de Royant, 213
Saumon à la sauce douce, en potage, 176
Saumon en ragoust, & à l'estuuée, 197
Saumon au court bouillon, 237
Saumon en paste, 273
Second de Caresme, & aduis sur iceluy, 315. & 317
Seiches fricassées, 217
Serfifis, 261
Seruelats d'anguilles, 252
Seruices du Vendredy Sainct, 321
Soyes rosties, farcies, sans farce, & à l'étuuée, 202
Solles desossées & farcies en potage, 166
Solles en ragoust, 193
Solles frites, 237
Solles en paste, 275
Solles à garder, 290
Soupresse de poisson, 215

### T

Tanches en potage, 162
Tanches en ragoust, 193. & 194
Tanches farcies en ragoust, 194
Tanches frites & marinées, ibid.
Tanches au court bouillon, 239

## DES VIANDES MAIGRES.

| | |
|---|---|
| Tanches en tourte, | 279 |
| Tons marins, | 219 |
| Toupinambours, | 262 |
| Tortuës en potage, | 165 |
| Tortuës en ragoust, | 256 |
| Tourtes de laittances, | 223 |
| Tourtes de plusieurs façons & ingrediens depuis la page 276. iusques à la page 284 | |
| Tripes de moruës fricasſées, | 217 |
| Trufles, | 249. 250 |
| Trufles d'entrée, | 266 |
| Trufles à garder, | 287 |
| Truite saumonée, | 198 |
| Truites communes, | 220 |
| Truittes au court bouillon, | 242 |
| Truites en paste, | 271 |
| Turbost en castrolle, | 235 |
| Turbost en paste, | 272 |

## S

VEndredy Sainct, la maniere d'apprester les viandes qu'on y doit seruir, 321. & suiuant.
Vilain en ragoust, au court bouillon, & à l'estuuée, 202
Viues en potage, 187
Viues rosties sur le gril, 236

# TABLE DV TRAITTE
### des Confitures seiches & liquides, & autres curiositez contenuës en ce Liure.

## A

| | |
|---|---|
| Abricots liquides, | 328 |
| Autres façons d'Abricots, murs, liquides, | 329 |
| Abricots secs, | ibid. |
| Abbaisses glacées, | 342 |
| Amendes vertes, | 335 |

## B

| | |
|---|---|
| Biscuit, | 346 |
| Biscuit de Sauoye, | 353 |
| Pour faire blanchir des œillets, des roses & des violetes, | 334 |
| Boutons de roses secs, | 336 |

## C

| | |
|---|---|
| Caramel, façon de le faire, | 347 |
| Cerises liquides, | 334 |
| Citrons entiers, | 337 |
| Coins liquides, | 348 |
| Coins secs, | 343 |
| Composte de pommes, | 349 |

## DES CONFITVRES.

| | |
|---|---|
| Composte de pommes de caluile, | 350 |
| Composte de poires, | 351 |
| Composte de citron, | 352 |
| Conserue de roses, | 330 |
| Conserue de citron, | ibid. |
| Conserue de grenade, | 331 |
| Conserue de pistaches, | ib. |
| Conserue de fruits, | ib. |
| Cotignac d'Orleans, | 346 |
| Cresme foüettée, | 344 |
| Cresme cuite, | ib. |
| Cresme d'Angleterre, | ib. |
| Cus d'Artichaux, | 336 |

### F

| | |
|---|---|
| Fenoüil blanc, | 333 |
| Fenoüil rouge, | ib. |
| Fenoüil bleu, | ib. |
| Fraises confites, | 347 |
| Framboises confites, | 348 |

### G

| | |
|---|---|
| Gasteaux de cerises, abricots, pistaches & amendes, | 340. & 348 |
| Gelée de Groiselles, | 344 |
| Gelée de verjus, | 345 |
| Gelée de pommes, | ib. |
| Gelée de coins, | ib. |

# TABLE

## H
Pour faire de l'Hypocras blanc & clairet, 343

## L
Pour faire de la Limonade, 342

## M
Pour faire du Macaron, 346
Pour faire Marmelade de pommes, 350
Marons à la Limosine, 351
Pour faire du Massepain, 339
Pour faire le Muscadin, 347

## N
Pour faire des Noix blanches, 238

## O
Oranges confites, 337

## P
Paste d'abricots, 338
Paste de cerises, 339
Paste de coins, ibid.
Paste de groiselles & de verjus, ibid.
Pastes legeres, 341
Paste de neige, 347
Paste de citron, 353
Ponsif, 337
Prunes de toutes sortes, liquides, 335

## S
Syrop de cerises, 342

### T

Tourte à la Combalet, 341
Tranches de Iambon, 332

### V

Verjus liquide, 335
Verjus sec, 336

## FIN.

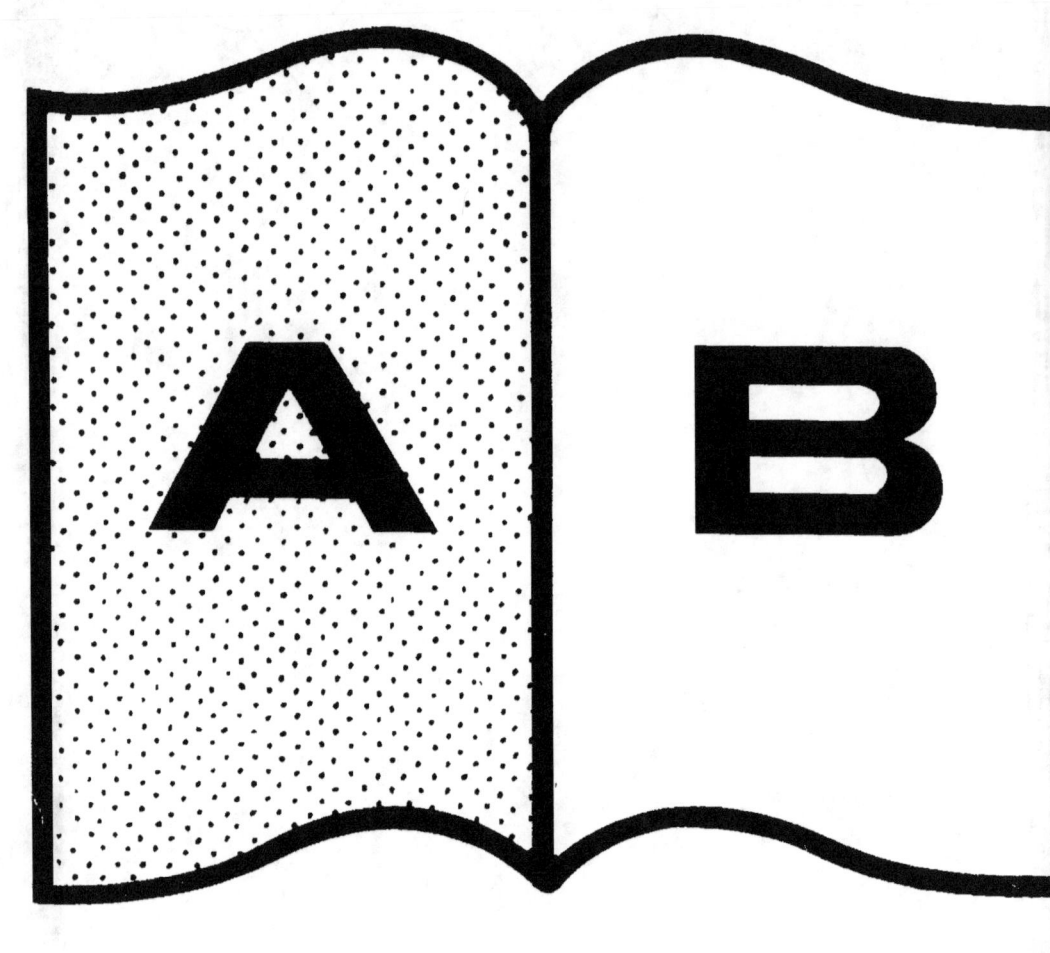

Contraste insuffisant

**NF Z 43**-120-14

www.ingramcontent.com/pod-product-compliance
Lightning Source LLC
Chambersburg PA
CBHW070929230426
43666CB00011B/2370